MANDURIA

Jésus, Roi de la Révélation,
Marie, Vierge de l'Eucharistie, parlent à Debora

Adresse du Mouvement d'Amour à Manduria:

a cura del MOVIMENTO D'AMORE
Via Fratelli Bandiera, 3
I-740024 Manduria (TA) Italia

internet: www.netfor.it/mdamore
e-mail: movimentodamore@libero.it

© Août 1999
   3e édition: octobre 2000

EDITIONS DU PARVIS
CH-1648 HAUTEVILLE/SUISSE

Internet: www.parvis.ch
E-mail: book@parvis.ch

Tous droits de reproduction, de traduction
et d'adaptation réservés

Envois postaux dans tous les pays

Imprimé en Suisse

ISBN 2-88022-126-9

MANDURIA

Jésus, Roi de la Révélation,
Marie, Vierge de l'Eucharistie, parlent à Debora

Présentation et Messages

Christian Parmantier – André Castella
Traduction des messages: Louis Couëtte

Editions du Parvis
CH-1648 Hauteville/Suisse

Préface
par Don Renzo del Fante

Viens, Seigneur Jésus

Beaucoup s'illusionnent en croyant posséder la sagesse à un degré élevé, tandis que le discernement est un don rare et donc d'autant plus précieux.

Il m'est difficile d'aborder la «fin du millénaire» sans courir le risque que l'on me prenne pour un millénariste agité ou pour un rêveur ingénu de jardins paradisiaques.

La lecture et la relecture des volumes de la *Sagesse révélée du Dieu vivant* clarifient les idées. Je connais bien Debora: elle est tout autre qu'une annonciatrice de malheurs. Elle nous avertit que ce qui se fait de plus en plus proche, ce n'est pas la «fin du monde», mais la fin de ce misérable temps de corruptions de tous genres, ce qui devrait nous réjouir.

Personne n'ignore que le linge sale, qu'il soit entre les mains de la blanchisseuse ou dans le tambour de la machine à laver, a besoin de plus d'un brassage et d'un essorage pour retourner à son agréable pureté. Cela arrivera (certains considèrent que le brassage et l'essorage sont déjà en action), pour purifier et redresser une humanité qui, dans sa folie, abandonne la route et se dirige vers des marécages de plus en plus malsains.

Dieu aime les hommes

Des milliers de fois chaque jour (les prêtres s'en rendent-ils seulement compte?) le Seigneur Jésus qui, avec le Père et l'Esprit-Saint, est vraiment Dieu et qui est aussi vraiment homme en chair et en os, réactualise son Sacrifice rédempteur pour le salut du monde. Le simple fait de penser que le Sang de l'Homme-Dieu ne suffise plus pour laver et renouveler la face de la terre, constituerait déjà un péché.

Mais il y a plus: en face de Dieu, la Vierge Marie se sent responsable de toute l'humanité, qui n'est pas un troupeau anonyme, mais une grande famille, dont elle connaît chacun des membres par son nom. Et cette Mère veut sauver tous ses enfants.

Si çà et là, dans les écrits de Debora, on peut lire que le temps est sur le point de se terminer, que le retour glorieux du Christ se fait proche, je ne vois pas pourquoi on devrait s'alarmer. Disons plutôt qu'il faut le faire sans agitation, telle une bonne maîtresse de maison occupée à préparer un repas et qui craint de ne pas être prête à temps.

Les écrits et, plus encore, la vie et les sacrifices de Debora, considérés dans leur ensemble, invitent à la conversion, à la prière et à la pénitence, mais dans un climat de confiance, de joie, de volonté délibérée de vivre pour le Seigneur et pour le prochain.

Pour ce temps que nous vivons, Jésus nous a prévenus dans son Evangile: «Lorsque ces choses commenceront à arriver, ne vous attristez pas: ce ne sera pas encore la fin. Levez la tête: votre rédemption est proche!» (Mt 24,33; Mc 13,29; Lc 21,31).

L'enfer est vide!...

J'écris cela en ayant un peu l'air de plaisanter, mais c'est pour signifier que tous les démons en sont sortis et se sont répandus dans le monde pour créer partout des perturbations, en ces derniers temps où il a été accordé à Satan de faire la loi.

Nous voyons maintenant qui est impliqué dans ce combat terrible *in cœlestibus,* comme dit saint Paul, c'est-à-dire entre êtres invisibles agissant pour le bien ou pour le mal, conflit qui a pour théâtre la planète terre et voit l'humanité contemporaine comme enjeu.

Les forces de Satan, l'ennemi de l'homme, sont en pleine activité (les fils des ténèbres ne dorment jamais). Il aligne des myriades de démons, c'est-à-dire d'anges rebelles à Dieu, avec le concours des hommes damnés. Satan possède déjà sur cette terre une armée très active et envahissante de personnes qui haïssent Dieu et servent consciemment l'auteur du mal. Il compte aussi sur une foule amorphe et indolente, de plus en plus corrompue, qui se laisse entraîner à la dérive, parfois même d'une manière ingénue.

Et Satan, par des idéologies anti-chrétiennes et donc nécessairement anti-humaines, exacerbant la soif de l'or, du sexe, de la suprématie à n'importe quel prix, s'est infiltré dans les institutions civiles et aussi dans une mesure non négligeable, dans les institutions ecclésiastiques. «Cela va de mal en pis», se plaignent un grand nombre. Il est difficile de leur donner tort.

Victoire garantie

Mais il y a aussi les forces du Bien, qui apparaissent si fragiles. Pour diriger les opérations, toutes bénéfiques même si elles sont momentanément douloureuses, Dieu a placé Marie qui, en tant que Vierge de l'Eucharistie et source de l'Huile sainte pour une onction pérenne, se présente comme Mère de l'Eglise universelle. Dans son Cœur immaculé, elle renfermera bientôt tous les peuples de la terre, non pas dans la soupe peu appétissante d'un faux œcuménisme, mais en un troupeau ordonné, dont Jésus est le Pasteur éternel et le pape, le pasteur visible.

L'armée de Marie, la «Générale céleste», est constituée:

– au ciel, de milliards de bons anges et de saints (agissant déjà sur la terre),

– sur la terre, des âmes qui se sont consacrées à elle et, globalement, de toutes celles qui vivent en état de grâce avec Dieu.

L'épiphanie mariale

Entre l'admiration reconnaissante, voilée de larmes, de ceux qui ont accueilli avec humilité et une foi robuste les nombreuses manifestations mariales et la satisfaction présomptueuse de ceux qui n'ont jamais voulu croire aux apparitions, locutions, lacrymations, etc., ressort d'une manière évidente le fait que le cycle des épiphanies mariales est sur le point de se terminer.

Cela ne veut pas signifier que la Madone nous abandonne: elle continuera à penser à nous, à nous éclairer et à nous protéger comme toujours, mais d'une manière plus voilée. L'heure redoutée des ténèbres s'apprête à descendre sur le monde, avant l'aube de sa résurrection.

La voix de notre Mère, douce ou impérieuse, heureuse ou triste, a résonné de très nombreuses fois.

A Manduria, comme le dit la Vierge Marie, se déroule la dernière des grandes apparitions publiques, c'est-à-dire destinées au monde entier et où tous sont invités à venir pour la remercier et la louer.

Le message, avec toutes ses facettes qu'il n'est pas possible d'énumérer, reprend et complète tout ce qui a été manifesté à sainte Catherine Labouré (rue du Bac à Paris, 1830), à Mélanie (La Salette, 1846), à Bernadette (Lourdes, 1858), aux pastoureaux de Fatima (1917) ainsi qu'en de nombreuses manifestations mariales de notre temps, en Italie, en Europe et sur tous les continents.

En des formes, personnes et lieux différents, la Mère de Dieu répète à ses enfants qu'ils doivent se convertir pour obtenir la paix dans leurs cœurs, leurs familles, dans la société, dans l'Eglise, en s'engageant à redonner à Jésus la place qui lui revient, c'est-à-dire la première.

Ce n'est pas seulement la Madone...

Il n'y a pas que la Sainte Vierge qui se manifeste à Debora, en visions et en locutions intérieures (c'est-à-dire par le cœur et par l'oreille) ou par les sens (elle la voit, l'entend, peut la toucher, ressent le parfum de sa présence) dans les moments d'extase.

Dans l'expérience de Debora, Jésus intervient à la première place comme Maître et Epoux mystique, comme Crucifié, comme Prêtre éternel, Victime eucharistique, Roi de la Révélation. A cette jeune fille, le Seigneur demande de cheminer dans la voie de la perfection par des renoncements de tous genres, patience envers le prochain, humiliations, souffrance morale et physique et en participant avec Lui à sa Passion pour le salut des âmes, dans une acceptation absolue et inconditionnelle de la Volonté divine, en l'éprouvant comme l'or que l'on passe au creuset.

Les anges du paradis — des archanges à son ange gardien — se montrent proches et collaborent aux desseins de Dieu sur cette jeune fille, véritable martyre dans la fidélité à sa mission (selon l'avis d'un grand nombre de prêtres qui la connaissent de près).

Quant aux saints, c'est à qui l'aidera le plus, quand Dieu le permet, pour encourager et défendre leur «petite sœur». Parmi ses nombreux protecteurs citons saint François d'Assise et sainte Claire, sainte Jeanne d'Arc et sainte Thérèse, saint Joseph, le bienheureux Padre Pio et les âmes du purgatoire qui l'aident volontiers en échange des souffrances que Debora offre pour elles, en priant et en accomplissant journellement de petites actions méritoires.

La rage du démon

Debora a toujours besoin d'aide céleste, parce que d'elle aussi je peux dire avec l'écrivain Manzoni que, dans une certaine mesure, elle «est le signe d'une haine inextinguible et d'un amour indomptable».

Oui, parce que la bataille féroce et, d'une certaine manière, malhonnête contre sa mission — également de la part de ceux qui devraient se limiter à une information correcte et à une attente prudente — ne peut s'expliquer sans une interférence démoniaque. Comme cela s'est passé pour Jésus, qui a été traité de possédé et de vendu à Béelzéboul, cela se passe maintenant pour Debora, dont les signes prodigieux entourant sa personne et sa mission sont attribués d'une manière pharisaïque au Malin.

Il est vrai que Satan entre dans la vie de Debora d'une manière perverse et même impressionnante, mais pour la torturer, physiquement en la rouant de coups et, plus encore, spirituellement à cause du trop grand nombre d'âmes qu'elle lui arrache pour les ramener à Dieu. Ainsi, les interventions de Satan constituent une preuve en faveur de l'authenticité de la mission de Debora.

La Vierge de l'Eucharistie

En regardant longuement et avec amour la superbe statue de la Vierge de l'Eucharistie, dans la chapelle édifiée sur le terrain de Céleste Verdure, combien on apprend de Celle qui, par l'opération de l'Esprit-Saint, a donné le Corps et le Sang au Fils de Dieu, devenu en elle notre frère puis notre nourriture!

La Vierge Mère nous invite à une adoration respectueuse et prolongée de Jésus eucharistique. Elle nous recommande de Le recevoir toujours dans la grâce de Dieu, après une pieuse préparation et avec des attitudes qui expriment notre foi dans le Dieu infiniment grand, même s'Il s'humilie volontairement en se présentant sous de modestes apparences…

Vivre la sainte Messe, pour le prêtre et pour les fidèles, physiquement ou moralement présents, c'est la chose la plus sublime que l'homme puisse accomplir pour la gloire de Dieu et pour le plus grand bien de toutes les personnes de la terre et des âmes du purgatoire.

La Sainte Vierge supplie les prêtres d'aider, par leur exemplaire dévotion eucharistique, les fidèles à comprendre qu'à chaque messe c'est Jésus —Victime immolée et Pain de la vie éternelle — qui est le Prêtre, même si le ministre de l'Eglise, serviteur de l'Autel, est pourtant nécessaire...

La Vierge priante

Non seulement la Vierge tient la divine Eucharistie toute rayonnante sur sa poitrine, mais elle tient aussi, entre les doigts de sa main droite, le chapelet. Elle n'hésite pas à affirmer que (après la Messe et les sacrements) le chapelet, récité avec calme et amour, est la prière la plus agréable à la Sainte Trinité; c'est un «signe», c'est-à-dire un moyen puissant de salut, sur lequel ont insisté tous les papes de ce siècle troublé, c'est l'arme pour vaincre le Malin, c'est une chaîne humble et solide qui nous unit à Dieu et crée l'union, spécialement dans la famille. La Madone répète souvent à Debora qu'il importe d'avoir des moments de silence, d'écoute intérieure, en filial abandon entre les bras du Père et de la Mère du ciel. Il faut vivre la consécration aux Cœurs unis de Jésus et de Marie, sans séparer prière et travail. Il faut prier *sans cesse.*

En plus du chapelet et des prières, belles parce que faites avec le cœur, la Sainte Vierge recommande le Chemin de Croix qui, dans la Céleste Verdure, s'appelle la «Voie Douloureuse mariale». On peut le faire seul ou en groupe, accompagné de chants et de prières. La méditation est essentielle à notre intime participation aux souffrances endurées par Celui qui, par amour pour nous, a été condamné et crucifié.

La Vierge pénitente

Je clarifie tout de suite ma pensée: la Madone est l'Immaculée. Il n'y a donc rien pour quoi elle doive demander pardon à Dieu et faire pénitence. Mais elle est aussi la Mère des douleurs et la Corédemptrice, qui fait toujours un seul cœur avec son Fils, lequel a pris sur Lui la souffrance et le péché du monde. C'est pourquoi tous deux nous invitent d'une manière pressante à la pénitence. Que de fois et avec quelle insistance l'ont-ils demandé à leur généreuse confidente Debora!

Il faut se repentir et se reconnaître pécheurs, pauvres, ayant un besoin continuel de pardon et de secours dans les plus petites choses. Cette disposition d'esprit se traduit par la suite en gestes de pénitence.

Le sommet — la Madone le recommande aussi et surtout en faisant allusion à la communion — c'est de s'approcher avec humilité et reconnaissance du sacrement de la confession. Il existe également d'autres actes et prières liturgiques, par exemple au début de la messe, dans lesquels nous exprimons notre repentir, à condition que ce ne soient pas seulement des mots.

Chacun connaît une infinité de moyens de mortifier orgueil, vanité, avarice et avidité des sens. Même des choses et actions en soi non répréhensibles peuvent être nuisibles, moralement et physiquement, si on en abuse. Pensons à l'excès du tabac, de l'alcool, du café, sans descendre dans le gouffre de la drogue et des moyens les plus répandus de mort lente.

Une invitation insolite

La Vierge Marie lance une invitation, discrète dans sa forme mais claire dans son fond (c'est peut-être la première fois, que je sache) à pratiquer un peu la pénitence, saine et sainte, dans l'usage de la sexualité. Ici, l'invitation à la modération, jusqu'au renoncement périodique dans certains cas, et à la noblesse humaine et chrétienne de ces manifestations amoureuses, s'adresse aux époux légitimes et désireux de bien diriger leur famille. Pour tout ce qui est péché (homosexualité, onanisme, adultère, luxure dans toutes les formes du désir, lectures déplacées, spectacles obscènes, etc.), il ne peut pas être question ici de s'abstenir puisqu'il y a obligation de conscience de couper ces habitudes et de s'en corriger radicalement.

Pénitence par amour

A Manduria, la Sainte Vierge suggère de:
– renoncer à quelques heures de sommeil pour faire des veillées de prière, à la Céleste Verdure ou chez soi;

– parcourir le Chemin de Croix en participant intérieurement à la Passion de Jésus, soit seul soit en groupe…

dans l'oliveraie bénie, que la Madone a rebaptisée «le saint Gethsémani».

Le 23 de chaque mois, en attendant l'apparition de la Madone, on fait un Chemin de Croix suivi du rosaire et d'autres prières et chants, sur le terrain de l'oliveraie avec — si le temps le permet — un parcours de six ou sept kilomètres.

En signe de pénitence, le Chemin de Croix marial, pavé de pierres brutes, où la Madone elle-même a posé les pieds, se parcourt à genoux ou, au moins, pieds nus. L'exemple que m'ont donné des hommes et des femmes, des jeunes et même des anciens avançant à genoux, heureux malgré leur souffrance, vaut pour moi plus qu'une savante homélie.

Une pénitence non négligeable (en plus de toutes les petites et continuelles bonnes actions au service du prochain) est le travail considérable offert à Dieu par les membres et les familles du Mouvement d'amour en accomplissant tout ce que la Madone, par la bouche de Debora, demande, pour aménager ce coin de terre presque abandonné en un petit Eden, sanctifié par la présence continuelle de Marie.

La Mère de l'Eglise

La Vierge de l'Eucharistie, c'est-à-dire du sacrement de l'unité, veut nous obtenir, par-dessus tout dans la famille, une unité sincère et agissante. Pour cela elle encourage la fondation de «foyers familiaux», dans lesquels chaque soir parents, enfants, proches ou amis se réunissent à la maison pour méditer le rosaire, ou à la paroisse pour l'adoration à Jésus dans le Saint-Sacrement (qui est tellement abandonné!).

La Madone demande d'une manière répétée que l'on se considère comme des membres vivants et coresponsables de la grande famille qu'est l'Eglise. Soyons donc unis, sans juger individuellement ou collectivement les prêtres, les évêques, la paroisse, le diocèse, même si on a l'impression d'être marginalisé. Dans les messages de Manduria il arrive fréquemment d'entendre des paroles de lumière et d'encouragement, mais aussi de doux reproches qui s'adressent aux fidèles, aux prêtres et aux évêques.

Pour le Saint-Père, le Cœur de Marie déborde de tendresse maternelle afin de soulager les souffrances, l'incessant labeur et l'inimaginable solitude de cet infatigable prophète de paix.

L'Onction pérenne

Au cours des siècles de nombreuses apparitions de la Vierge se sont produites près de ruisseaux ou de cours d'eau. Moins fréquentes, et presque exclusivement à notre époque, se déroulent des apparitions où les signes tangibles sont le parfum ou l'huile émanant prodigieusement de peintures ou de statues.

Parmi celles-ci le record, pour le nombre des fois, la quantité et la variété des témoins ainsi que l'abondance de l'huile recueillie (et examinée plusieurs fois) revient, je crois, à Manduria. Ce n'est pas pour rien que la Sainte Vierge aime être invoquée comme la Mère de l'Olivier béni (Jésus Roi de la paix) et Source de l'Huile sainte de l'Onction pérenne!

Revivre la confirmation

Tandis que l'eau qui purifie rappelle le saint baptême, l'huile bénie, distincte de l'huile liturgique, rappelle l'huile des sacrements et, d'une manière particulière, la confirmation.

Cette huile, souvent parfumée, est un don de Jésus, qui la fait suinter du visage ou du manteau de la statue de sa sainte Mère.

Pour que l'huile ne vienne pas à manquer, la Vierge a permis qu'elle soit multipliée à l'infini. Ainsi en versant seulement 9 gouttes (9 est le nombre de la vie: pensons aux neuf mois de gestation d'un bébé) de cette huile bénie prodigieuse dans un litre d'huile d'olive (de préférence), toute l'huile sera bénie. Et avec 9 gouttes de cette nouvelle huile, on peut refaire un autre litre d'huile bénie, et ceci, indéfiniment. Les personnes malades peuvent la prendre dans les aliments. Cette huile a reçu des propriétés spéciales qui se communiquent avec les 9 gouttes bénies. L'une d'entre elles est d'éloigner le démon.

Sans aucun battage publicitaire, l'huile de la Madone de Manduria est demandée partout, du Japon au Brésil, de l'Afrique du Sud au Canada, de la Russie à l'Irlande, de l'Angleterre à la Suisse, de la France à l'Allemagne, à la Belgique, à la Hollande, etc.

Elle a permis des conversions extraordinaires de gens qui appartenaient à la mafia et à la maçonnerie, qui pratiquaient la magie noire, sans compter les centaines de guérisons physiques inexplicables. Moi-même, j'ai été le témoin direct de guérisons, que je ne veux pas qualifier tout de suite de «miracles», car cela demande de la prudence et une documentation claire et précise.

De tout cela, que le Seigneur et Marie, sa très douce Mère, soient remerciés!

Don Renzo del Fante

Jésus et Marie apparaissent à Debora

Manduria

En terre des Pouilles

Descendant dans le «talon» de la botte italienne, quand le soleil se fait plus chaud et la mer plus limpide, vous êtes en terre des Pouilles. Le Seigneur y a établi une demeure à saint Michel archange, au mont Saint-Ange. Il a conduit Mélanie de la Salette à Lecce et Altamura, où repose sa dépouille. Il a donné à Luisa Piccarreta à Corato la révélation du règne de la divine Volonté ou règne du Fiat, de l'Amour. Il a mené le grand prophète et martyre, Padre Pio de Pietrelcina à San Giovanni Rotondo, à deux cents kilomètres plus au nord.

Et c'est sur cette terre, entre Tarente et Brindisi, que vous découvrez Manduria et son histoire plurimillénaire, au passé riche d'art, de culture et… de visites du Ciel.

De la préhistoire aux Romains

Les racines de Manduria remontent à la préhistoire: elle garde trace de la période néolithique sur plusieurs lieux-dits. De nombreux ustensiles métalliques découverts proviennent de l'ère de bronze. La période entre la fin de l'ère du bronze et l'ère du fer fait de Manduria une des plus importantes cités messapiennes[1]. On traverse l'une d'elles, au nord de la ville, avec son mur messapien et ses nécropoles, lorsque du centre ville on se rend à «Céleste Verdure». Manduria est présente dans les œuvres de Plutarque, Tite Live et Pline. A partir du Ve siècle av. J.-C., la cité doit se protéger des razzias des Grecs qui ont fondé Tarente. Au IIIe siècle av. J.-C., ces ennemis d'hier doivent s'allier contre les Romains qui ont déjà conquis tout le territoire italique. En 212, trois ans avant la prise

---

1. Civilisation des Pouilles, VIIe siècle av. J.-C.

de Tarente, F. Massimo prend Manduria et déporte quatre mille personnes...

De saint Pierre à saint Charles Borromée

A la limite nord occidentale de la zone archéologique de Manduria, près du mur messapien, une très ancienne église dédiée à saint Pierre, S. Pietro Mandurino, fait mémoire du voyage de l'apôtre Pierre de Brindisi vers Rome. Elle comprend une partie supérieure à laquelle correspond une crypte souterraine.

«Peuple, je suis venu sur la terre de Manduria pour vous chercher. Autrefois je vous ai envoyé mon Pierre, mais elle était païenne et elle le demeure. Peuple qui achète et qui vend, peuple dont les maîtres sont creux, aveuglés par la colère et les passions[1]...» (11.3.1996)

Sur la côte, une autre église, S. Pietro in Bevagna, plusieurs fois démolie et reconstruite, rappelle l'accostage de l'apôtre par la mer, près du «camp des Messapiens». Une pieuse tradition affirme que les apôtres Pierre et André, ainsi que l'évangéliste Marc, ont débarqué ici entre 42 et 45 et y ont célébré le Saint Sacrifice.

Après la domination romaine, et jusqu'au haut Moyen Age, Manduria vit une période difficile caractérisée par les incursions et les saccages des Sarrasins, des Goths et des Agaréens.

Vers 1090, par volonté de Normanno Ruggiero, une cité renaît sous le nom de Casalnuovo. Elle forme le noyau du centre historique de la Manduria actuelle. La collégiale de la Trinité date de cette époque. De nombreuses églises s'élèvent au cours des siècles, jusqu'à la plus récente, S. Giovanni Bosco, édifiée dans les années soixante.

Saint Charles Borromée, cardinal de Milan, fut, un temps, propriétaire de Casalnuovo. Il vendit la ville à la famille génoise des empereurs, et en redistribua en une seule journée les vingt mille écus au profit des pauvres.

En 1789, l'université de Manduria obtient de Ferdinand IV de Bourbon de revenir à son ancien nom de Manduria.

---

1. A Manduria on conserve les «fonds baptismaux» où saint Pierre baptisait.

Manduria est aujourd'hui une ville de près de quarante-cinq mille habitants qui vivent exclusivement de l'agriculture: la vigne et le vin, les oliviers et l'huile, et une grande variété de cultures maraîchères. L'huile est la principale source de revenus. Sur la côte se développe une industrie touristique et hôtelière.

Pour se rendre à Manduria

Manduria se situe à 40 km de Tarente, de Lecce et de Brindisi[1]. Par route, arrivés à Tarente, prenez de préférence en direction de Brindisi jusqu'à la hauteur de Francavilla, puis plein sud sur Manduria. La commune s'étend jusqu'à la mer. 10 km séparent la ville de la côte où de nombreux hôtels accueillent les touristes.

Arrivés à Manduria, venant de Tarente ou de Francavilla, au premier carrefour, prenez la *circonvallazione* sur la gauche, passez à la hauteur de l'église S. Antonio (sur votre droite), puis prenez à gauche, en direction du sanctuaire S. Cosimo, et aussitôt après, prenez encore à gauche la via Padre Pio, marquée d'une croix à l'entrée. «Céleste Verdure» est à 200 m sur la gauche.

Par avion, on peut joindre l'aéroport de Brindisi. De là, à moins de prendre un taxi, il faut rejoindre Tarente par le train et ensuite prendre un car jusqu'à Manduria.

---

1. Voir carte placée à la fin des photos hors-texte.

Les débuts

La préparation: les voix

Tout a débuté le 20 mai 1992, raconte Debora. J'étais une jeune fille comme tant d'autres, sur le point d'obtenir le baccalauréat en magistrature; les examens devaient avoir lieu en été de la même année. J'aimais beaucoup les discothèques. J'avais reçu une culture religieuse traditionnelle transmise occasionnellement selon les usages. Je ne me rendais pas dans les églises et les prêtres ne me semblaient pas sympathiques. Ma vie était occupée par mes projets pour le futur, par mon fiancé, par mes amis, par les divertissements. Pas l'ombre d'une préoccupation spirituelle!

Ce jour-là, je me rendais au marché, en compagnie de mon fiancé (que j'ai laissé lorsque je me suis rendu compte que ma vocation était autre). Subitement, une mystérieuse voix masculine résonna au profond de mon cœur, m'appelant: «Fille, regarde à l'horizon et tu verras que ta route n'est pas celle-là, mais une autre.» Je fus prise d'une grande crainte. J'entendais très bien cette voix. C'était la voix suave d'un homme qui se faisait entendre en moi-même, entre le cœur et l'oreille. Je retournai à la maison et ne dis mot.

Quelques mois plus tard, le 10 août, j'étais en route vers la discothèque en compagnie de mes amis. Voici que la mystérieuse voix se fait entendre avec autorité: «Fille, chemine conformément à ma Parole et je te conduirai peu à peu là où se trouve le vrai Père.» Très bouleversée, je demandai à mes amis de me raccompagner à la maison, mais sans leur dévoiler la raison réelle de mon si soudain changement d'attitude.

Peu après, sur l'insistance de sa maman, Debora participe à un pèlerinage et ressent un fort appel à prier: Je ne faisais que dire «Je vous salue Marie, pleine de grâce», ne me souvenant plus de la suite. La procession allait se terminer quand j'ai vu devant moi un soleil plus resplendissant que celui que nous voyons dans le ciel, d'une lumière d'un blanc jamais vu. De cette lumière une très douce voix féminine me dit: «Si tu chemines avec Moi, la route ne te sera pas difficile. Chemine, chemine, je serai avec toi.» Arrivée sur la place, je cours à la fontaine me laver le visage. J'étais hébétée, mais je n'avais pas eu peur comme la fois précédente. Cette parole m'a laissé beaucoup de paix.

Dans les jours qui suivent, Debora s'interroge beaucoup:

Que me faut-il faire? Quelle est cette voix qui me parle? Qu'est-ce qui m'arrive? Je me rendais bien compte, dit-elle, que la provenance de ces faits n'était pas d'ordre naturel.

Quelques semaines s'écoulent encore lorsque la voix masculine me parle à nouveau: «Fille, au nom de l'Amour éternel, je vous laisse ma paix, je vous donne ma paix. **Je suis le Roi de la Révélation**, Fils du Dieu vivant.» Pourtant tout cela ne me laissait pas en paix. J'étais assaillie par les doutes et par la peur. Qu'est-ce qui pouvait bien m'arriver? Admettant que Dieu existe réellement, pourquoi venait-il me chercher, moi? Que pouvait-il attendre de moi?

Debora se demande alors si cette voix ne serait pas celle de son père décédé dans son enfance. Elle commence à changer peu à peu. Dans son cœur naissent de pieux sentiments pour la Vierge et pour Jésus Eucharistie.

Le 11 octobre, en l'honneur de la Mère de Dieu, elle décide avec quelques amis de faire une veillée nocturne dans une petite église. Beaucoup de jeunes et d'enfants sont venus. Là, elle entend à nouveau la voix d'homme: «Je te dis que sans délai, tous les jeunes de la terre viendront à moi, parce qu'ils vivront par moi.» Cette fois Debora perçoit qu'une main invisible, avec beaucoup de délicatesse, s'est posée sur elle.

Ainsi parle l'Esprit de Dieu

Le 15 octobre, la voix me parla de nouveau. Ce fut le point de départ de ma conversion: «Qui crois-tu que je sois? Je suis ta Paix, ton sûr Chemin! Je suis Jésus, ton Maître, le Bon Pasteur, je désire être en toi.» Je lui demandai: «Pourquoi me cherches-tu, moi qui suis si misérable et pécheresse; aurais-tu oublié que jusqu'à maintenant je t'ai toujours trahi?... Pourquoi ne cherches-tu pas une personne plus digne que moi pour t'accueillir? Et Lui: «Crois-tu que je ne savais pas d'avance tout ce que tu me ferais?» Après un moment de silence il me dit: «Mon âme, je suis venu, Moi, pour les malades, et non pour les bien-portants. Ta misère me plaît et ta faiblesse spirituelle me permet de te modeler avec facilité; et puis, j'emploie les faibles et je me sers des impotents pour plier les forts et les puissants! Ainsi parle "l'Esprit de Dieu".» Sans savoir de quel côté me tourner, je me surpris à prier. Je demandais à être éclairée sur ce qui m'arrivait, car je n'en avais encore parlé à personne...

Debora n'en revient pas. C'est Jésus qui vient lui parler! Pourquoi à elle? Comment est-ce possible?...

Mais Jésus coupe net ses pensées: «Cesse de t'interroger: Abandonne-toi à moi. Choisis la vraie Vie qui est Jésus-Christ!»

La phase d'apprivoisement est maintenant terminée. Le 18 octobre, au moment du coucher, Jésus vient donner la tonalité de ses interventions pour Manduria, et suggérer ce qu'il attend de Debora:

«Fille, mon cœur est irréparablement broyé. Jeûne et prie! Les signes des temps ont commencé et souviens-toi: la foi d'une seule sauve le monde.»

Que signifie «fin des temps»? Debora ne le sait. Mais les premiers doutes arrivent, avec leur poids d'inquiétude.

Jusque-là, à l'exception de la voix de Marie lors du pèlerinage, toutes les manifestations viennent de Jésus. C'est une caractéristique de la révélation de Manduria, cette présence de Jésus à Debora.

Mais le 23 octobre, Debora, étendue sur le divan, contemplait les lacrymations des statues et des images[1], et se demandait à qui les attribuer[2] quand...

---

1. Elles ont commencé le 29 septembre 1992 et ne se sont plus arrêtées. Au début, elles pleuraient des larmes humaines.
2. Les prêtres contactés étaient convaincus qu'elles venaient du Malin, mais comment Satan pourrait-il agir à travers les images bénies représentant Jésus et Marie?

Première apparition: «Je viens dans ces vêtements d'avocate»

Vers 16 h arrive ce que je n'aurais jamais imaginé: la rencontre avec une toute jeune dame nommée Marie.

Je levai les yeux et vis trois globes lumineux comme trois soleils qui, en tournoyant, formèrent une figure ressemblant à un énorme soleil. Il en sortit une forme. J'eus si peur que je me retrouvai avec des hématomes, mais sans douleur. Je fus précipitée à terre à deux mètres de la dame, à genoux, les mains jointes. C'était une belle jeune fille d'environ 18-20 ans. J'étais stupéfaite de la pureté de ses traits et de la simplicité qui transparaissait de son visage. (Ses lèvres étaient comme deux pétales de rose veloutés, ses yeux, aux nuances violettes, comme deux pierres précieuses et lumineuses. Tout son être était du paradis… Elle avait un teint foncé, les yeux de couleur sombre, presque bleu violet, les cheveux très noirs et brillants, légèrement ondulés. Elle était vêtue d'une robe blanche serrée au col par un petit nœud, et elle portait un voile transparent sur la tête. Il en est ainsi chaque fois que je rencontre la Madone. Ce fut à vrai dire une joie liée à un amour immense jamais ressenti auparavant mais trop réel pour être le fruit d'une tromperie, de la folie ou de l'imagination. Cela dissipa tout doute en moi. Je sentis alors que la Madone voulait se servir de moi pour une mission particulière, à laquelle j'étais heureuse d'adhérer.

Marie: «Que le nom de mon Fils soit loué chaque jour!»

Je repris: «Est-ce qu'on répond: "Qu'il soit toujours loué"? La Vierge sourit: «Ma fille, je viens dans ces vêtements d'avocate. Je suis envoyée par Dieu. Je ne fais pas ma propre volonté. Je ne suis pas venue en ce lieu pour faire de toi une confidente de la Parole du ciel, où l'humanité puisse venir frapper à ta porte, et mon Fils ne te parle pas dans ton cœur à seule fin de se communiquer, mais pour te faire comprendre que le monde est en train de tomber dans le gouffre du péché. Souviens-toi: toutes les fois que tu feras quelque chose pour ton frère, cela te servira ainsi qu'à ton frère. Ma Parole enflamme votre cœur, mais le péché est l'eau qui l'éteint. C'est Dieu qui donne par Moi la bénédiction du Père tout-puissant: Père, Fils et Saint Esprit, avec l'Epouse qui est dans la Trinité. Avec cela, ma Fille, va et raffermis ton cœur. Je t'assisterai toujours.

Quand tu seras en difficulté, réfugie-toi dans mon Cœur immaculé.

Mon message n'est pas encore terminé. Que Jésus soit loué à chaque instant!»

Le lendemain à la même heure, la Belle Dame revient poursuivre ses instructions. Elle lui enseigne le rosaire, annonçant le mystère, priant le Notre Père et le Gloire au Père ainsi que la prière demandée à Fatima, tandis que Debora prie les Ave Maria.

Alors vient l'heure de connaître l'Adversaire. Debora reçoit sa première rossée du démon Asmodée qui la menace de créer une terre brûlée autour d'elle…

Aussitôt, la Vierge vient l'avertir: Dieu a permis cette épreuve pour la rendre forte dans son armée de paix. Elle lui recommande de se réfugier dans son Cœur immaculé et de recevoir le Corps du Christ.

Trois jours plus tard, le démon l'agresse à nouveau. Habituellement Dieu ne lui permet pas de molester physiquement ceux qui sont marqués du signe de la croix. Il le permet parfois chez certaines âmes choisies pour nous rappeler le combat spirituel et reprendre de nombreuses âmes au Malin. Satan l'a remarquée. La manière dont il cherche d'emblée à décourager sa jeune victime produit une grâce de salut exceptionnelle sur sa personne:

«Petit ver de terre, tu ne jouiras pas de la Lumière de Dieu. Moi j'ai été chassé dès le commencement du paradis et je suis condamné aux ténèbres, et ce qui est sûr, c'est que beaucoup le seront avec moi. Tu ne réussiras pas à convertir les âmes, parce que je les ai déjà prises en partie. Je reviendrai pour te détruire et te crever les yeux. Les prêtres s'éloigneront de toi et te vomiront. Tu seras rejetée de tous.»

Un peu plus tard, la Vierge vient visiter Debora éplorée:

«Ne pleure pas, ma petite. Les faiblesses sont justifiées[1] aux yeux de Dieu si tu les acceptes comme telles devant Lui. Mais n'oublie pas: Dieu te veut ainsi. Je te révèle un grand secret pour entrer dans la paix de Dieu: *la charité*. Souviens-toi, ma fille, aime, aime, aime à l'infini ton prochain et pardonne, pardonne, pardonne! Tout cela

---
1. Au sens théologique de: pardonnées par la Miséricorde de Dieu.

consiste en renoncement et souffrances. Mais je sais que tu réussiras au moins en partie, parce que Dieu a posé sur toi "ses grandes ailes[1]" de miséricorde…»

L'Appel

Le 10 novembre, dans sa maison, à 16 h, Debora reçoit son «annonciation»: la visite de la Vierge. Dieu lui propose une mission; il attend sa libre réponse.

Marie: «Que le Nom de mon Fils Jésus soit loué chaque jour! Maintenant, ma petite, je veux te faire voir comment le monde me traite.»

Debora: Des hommes iniques, avec de grands poignards, ont transpercé la poitrine de la Vierge en la déchirant. J'ai vu son Cœur immaculé qui battait et d'où sortaient des flots de sang.

Marie: «C'est ainsi, ma petite, que le monde m'aime! C'est ainsi qu'il me récompense de mon Amour!

Chaque fois que surviennent des événements particuliers, les hommes pensent que c'est le hasard; chaque fois que, pendant la vie, se manifestent des signes évidents, on ne croit jamais que cela vient de Dieu le Père qui vous aime tant. Et, pour chaque homme qui n'accepte pas les signes comme des signes envoyés par le Père céleste, son Fils Jésus verse une larme de sang.

Maintenant, ma petite fille, je me tourne vers toi: offre-toi comme l'Agneau qui se fait immoler sur l'autel. Deviens, comme tant de saints, l'image du Crucifié vivant. Offre-toi comme modèle pour le monde. Sois un modèle d'amour, d'humilité, de fraternité, de charité et de souffrance éternelle, d'offrande à Dieu dans la pauvreté et, surtout, sois l'irradiation de l'offrande continuelle pour ton frère. Dieu, dans sa liberté, te laisse libre d'accepter ce projet ou de le refuser, mais, si tu connaissais son Amour pour toi et aussi le mien, tu voudrais commencer à cet instant même.

Debora: «Mère, je le veux, je désire faire comme tu me dis.»

Marie: «Confie-toi à Moi, et je te conduirai. Bientôt s'ouvriront des sentiers impraticables et, même si c'est parmi d'innom-

---

1. Psaume 91, 4.

brables difficultés, mes enfants de prédilection t'aideront pour ce projet tant aimé de Dieu.»

Debora: «Mère, guéris les malades qui sont dans cette maison, spécialement un petit enfant qui est venu de loin.»

La Madone ne me répond pas, mais je la vois caresser d'une main la tête du petit enfant. Puis elle sourit et bénit tout le monde en disant:

«Je veux que vous veniez ici demain pour réciter ensemble le rosaire. Que Jésus-Christ, Lumière qui dissipe les ténèbres, soit toujours loué!»

A travers ces premières communications, la vocation de Debora se découvre.

Elle est d'abord invitée à changer de route, à choisir la vraie Vie, Jésus-Christ, et à faire le chemin avec Marie.

Puis le Seigneur Jésus lui manifeste son choix: il désire être avec elle. Et en deux phrases il lui révèle à mi-mots sa mission: réparer les blessures de son Cœur, par la prière et le jeûne, car les signes de la fin des temps ont commencé, et participer à sa mission de salut car «la foi d'une seule sauve le monde».

La Vierge Marie expose la situation du monde: tombé dans le gouffre du péché, il refuse les signes donnés par le Père. Par deux fois, elle insiste en présentant comme autre voie la charité, l'amour et le pardon envers le prochain. Finalement, c'est une invitation expresse faite à Debora à s'offrir comme victime exemplaire.

Profondément touchée par la souffrance et l'amour de Marie, Debora a répondu librement: «Je le veux!»

Debora

Enfance et jeunesse

C'est à Tarente, à la clinique de l'Amour que naît Debora, le 12 décembre 1973, après un accouchement mouvementé. N'étant pas mariée, sa maman avait été momentanément mise à la porte de la maison paternelle. Pendant sa grossesse, elle retrouve la foi en Dieu et se met à lire les Ecritures. La contemplation des histoires survenues aux prophétesses Judith et Debora ravit le cœur de la future maman. Elle se met à désirer toutes les qualités de ces héroïnes de Dieu pour sa fille qui manifestait une grande vivacité dans le sein maternel. Dans un élan d'ardeur, elle est guidée par la Providence pour choisir le nom de l'enfant: Debora[1], qui en hébreu signifie «abeille messagère»!

Trois ans plus tard, la maman ne contracte qu'un mariage civil à cause de l'opposition envers l'Eglise de celui qui devient ainsi le père de Debora et lui donne son nom. Il le lui ôtera quand surviendront les manifestations divines.

Le chef de famille influence beaucoup la jeune Debora avec ses engagements politiques, ses idées sur l'autonomie prolétarienne. Elle grandit dans une ambiance familiale pleine de contrastes où, comme souvent, chacun a ses propres idées. Ainsi, sa grand-mère maternelle, fille spirituelle du Padre Pio et tertiaire franciscaine, ne perdra jamais une occasion de donner un témoignage silencieux de sa foi en Dieu.

Debora, habituée toute jeune à vivre et à voir les choses de façon personnelle, grandit en se forgeant ses propres idées, jusqu'à manifester une certaine réticence face à la religion, spécialement envers les prêtres dont elle retenait qu'ils étaient «des fainéants qui exploitent les autres, incapables d'offrir à quelqu'un même une idée

---

1. Jg 4-5.

lointaine d'un Dieu qui certainement, s'il existait, devait être très différent de la façon dont ils en témoignaient».

Après la classe de troisième, la jeune adolescente passe des études classiques à celles de la magistrature. Ses parents se séparent et sa grand-mère vient à mourir. Ces deux événements font beaucoup souffrir Debora et la conduisent à la rébellion.

Plus tard ses études seront interrompues par la Voix de Dieu qui lui demande à plusieurs reprises de tout abandonner, parce qu'il doit remplir son cœur d'une autre «Sagesse». Sur le conseil de proches, Debora tentera pourtant de reprendre les études, mais la Vierge lui fait comprendre que sa mission requiert une tout autre sagesse que celle du monde.

Quand les voix commencent, le 20 mai 1992, Debora vit comme la plupart des jeunes de son âge: divertissements, discothèques, fêtes, petits *hobbies* et travail à temps partiel. Une vie bien différente de celle qui est la sienne maintenant!

Aujourd'hui, Debora passe son temps entre la prière, la souffrance réparatrice, l'assistance qu'elle apporte aux âmes du Mouvement d'amour et des missions de témoignage. Si les heures qui scandaient le premier appel étaient dures à vivre, celles d'aujourd'hui le sont beaucoup plus. Bien qu'étant brèves, elles sont d'une grande rudesse et difficulté à cause de sa mission de corédemption qui n'a pas de repos.

Debora, un caractère!

Jésus: «Tu as ton caractère construit dans l'aventure d'une existence pas toujours heureuse...» (7.9.1998)

Debora est une personne gentille, souriante, énergique, concrète, déterminée. Son caractère a souvent été un motif de conflits pour ceux qui la fréquentaient. Sa spontanéité et sa franchise ne sont pas toujours acceptées, parce qu'elle est confrontée à l'adversité d'un style de vie que l'humanité a construit sans Dieu.

Aimable avec les pécheurs les plus endurcis et désespérés, sévère et exigeante avec ceux qui se disent fidèles au Christ et à sa doctrine. Très maternelle et profonde pour considérer les difficultés de celui qui entreprend le chemin de la conversion. Bourrue et distante pour celui qui ne prend au sérieux ni sa vie ni le Seigneur.

Amoureuse de la création et des créatures pour accomplir la maternité surnaturelle que le Seigneur lui a confiée.

Saint François d'Assise sera plus qu'un inspirateur et un conseiller pour former le cœur nouveau de Debora.

Le Seigneur a procuré à Debora un chien berger des Abruzzes, tout blanc, qui a vraiment un comportement extraordinaire de fidélité envers sa maîtresse. Quand des pèlerins sont accueillis dans la maison, la chienne Blanca les introduit dans la chapelle des apparitions pour qu'ils y prient. Pendant les «Passions» de Debora, Blanca s'approche d'elle et manifeste son désir de rester à ses côtés au pied du lit. Elle l'a sauvée plusieurs fois d'agressions physiques.

Les communications célestes

Au moment des premières locutions intérieures, Debora allait sur ses dix-neuf ans. Pour en faire son épouse, Jésus lui fit parcourir en l'espace d'un an «une course de géant», comme dit la petite Thérèse qui la visite quelquefois. La rapidité avec laquelle il l'a fait passer de l'ignorance complète de Dieu à l'état de victime sanglante d'amour est impressionnante. Elle est entrée dans une intensive participation de corédemption, tout unie à Son Amour-Rédempteur.

Bien sûr elle bénéficie des communications du ciel pour accomplir sa mission. Elle reçoit la volonté de Dieu sous trois modes distincts:

– L'un consiste en une extase physique, chaque 23 du mois, le jour de la révélation publique.

– Le deuxième est un dialogue intérieur entre Debora et Jésus, qui a lieu entre l'oreille et le cœur.

– Le troisième est une vision intérieure dans laquelle Debora voit avec son âme le moment où la Sagesse éternelle de Dieu désire se révéler. Mais elle ne sait expliquer comment cela se fait.

Les locutions intérieures ne dépendent pas de Debora; elles surviennent le plus souvent quand elle s'y attend le moins. En revanche, quand Debora est dans un état de dialogue intérieur avec Jésus ou Marie, elle peut bien sûr poser des questions ou leur faire des demandes. Elle est consciente de ce qui l'entoure et écrit tout ce qui lui est dit. Elle ne fait pas de demandes pour elle-même, même quand elle est gravement malade.

Le poids qui repose sur les épaules de Debora est souvent à l'extrême du supportable. Elle est tentée de se décourager, voire d'abandonner. Les visites du Ciel lui sont alors d'un grand soutien: elles la relèvent de ses «nuits». Ces visites produisent-elles comme un effet de «potion magique»? «L'âme, répond Debora, reçoit une grande chaleur et une paix bienheureuse au moment où Dieu s'approche d'elle. La force du Tout-Puissant se ressent au fur et à mesure qu'il s'approche de l'âme. Cela arrive même et souvent quand je dors et que le Seigneur est là depuis quelque temps. Il faut l'attribuer à la discrétion de Jésus qui comprend bien nos limites, nos fatigues et pauvretés. Nous pouvons ainsi admirer sa patience paternelle et son attente miséricordieuse. L'Amour éternel ne force jamais sa créature; au contraire, il se tourne vers elle avec une délicatesse impensable. Avec le temps, la (re)connaissance se fait, et ce n'est pas si difficile de percevoir de façon sensible ses vrais Parents du Ciel. Par exemple, la journée, et même en dehors des visites particulières, je ressens avec tous mes sens quand le Ciel m'appelle, me secoue ou désire une prière spéciale. Au cours des années, ils t'enseignent à faire partie de la Famille céleste. Bien sûr, je me rends compte que ce n'est pas facile de le comprendre comme vous devez vous rendre compte qu'il n'est pas facile pour moi de raisonner selon les paramètres du langage utilisé communément. Le paradis, je le vis, moi, dès cette terre!»

Une mère pour mes enfants

Aujourd'hui, Debora sent la grande responsabilité d'avoir été appelée *«Une mère pour mes enfants»* par Jésus Amour et aussi du fait d'être par son mariage mystique depuis mai 1993 une épouse active du Christ à la recherche des brebis perdues, et agissante pour sauver celles qui pourraient se perdre. Ceux qui vivent à ses côtés, dans le Mouvement d'amour, ont ressenti cette force surnaturelle qui émane d'elle, la rendant capable de tirer, seule, la barque qui pour beaucoup d'entre eux prenait eau de toute part.

Elève docile, infatigable apôtre, elle affronte héroïquement chaque jour l'ambiance hostile qui l'oppresse, se laissant conduire par les paroles fortes qu'elle médite dans un livre qu'elle aime beaucoup et qu'elle porte toujours avec elle: l'*Imitation de Jésus-Christ*.

Debora n'a pas de journées «normales». Son temps se répartit en prières nocturnes, souffrances de la Passion, aide au journal «La Vierge de l'Eucharistie» qui soutient le Mouvement d'amour, catéchèse et direction spirituelle à Céleste Verdure, travail sur bois pour aider financièrement l'œuvre, voyages missionnaires. Chaque jour on doit constater qu'elle n'a pas assez de temps pour accomplir toute l'aide spirituelle et le travail manuel, et pourtant elle réussit à le faire au grand étonnement de tous.

Le grand combat surnaturel

Comme souvent pour les mystiques, en même temps que les premières apparitions se succèdent les vexations du Malin: sévices corporels, faux témoignages, situations accablantes, complots diaboliques montés par des personnes malveillantes qui cherchent à la faire passer pour une possédée, une prêtresse ou une bonne à rien se multiplient. Debora en est fort affectée. Comme saint Paul, elle doit apprendre ce que veut dire «souffrir pour mon Nom» (Ac 9,16).

La Vierge l'invite à ne pas se désoler, parce que «la souffrance ennoblit l'âme». «Sache que tu devras souffrir pour le Nom de Dieu. Tu oublies ce qui est écrit dans la Bible: "Bienheureux ceux qui sont persécutés pour le Nom de Dieu"?[1] (…) «En t'humiliant tu pourras dire: O mon Jésus, je suis maintenant le reflet de tes yeux, dorénavant de douces paroles vibreront sur mes lèvres, même dans la souffrance. Toi, Dieu, tu te réjouiras de m'avoir créée et faite à ta ressemblance.» (22.11.1992)

Debora se purifie par la souffrance unie à celle du Rédempteur, et ses larmes sont une eau qui la lave du péché. Souvent on lui rappelle qui elle est: «Jésus t'a choisie parce que tu n'es rien. S'il y avait plus "nul" que toi, Jésus l'aurait choisi.» (14.11.1992)

Elle s'étonne aussi du don qui lui est fait: «Je sais que tu es Jésus. Mon cœur se réjouit sans que je puisse me l'expliquer.»

Jésus: «Ma fille, c'est la nature humaine qui se plie à la nature divine. Elle sait reconnaître son Dieu.» (15.12.1992)

Debora vérifie la Parole de Dieu selon saint Paul: «Ayez toujours en main le bouclier de la foi avec lequel vous pourrez éteindre tous

---

1. Mt 5,10.

les traits enflammés du mauvais» (Ep 6,16). «Seigneur, je te rends grâce parce que tu me donnes la force de vaincre le démon. Il est si puissant par rapport à mes propres forces, mais tu m'as enseigné que la confiance en Toi est victorieuse de légions entières de démons.» (19.12.1992)

Comme Jésus au désert, le démon vient tenter Debora: il lui propose la richesse et une vie sans souffrance, ainsi qu'une ascendance sur les autres si elle le suit. Mais elle est maintenant plus forte en Christ. Elle sait le remettre à sa place: «Va-t-en! Tu ne sais donc pas que mon âme appartient déjà à Dieu? Le Seigneur me rendra respectable dans la souffrance. Pourquoi me persécutes-tu encore? Je ne viendrai jamais avec toi. Je préfère mourir!»

«Il suffirait de dix âmes comme toi, se plaint Asmodée, et mon règne serait fini!»

Debora: «Au nom de Jésus, le Rédempteur, et de la Vierge Marie, ô Malin, je te chasse.»

Et après avoir poussé un grand hurlement et des imprécations, il disparaît. (20.12.1992)

Premiers pas vers la conversion-transformation

Préparer une épouse et former un prophète ne se fait pas sans difficultés et résistances. Debora, bien consciente de ce qu'elle n'est rien, ne comprend pas ce choix de Dieu sur elle. Elle s'interroge: Comment entrer dans le dessein de Dieu en partant de zéro? Comment répondre à un tel appel du jour au lendemain, sans être assaillie de doutes et de peurs? Et puis, comment croire que Jésus ait besoin de moi si misérable et jusque-là si indifférente? Pourquoi tant de grâces que je ne mérite pas?

Jésus: «Sache, ma fille, que ce n'est pas pour tes mérites que je t'accorde tant de grâces, mais justement à cause de ta misère. Ma petite, c'est justement ta misère et ta faiblesse qui me plaisent et spécialement ce rien qui constitue ton être. Je ferai de toi un exemple. Ecoute-Moi! Tu es le récipient et Moi le "Précieux Contenu". Quand le récipient est vide de tout contenu, c'est facile de le remplir. Je désire que ma Sagesse soit le contenu de ton âme. Veux-tu me recevoir?»

La peur d'être le jouet du Malin la fait douter mais Jésus, qui connaît les pensées les plus intimes des cœurs, la met en garde contre la tentation de renier ce qu'il entreprend avec elle. Il l'interroge sur ses doutes, lui dévoile sa longue et douloureuse attente alors que «le péché était l'unique baume dont [s]on âme se parait. (…) J'ai su attendre et souffrir avant que tu ne prennes conscience de moi! Dis-moi, si je ne t'avais pas rappelée, aurais-tu fait attention à moi?

– Non, vraiment, non, lui répond Debora et d'ajouter: «Quelle douleur j'ai éprouvé à donner cette réponse!»

Comme la fiancée du Cantique des cantiques, Jésus l'appelle: «Viens, le temps est arrivé, l'hiver est passé. Maintenant que je t'ai libérée du mal qui était en toi, ne crains pas que le Malin se joue de toi; je permettrai qu'il t'insulte et te maltraite, mais jamais qu'il te perde; je suis le Bon Pasteur, aujourd'hui, c'est le printemps nouveau!»

Debora demande alors ce qu'elle doit faire.

Jésus: «Rappelle-toi surtout que le don que tu as reçu est "grâce pour donner la grâce". Notre parole est pour toute l'humanité. Tous doivent profiter de mon soutien et de mon infinie miséricorde.»

Mais Debora voudrait tant vivre cette expérience dans la tranquillité, protégée par le silence.

Jésus: «Ma fille, apprends ceci de moi: se donner aux autres sans limites.»

Maintenant Debora craint la persécution.

Jésus: «Debora, Debora, il reste encore tant de route à faire, mais je t'instruirai, te cultiverai, ma fleur. Sache que Moi aussi j'ai été appelé un temps à vivre ce que tu es en train de vivre: servir le Père. Immole-toi comme Moi sur la Croix. Partage avec Moi les souffrances, les angoisses, les tristesses. Moi seul peux te consoler. Ne t'afflige jamais, ma fille, et donne-Moi ton cœur, afin que tu puisses me consoler.»

Comment Jésus peut-il avoir besoin d'elle, Debora ne le comprend pas.

Jésus: «Ma fille, ma souffrance est comme l'océan, et bien que tu ne sois qu'une gouttelette, tout ton amour suffira pour me soulager. Je désire que vous ouvriez vos cœurs et correspondiez à mon Amour divin.»

Debora donne alors son *fiat*: «Je t'aime tant, fais de moi ce que tu veux.»

Jésus: «Gloire au plus haut des cieux. Moi aussi je t'aime. Ma fille, que mes révélations soient "le pain et le vin" qui nourrissent votre vie. Je te bénis, va en paix. Ton Jésus t'a parlé.» (22.12.1992)

La passion et le mariage mystique de Debora

Le 28 novembre 1992, la Vierge vient annoncer à Debora la fin des vexations de Satan et la prépare à une nouvelle souffrance: la «Passion». «Tu devras supporter avec joie les signes extérieurs que Dieu te donnera pour réchauffer le cœur des hommes désormais engourdis.»

Le 15 janvier 1993, la Mère du ciel propose à Debora de partager sa douleur.

Marie: «Ma chère fille, en cette journée de vendredi, je désire partager ma souffrance avec toi en te rappelant les souffrances de mon Fils lors de son Couronnement d'épines.»

Debora reçoit la couronne d'épines, rendue visible à ceux qui sont présents.

Marie: «Je voudrais te dire: "Paix, paix, et paix au monde", mais ce monde est trop plein de méchanceté, trop plein de haine. Je voudrais dire: "Amour, Amour et Amour", mais le monde ne se comporte pas d'une manière filiale envers le Père. Moi qui suis la Maman du monde je veux le changer, je le veux attentif, je le veux plein d'amour, mais surtout incliné dans l'acte d'adoration à mon Jésus qui vous aime au point de venir au milieu de vous et de se faire semblable à vous.

Accueillez mon invitation. Les temps sont très proches. Je vous bénis.»

La nuit du 5 au 6 février, Marie lui apparaît et lui annonce après la messe le commencement de sa mission. Après la liturgie, Debora tombe en extase, dans l'église paroissiale, et tous peuvent voir les blessures à ses pieds et au front.[1]

---

1. Voir message du 6 février 1993 p. 111.

L'extase et le message passent mal. Après l'apparition, le curé de la paroisse lui ordonne de ne plus se présenter à l'église, jusqu'à ce que «toute cette comédie soit terminée».

Debora choisit alors d'aller dans un lieu plus solitaire, nommé le «Petit Lourdes». Puis elle revient en paroisse pour en être définitivement chassée le 13 mars par son curé.

Le 24 février, lors d'une extase, Jésus la fait participer à sa condamnation par Pilate. Quand le regard de Jésus se tourne vers elle, elle comprend qu'elle aurait dû porter sa croix en silence comme lui.

Le lendemain Debora visite l'enfer en compagnie de son ange Fidemile. Elle découvre sept portes correspondant aux sept péchés capitaux. Suit la visite du purgatoire et du ciel avec la Vierge.

Sur l'indication de Marie, Debora se rend alors à la chapelle de Notre-Dame des Douleurs, mais quand des signes se produisent, la propriétaire de la chapelle lui ordonne de ne plus y revenir.

Le 30 avril 1993, Marie annonce à Debora que sa présence se fera désormais plus discrète: «Mon objectif est de te porter à mon divin Fils, et maintenant qu'il est en toi, ma présence devient secondaire…»

La nuit du 7 au 8 mai 1993, Jésus félicite Debora pour son obéissance à la volonté du Père: «Sois bénie pour ton *fiat* continu même dans les difficultés les plus âpres. Je t'aime et je crierai un jour très fort ton obéissance. Mon épouse et ma disciple, mon reflet et mon amour. Je t'aime, ma jeune martyre.»

Quand Jésus lui parle de sa souffrance face à l'attitude des hommes, Debora demande ce qu'elle peut faire pour lui.

Jésus: «Ma Debora, avant tout, tu dois apprendre à réparer pour les autres, en offrant tes humiliations, tes actions et tes prières. Ma fille, je le sais, tu le feras, même si le monde te persécute et tu mortifieras ta chair. Réjouis-toi…»

Debora est fatiguée. Elle se sent «un peu usée»! Jésus lui rappelle l'importance de sa mission:

«Ma petite, tu es seulement ma créature et je te donne toujours la liberté de choix. Je te prie, ma Debora, de ne pas m'abandonner, de ne jamais te lasser d'écrire ma parole. Si tu n'écrivais pas, comment pourrais-tu aider les autres? A travers mes écrits, ils me sentiront dans leur cœur comme tu me vois aujourd'hui.»

Le 14 mai 1993, soit moins d'une année après le premier appel de la Voix, durant une apparition de quarante-cinq minutes de Jésus et de Marie, Debora vit avec émotion son mariage mystique.

Marie: «Viens, ma petite fille, approche-toi et donne-Moi ta main. Je la tendrai à mon Jésus!

Jésus: – Maintenant, mon amour, je m'empare de toi pour que tu m'appartiennes! Mon épouse, donne-Moi ton esprit et je l'unirai au mien, sanctifié par la Divinité de Yahvé. (Je me trompais en écrivant lorsque Jésus m'a corrigée). Nous sommes maintenant à l'unisson, tout comme sous la Croix: ma Très Sainte Mère partage encore toutes mes souffrances qui, à cause de vous, se renouvellent. Nous sommes un seul être! Mon épouse bien-aimée, donne-Moi la main!

Debora: – Je n'y réussis pas, Jésus, mes bras tremblent!

Jésus: – Ma fille, que ma Pensée soit ta pensée!»

Marie: – Ma fille, confie-toi à ta Maman. Viens: tends la main à ton Jésus.» (Jésus m'a pris la main et, avec une grande douceur, m'a passé un anneau qui, curieusement, est lumineux).

Jésus: «Avec cela, je laisse en toi mon Esprit d'Amour. Désormais tu prendras conscience de ma Divinité. Laisse vagabonder ton esprit, afin de pouvoir contempler des merveilles que tu n'as pas encore comprises. Vis en Moi, deviens mon sanctuaire!»

Après quoi Satan est venu déverser sa rage sur Debora qui perd courage. Jésus vient et lui demande de décrire son état d'âme et lui dit:

«Ma fille, viens à Moi et ne te décourage pas quand les épreuves arrivent. Je désire que tu pries pour tes persécuteurs. Prie avec Moi:

Seigneur, je t'offre mes douleurs et mes angoisses.
Bénis mes persécuteurs
et fais de moi une victime pour ton saint Autel.
Doux Rédempteur,
fais que je répare en silence par mes humiliations
pour les oppresseurs de ta Parole.
Toi, constamment crucifié, pardonne les péchés

que commettent les fils de ta Sainte Demeure!
O Sauveur et Rédempteur,
fais que je n'aie jamais à me décourager,
pour que, une fois encore, soit communiquée aux gens
la Parole de Dieu qui est vraie Voie et vraie Lumière.
Gloire à Toi, Tout-Puissant,
parce que tu me donnes la grâce dans la souffrance.
O Humble de Cœur,
fais que je sois toujours obéissante et docile
à ton divin Vouloir et tu accompliras
des merveilles sans limites.

Puis: «Maintenant, ma fille, tu prends conscience de ce que signifie: "Mon âme est triste à mourir". Maintenant tu comprends la lâcheté des disciples quand, endormis, ils m'abandonnèrent.» (21.5.1993)

Cela, c'est ma catéchèse

Debora a encore une longue route à parcourir pour apprendre à vivre sa vie d'épouse de Jésus. Elle s'inquiète de déplaire à son Epoux:

D: «Jésus, es-tu satisfait de moi?

Jésus: – Je suis insatiable, et pour rejoindre un reflet de ma Sainteté, tu seras éprouvée à l'infini, mais à la fin mon divin Feu fera fondre toutes tes imperfections. Je suis en toi.» (28.5.1993)

Et de nouveau: «Mais as-tu vraiment besoin de moi? Je suis si insignifiante!

Jésus: – Ma fille, ne regarde pas ta misère, bien qu'elle soit si grande, mais la force d'amour que mon Saint-Esprit a déposée en toi. Répare, petite, répare! Agonise dans ce désert rendu plus aride que jamais par le péché et le vice. (…) Aujourd'hui plus personne ne répare et si quelqu'un le fait, il demande quelque chose en échange. Quand je me suis immolé, ai-je demandé au Père plus que ce qui me revenait?» (28.5.1993)

Jésus encourage sa bien-aimée en lui disant sa joie: «Ma fille, mon Esprit se complaît en toi car il t'a choisie comme le serviteur d'Isaïe (42,1-9)» (3.6.1993)

Une autre fois Jésus entreprend de parler de l'Amour avec Debora:

Jésus: «Ma fille, tu sais ce que signifie l'Amour?

D: – Jésus, je pense que oui, mais c'est une parole si grande!

Jésus: – Debora, tu ne dois pas dire "je pense", mais, "Seigneur, mon cœur me suggère…" (…)

D: – Peut-être n'ai-je pas assez aimé, ni Toi, ni les créatures?

Jésus: – Ma petite, personne n'aimera jamais assez, parce que, comme ce sentiment n'a pas de limite pour être exprimé totalement, il ne peut jamais s'épuiser. Vois-tu, ma Debora, la nature humaine ne cède pas facilement sa place à la nature divine qui est enracinée en chaque homme, comme don du Père, et c'est pour cela que l'homme n'aime jamais assez. Aimer l'Amour signifie s'offrir quotidiennement à son frère, ce qui se concrétise dans l'acte de charité. Je suis ton Rabbi, et je désire que toi, ma créature, tu apprennes de Moi comment et quand aimer. Cela, c'est ma catéchèse.» (10.6.1993)

Et pour préserver son élève du danger de l'orgueil:

Jésus: «Tu dois toujours te rappeler, ma petite fille, que tu n'es rien et que tu devras le rester parce qu'en renonçant à toi-même, tu reconnaîtras ma divine Paternité.» (28.6.1993)

D: «Seigneur, je sens déjà les douleurs de la couronne d'épines.

Jésus: – Aujourd'hui tu souffriras davantage et en silence sans t'étendre sur le lit. Veux-tu participer à ma couronne d'épines?» (13.8.1993)

Souvent Debora est accablée à l'extrême et se sent incapable de porter sa croix si pesante: «Mon Seigneur, les lourds martyres commencent: je sens que je n'en peux plus!

Jésus: – Ma fille, c'est Moi qui te soutiens et te soutiendrai…» (15.1.1994)

La nuit de Pentecôte du 21 mai, après avoir reçu un message de Jésus, Debora s'endort. Elle voit le ciel et l'amour du Père, tandis qu'elle se sent complètement immergée dans la béatitude avec les anges présents.

Le 18 juillet 1993, lors d'une retraite donnée par Monseigneur Milingo, Debora souffre la Passion et reçoit une révélation. A la fin

Monseigneur lui commande: «Donne-moi le papier, je désire le signer. Je suis un témoin de la bonté de Dieu.»

Après la couronne d'épines, Jésus apporte un nouveau signe d'amour: Debora voit partir du Cœur de Jésus deux traits qui frappent ses mains, ce que nous appelons la stigmatisation:

Jésus: «Ma Fille, elles ne seront pas percées de trous: le Sang parfumé qui descend du saint Temple de Dieu sortira de tes mains et les blessera.

D: – Seigneur, je ne comprends pas.

Jésus: – Ma fille, il me plaît de t'aimer ainsi. Moi qui suis le merveilleux Architecte de la vie, je ferai sortir de ta chair le sang et la douleur, sans que l'homme puisse comprendre. Partage mon intimité! Sois mon sacrifice.»

Puis Jésus lui apporte l'Eucharistie. (6.9.1994)

Dans les jours suivants, Debora éprouve des douleurs épouvantables. Elle écrit:

«Si je devais crier, peut-être que je ferais crouler une cité entière. Mon Jésus, personne ne saura jamais combien je souffre par amour de tes souffrances. Seigneur, parfois il me semble que mes mains sont chauffées dans de la lave bouillante et la souffrance est telle que je ne sens plus qu'elles appartiennent à mon corps. Parfois, j'ai honte de ces plaies, pardon, Seigneur…» (8.9.1994)

Ainsi Debora porte dans sa chair les signes de son amour pour son Epoux et pour nous. Très souvent elle est à la limite de la défaillance, mais les visites de Jésus et de Marie avec leur Amour divin sont toujours là pour porter avec elle la croix de la Rédemption et de la Réparation.

Jésus: «Tu es la servante intime de la profondeur de mon Cœur très ardent, ne l'oublie pas.» (10.8.1996)

«Je te l'ai dit: tu es la servante intime de ma divine Eucharistie: ma Mère t'a préparée à cette mission et maintenant tu en vois le produit.» (14.3.1997)

Tests et vérifications scientifiques

Durant ses visions et la passion qu'elle subit, Debora a été plus d'une fois observée par des professionnels de la médecine: cardiologues, neurologues, spécialistes en tous genres. On l'a piquée avec des aiguilles à différentes parties du corps, sans que l'on constate la moindre contraction ni l'ombre d'une douleur, sans qu'aucune goutte de sang ne surgisse. Toujours durant les apparitions, on a placé devant les yeux de la voyante de très puissants phares: là encore les pupilles n'ont révélé aucune contraction, pas le moindre signe de trouble.

Pendant ses voyages, Debora a eu l'occasion de connaître Mgr Milingo. Il la confie à un médecin, le Dr Gino De Blasi[1] qui la soumet à des examens médicaux en rapport aux divers «phénomènes» qui se manifestent chez elle. Voici son témoignage.

«Le 5 août 1994, à l'Institut des religieuses Filles de Jésus Bon Pasteur de Zagarolo (région de Rome), fondé par Mgr Milingo, j'ai examiné Debora Marasco, résidant à Manduria (région de Tarente) âgée de vingt ans.

Elle présentait des coupures parallèles d'une longueur de 7 à 8 cm qui allaient de la tempe gauche à celle de droite, à la frange du cuir chevelu: plaies qui, après quelques minutes, se multipliaient, intercalées de blessures faites de pointes d'un diamètre de 3 à 4 mm d'où s'écoulait un sang rouge accompagné d'un intense parfum.

La patiente, insensible aux *stimuli* physiques et verbaux, présentait des paupières à demi-fermées et gémissait de façon continue, avec parfois des murmures dont quelques-uns étaient perceptibles et se référaient à Jésus pleurant du sang.

Et, simultanément à ces phénomènes physiques, il se produisit une lacrymation de sang des yeux d'une image de Jésus fixée à la paroi au-dessus du lit de Debora: ces manifestations ne sont pas humaines et encore moins produites par des mains humaines.

Tout en continuant de souffrir et bien qu'elle demeurât dans un état d'inconscience, à 13 h, Debora commença à écrire, et un prêtre lisait cela au fur et à mesure.

A 13 h 40, Debora avec de forts gémissements et des mouvements désordonnés du corps, comme si elle voulait éviter quelque chose, présenta dans la région sacro-lombaire des coupures parallèles de

---

1. Chirurgien, spécialiste en orthopédie et traumatologie ainsi qu'en médecine homéopathique et acupuncture.

forme courbe, de gauche à droite, longues de 15 à 20 cm, au nombre de 10 à 12. Puis trois autres s'ajoutèrent, perpendiculaires aux premières: là aussi du sang s'écoulait des petites brèches.

La pression artérielle restait constante: 115/70, 120/75.

Durant ces manifestations le parfum intense et «frais» qui émanait du sang et de la peau s'accentuait de façon extraordinaire. J'ai trouvé particulièrement révélatrice la transformation des taches de sang en signe de croix reproduit sur les mouchoirs à la simple pression sur les plaies de Debora.

A 14 h 30 survint un autre phénomène: une transsudation sur le dos des mains et particulièrement dans la région radio-carpienne de forme rectangulaire de la taille de 7 x 2 cm et dans la région palmaire bilatéralement. Ce phénomène s'est aussi manifesté sur la zone rétromaléolaire et dorsale des pieds: la douleur très intense des parties intéressées empêchait tout mouvement aussi bien actif que passif.

Ces manifestations se terminèrent à 5 h, tandis que le sang des mains, des pieds et de la région lombaire gauche se résorbait, avec une relative disparition du phénomène. Du sang partiellement coagulé demeura sur le front, comme des filaments entrelacés; cela, pendant près de trois jours.

Le 11 août suivant, Debora était mon hôte. Elle avait avec elle l'image du Christ. A 10 h 30 se produisit une lacrymation beaucoup plus intense que la précédente.

Cette lacrymation fut tellement forte que quelques gouttes tombèrent sur le marbre du meuble où était l'image. Ces gouttes imprégnèrent si rapidement la pierre qu'elles ne purent être absorbées par un coton. Ces gouttes sont toujours visibles.

Juste avant, le 8 août, toujours dans mon appartement, survint un autre phénomène extraordinaire. L'image de la Vierge Marie, Secours des chrétiens, s'imprima sur la couverture du lit où reposait Debora le premier jour de son arrivée à Tivoli. Actuellement l'image est parfumée.

En conclusion de ce que je viens d'exposer, ayant été témoin tant des phénomènes ici présentés que d'autres du même genre en des circonstances et sur des personnes différentes, je peux sans l'ombre d'un doute définir que les faits constatés ne sont pas causés par un processus psychophysique.»

Tivoli, le 16 août 1994

*Dr Gino De Blasi,
Via A. Del Re, 33 - Tivoli (Roma)*

Mission de Debora

Debora est appelée à une mission à diverses facettes: victime pour donner l'exemple et réparer, prophète pour communiquer une révélation de Dieu, mère pour former des fils de Dieu.

A travers Debora l'Esprit-Saint rappelle à chaque chrétien sa vocation de baptisé.

«Vous êtes la lumière du monde.» Ne cherchez ni à jouir ni à plaire au monde, mais à plaire à Dieu.

«Vous êtes le sel de la terre.» Sachez offrir ce que Dieu vous donne et donnez un sens aux épreuves de chacun.

Offre-toi comme modèle pour le monde

Marie qui est le modèle, le type et l'archétype de l'Eglise[1], est la mieux placée pour encourager Debora à marcher sur ses pas.

Marie: «Maintenant, ma fille, je me tourne vers toi: offre-toi comme l'Agneau qui se fait immoler sur l'autel. Deviens, comme tant de saints, l'image du Crucifié vivant. Offre-toi comme modèle pour le monde. Sois un modèle d'amour, d'humilité, de fraternité, de charité et de souffrance continuelles, d'offrande à Dieu dans la pauvreté et, surtout, sois l'irradiation de l'offrande continuelle pour ton frère.

Dieu, dans sa liberté, laisse à ta volonté le choix d'accepter ce projet ou de le repousser, mais si tu savais son Amour et le mien pour toi, tu voudrais commencer à l'instant même.» (10.11.1992)

Jésus: «Je viens à toi pour t'enseigner à aimer. Toi, demain, tu leur démontreras que le Seigneur fait de grandes choses en toi. Si l'amour n'est pas en eux, toi, par ton humilité et ta simplicité d'âme, tu les aideras tout comme je le fais pour toi. Cela s'appelle

---

1. Voir *Lumen gentium*, 63-65.

"chaîne d'amour" : l'un pour l'autre. Viens dans mon Cœur et demeure-moi toujours fidèle…» (10.6.1993)

Tu dois immoler ton être pour chacun…

«Il a pris sur lui nos infirmités et s'est chargé de nos maladies» (Mt 8,17). La mission de réparation est urgente, à cause du mal qui s'étend dans le monde et des offenses de plus en plus graves faites envers Dieu et spécialement envers l'Eucharistie. Tous, nous sommes appelés de par la grâce de notre baptême, à trouver notre joie dans les souffrances que nous endurons les uns pour les autres et à compléter dans notre chair «ce qui manque à la Passion du Christ pour son Corps qui est l'Eglise» (Col 1,24); à ne pas vivre seulement en consommateur de biens spirituels, et se nourrir du «lait», comme dit saint Paul, mais aussi à donner, à se donner avec joie, par pur amour de Dieu; à ne pas se plaindre, comme un enfant, de ses souffrances, mais à accepter dans la foi toute épreuve comme une marque de l'amour de Dieu pour nous.

Marie: «Ma fille, ta maman souffre et marche avec toi. Aujourd'hui la crucifixion te sera épargnée, mais le Seigneur Dieu a établi pour toi un autre "acte pénitentiel". Tes genoux devront se mortifier sur le sol. Mets-toi à genoux et prie Jésus, pour que le Père des cieux annule les châtiments que les hommes méritent par leurs péchés conscients et continus. Ma fille, j'ai besoin de tes prières afin qu'en ce lieu une barrière de paix se dresse; qu'elle s'unisse aux autres que j'ai voulues et établies pour vaincre la guerre. Abandonne-toi à mon rosaire et laisse travailler mon Fils en toi.» (14.6.93)

«Aujourd'hui, chère fille, je désire donner par ta souffrance toute la grâce nécessaire pour mettre en déroute le péché. Ne te désiste pas de ta mission. Ton *fiat* au Seigneur qui t'a appelée est très important, maintenant plus que jamais. N'aie ni peur ni crainte, quand mon Cœur de maman t'appelle à l'itinérance. Oui, parce que je te conduirai dans tant de lieux justement parce que je désire donner la grâce à ceux qui me la réclame.

Ma fille, Jésus accepte ta Passion et ta croix; toi par amour pour Lui, supporte-la.» (21.6.1993)

D: «Maître, que puis-je faire pour Toi?

Jésus: – Tu as déjà la mission de prophétiser et de souffrir dans le monde pour Moi. Que te faut-il encore d'autre pour t'unir à Moi? Je te bénis et te donne ma paix.» (28.9.1993)

«Maintenant, mon agnelle, souffre avec Moi et ne crains pas ceux qui tuent le corps parce que sur toi repose un grand projet. Tu seras ma messagère d'Amour souffrante. (…)» (9.12.1993)

Marie: «Ma fille, je désire que tu vives ta souffrance en silence. Fais en sorte que le Seigneur soit l'unique vrai Témoin de ta douleur. Je suis la Mère du silence…» (9.3.1994)

Le 6 juillet 1994 Jésus confie une nouvelle mission à Debora: réparer pour les âmes consacrées.

D: «Seigneur, tu souffres tellement! Est-ce que je peux t'aider?

Jésus: – Moi, le Christ, je te demande de souffrir en te faisant victime pour nombre des miens: les âmes consacrées. (…) Pour ma Maison, cette maison devenue aride comme la steppe, où d'heure en heure mon pied trébuche en passant sur les morts. (…)

Pauvre de toi, ma petite brebis qui souffres et qui répares en mon Nom. Accomplis-le, accomplis-le, cet acte d'amour pour ton Pauvre, assoiffé d'âmes. (…) Tu mourras toi aussi sur la croix comme Moi. Veux-tu mourir au monde pour le sauver?

D: – Oui, Seigneur, je le ferai et dans le silence…»

Puis Debora entre dans la Passion.

Marie: «Souffre, ma fille, unis ton sang à celui de mon divin Fils, afin que la diffusion du Mouvement d'amour démarre.» (28.1.1995)

Jésus: «Viens, ma chère, holocauste de ton Seigneur. Ma fille, tes oppresseurs ont été mis sur ton chemin parce qu'ils ont besoin de tes prières.» (3.3.1995)

«Ma fille, tu es mon agneau sacerdotal. Tu dois immoler ton être pour chacun des prêtres de la terre et sentir dans ta chair la douleur de leur reniement. Quand ils se détachent de mes enseignements, bien que restant à l'intérieur de ma Maison, ils se séparent de mon Esprit et suivent l'agent de la damnation. Il suscite en eux l'indifférence envers mon Eucharistie que, parfois, avec une telle irrévérence, ils réussissent à désacraliser.» (27.11.1995)

En mars 1996 Debora, en larmes, écrira pour la première fois dans son journal ce qu'elle vit intérieurement: «Ces lignes sont imprimées en gros caractères sur mon cœur. C'est comme une blessure toujours ouverte qui saigne lentement, sans trouver de repos et de consolation: les prêtres m'ont scandalisée. Quel mal, mon Seigneur, ils font à ma pauvre âme... Ils me tuent de l'intérieur...» (23.3.1996)

Son accablement devient tel que son cœur commence à se blinder.

Jésus: «O ma petite agnelle, ton cœur blessé est en train de s'endurcir. Mon petit enfant, regarde mes Plaies, aujourd'hui, elles triomphent. Le jour de la glorieuse victoire pénètre les cavités douloureuses du monde vautré dans le péché.»

L'accablement et la solitude du prophète ne sont pas nouveaux; souvenons-nous du grand Elie, qui s'enfuit au désert pour chercher la mort. (1 R 19, 1-8)

D: «Mon Jésus, je ne résiste plus, le désir de la mort m'assaille jour et nuit et me torture depuis des mois. Les fenêtres hautes sont devenues mes ennemis. Partout, le mal m'attaque. Seigneur, je suis en train de perdre.

Jésus: – Dis, ma fille, parle à ton Père et ne cache pas à la Vérité tes longs silences.

D: – Peut-être que je perds la foi en la bonté.

Jésus: – Ceci, c'est le mal en chaque homme et, comme une maladie, il s'attaque à toi, créature préférée et aimée d'un si grand Amour... Ma fille, tu es en train de te faire démolir et tu ne le comprends pas. Le plus grave est qu'une telle destruction t'a été infligée par mon Eglise...» (19.5.1996)

«Tu as été choisie par mon Père d'une façon tout à fait particulière. Tu souffriras une à une toutes les peines de ma Passion rédemptrice et la souffrance corédemptrice du Cœur de ma Mère. Comme moi, tu passeras pour malfaiteur, faux prophète, envoyée de Satan! Maintenant tu souffriras comme exilée et, avec le vide que ceux de ma Maison ont créé autour de toi, tout paraîtra comme une grosse défaite.

Ma Mort a été considérée comme une défaite, ma Vie, un blasphème pour le peuple! Personne cependant n'a considéré le triomphe qui a suivi une telle souffrance: ma Résurrection. Je te le dis encore une fois: l'œuvre qui surgit de ton action n'est pas la tienne et l'humanité entière pourra le comprendre. Mon Sang s'écoule dans ton cœur et, pendant que tu gémis en ta Passion, participant à mon action rédemptrice, tu ramènes comme une vraie mère beaucoup de mes fils pécheurs égarés un peu partout dans le scandale du monde. (…)

Tu es ma servante intime et l'épouse de mon Corps caché sous les apparences eucharistiques. Ne perds pas courage, ô ma petite martyre, ô mon agneau sacerdotal, offert en réparation de la grande désacralisation.

Tu seras prise pour une égarée à immoler au nom de leur fausse justice…

Désormais ceux-ci veulent t'identifier à Moi sans s'en apercevoir, en te faisant subir exactement tout ce que j'ai Moi-même subi…

Veux-tu, ma fille, accueillir encore dans ton amour la mission que je t'ai réservée avant que le temps ne soit plus ? Veux-tu encore m'asseoir à tes côtés, sur le trône de la Vérité sans couchant ? »

D : – Oui, mon Maître et Seigneur. (…)

Jésus : – Je suis avec toi et je le suis avec toute mon essence sacramentelle qui t'est offerte comme un don par l'intercession de sainte Jeanne d'Arc. Prie-la parce qu'elle t'a été donnée comme guide dans cette mission en profondeur que bien peu ont comprise. » (1.6.1997)

« Ma bien-aimée, apprends à mourir à toi-même, et souviens-toi que je t'aime, non pour ce que tu es, mais pour ta nullité. Tu n'es rien et rien en toi ne me donnerait de consolations si je ne l'avais décidé dans mon grand Amour. » (11.6.1997)

« Je t'ai invitée à participer à ma rédemption qui durera jusqu'à la fin et je t'ai confiée à celle qui est la Corédemptrice absolue.[1] » (8.4.1998)

Tu sauveras l'Italie par ton martyre

Si cette révélation est donnée pour le monde, la mission de réparation de Debora concerne essentiellement l'Italie.

« Le sécessionnisme est une vraie menace pour ton pays et aujourd'hui plus qu'hier je m'adresse à toi, instrument important

---

1. C'est-à-dire par excellence, parce que Marie, Mère de Jésus crucifié et de l'Eglise, est notre Corédemptrice d'une manière sublime et universelle.

et voulu de Dieu pour sauver toute la nation. (…) Aime ton Dieu qui t'a choisie pour une telle œuvre, jamais vue. Tu sauveras l'Italie par ton martyre de jeune, ma fille.» (25.3.1997)

Jésus: «Je libérerai ta nation grâce à la donation que tu as faite de toi-même. Je t'enverrai dans chaque coin d'Italie et tu ôteras des cœurs "l'infamie" et déchireras la langue trompeuse comme on fait pour un voile qui cache mensonges et trahisons.» (29.9.1998)

Comme mère et sœur de tous

Debora est remplie de compassion pour ceux qui l'approchent, et comme l'Apôtre des nations (1 Th 2,7) elle enfante à la vie en Dieu de nombreuses âmes grâce à son écoute et à son amour dans les souffrances offertes.

Jésus: «J'ai commandé (à Debora) d'aller guérir avec l'onguent de la Très Sainte les plaies des brebis chassées, tournées en dérision, victimes, et j'ai parlé à son cœur pour la former comme mère et sœur de tous ceux qui la connaîtront.» (30.1.1998)

«Qui saura t'aimer plus que Moi? Qui t'aimera, mon épouse, avec l'ardeur avec laquelle je remplis ta pauvre existence, faisant de toi une éternelle amoureuse de Moi et une infatigable mère pour mes fils, "partis de la maison"? Toi-même, tu le sais et attestes par ta vie que ce que je dis n'est pas utopie.» (2.2.1998)

Toi, ma fille, tu es mon Esprit de Vérité

Tout baptisé doit annoncer quoi qu'il lui en coûte «les merveilles de celui qui nous a appelés des ténèbres à son admirable lumière». (1 P 2,9) Certains reçoivent un charisme particulier pour prophétiser au nom du Seigneur, comme les prophètes de l'Ancienne Alliance. C'est aussi le cas de Debora qui doit rapporter à notre génération ces messages dont certains décryptent et éclairent des prophéties bibliques. Evidement cette grâce prophétique est liée à la huitième béatitude: Bienheureux les persécutés à cause de mon Nom! Car nul prophète n'est bien reçu dans son pays! (Mc 6,4)

D: «Jésus, ce n'est pas facile de porter ta douleur et encore moins tes révélations! Elles sont toujours contrecarrées, discutées, réfutées. Comment faire alors, Seigneur?

Jésus: – Fille, prends alors mon Sang sur toi, pour prendre conscience du travail que j'accomplis par toi. Viens, contemple mon Amour. Sens-tu la souffrance de ton Bon Pasteur?

D: – Jésus, c'est que je suis tellement, tellement affligée.

Jésus: – Ma fille, ce que j'envoie par toi à cette humanité, c'est l'ultime avertissement[1]. Je n'ai plus de paroles pour décrire mon amère souffrance.» (25.8.1994)

«Tu seras pierre d'achoppement et sujet d'horreur pour les ouvriers de la Bête!» (30.1.1998)

Si avec Isaïe, Dieu avait mis la flèche en réserve dans son carquois – «Il a fait de ma bouche une épée tranchante, il m'a abrité à l'ombre de sa main; il a fait de moi une flèche acérée, il m'a caché dans son carquois» (Is 49,2) – Avec Debora la flèche est tirée!

«Moi, le Véritable, je t'ai suscitée dans mon peuple pour te donner à lui, renouvelée et purifiée, pour remplir leurs esprits de ma Présence et, te cueillant, je t'ai mis dans mes mains pour t'insuffler la force suffisante, afin que le drapeau de nos deux Cœurs unis soit élevé jusqu'au soleil. J'ai tendu mon arc et t'ai mise dessus comme une flèche robuste et sûre… Et puis, je t'ai lancée dans la ténèbre de mes créatures désormais si éloignées de Moi, si insensibles à mon Amour. Et Moi, le Seigneur, je m'en suis ému!» (10.4.1998)

Marie: «Sois heureuse et tu seras toi aussi bientôt dans la joie de ton Seigneur. (…) Quand tu auras accompli sur la terre ce qui t'a été confié. Mais ne crains pas, ce sera bientôt, plus vite que tu ne te l'imagines! Voilà pourquoi tu portes sur toi de grandes et multiples souffrances.» (14.8.1995)

«Ma fille, tu as été voulue pendant cette ère pour être l'instrument de ma Lumière en ces épaisses ténèbres. Quelle ère d'âmes misérables que celle-ci. Elle est plus infidèle que les ères païennes et idolâtres.» (15.8.1995)

Jésus: «Ma fille, l'appel que tu portes est en fait mon rappel, afin que ces lâches recommencent à respirer. Dieu fera pour eux de grandes choses s'ils acceptent d'être rappelés et employés selon mon bon plaisir. Toi, ma fille, tu es mon Esprit de Vérité, celle qui

---

1. Dans le sens que nous sommes à la fin des rappels divins.

annonce la paix et ouvre les portes à mes pécheurs qui maintenant sont tes persécuteurs et que je confie à tes souffrances.» (3.10.1997)

«Je t'ai envoyé pour élever et exalter la Piété eucharistique sur le cœur du monde...» (27.1.1999)

«Va, ma fille, va, et arrête l'expansion du modernisme dans les vestibules de mes palais![1] Parle et apaise les malades par la force de mes enseignements et de la Tradition.» (13.2.1998)

«Je t'ai déjà envoyé le "baptême de Feu" pour que dans ta mission tu puisses annoncer sans crainte et avec fidélité tout ce que je te révèle, car c'est de ma part un grand commandement: personne ne devra y opposer d'obstacle, sinon mes anges interviendront.» (3.9.1998)

---

1. Couvents, institutions, paroisses...

Manduria et l'Eglise

Marie: «Chers enfants, cette apparition n'est ni acceptée, ni partagée, elle est réfutée, mais je la ferai émerger comme la plus grande, celle qui conclut mon Message. Puis viendra un temps où mes visites se termineront.»

Une révélation d'emblée mal accueillie

Debora a désespérément recherché, dès le début, des contacts permanents avec l'Eglise hiérarchique par l'intermédiaire de son curé, avec le souci d'obéir aux requêtes de la Vierge. L'église de la paroisse sera le théâtre des manifestations mariales, mais Debora en sera chassée peu de jours plus tard.

Elle cherche avec confiance à tout faire connaître à son évêque. Mais elle rencontre de la défiance qui ne fera que croître et sera source de nouvelles difficultés.

Les premiers prêtres qui accueilleront Debora seront tous déplacés. Grâce à Debora, l'un d'entre eux, profondément secoué par des événements dramatiques, est revenu au sacerdoce après dix ans. Il sera publiquement diffamé par l'Eglise dans de nombreux journaux et à la télévision, mais il en tirera un grand bénéfice spirituel.

Pas un prêtre diocésain près d'elle pour la soutenir. A plusieurs reprises, ils n'oublieront pas de la diffamer comme hérétique, apostate, fanfaronne, agitatrice, sorcière, fille de Satan… «Rappelez-vous la parole que je vous ai dite: Le serviteur n'est pas plus grand que son maître. S'ils m'ont persécuté, vous aussi ils vous persécuteront…» (Jn 15,20)

Debora a été abandonnée à elle-même, et cela ne fait que confirmer ce que Jésus lui dira dans ses messages: «Tu souffriras toutes mes douleurs, tu seras considérée comme infâme, maudite, bonne à répudier, tandis que je serai ta direction spirituelle et signerai les étapes pour ta sanctification par mon Sang transfusé en toi.»

En réalité les guides spirituels de Debora sont: *Le Château intérieur* de Thérèse d'Avila, l'*Imitation de Jésus-Christ*, et le *Traité de la vraie dévotion à la Vierge Marie* de saint Louis-Marie Grignion de Montfort.

Mystère de l'obéissance

Ce qui déchire tant Debora vient de la difficile position où elle est d'obéir à l'Eglise et d'obéir à Jésus en même temps:

Jésus: «"Maudit soit l'homme qui se confie dans l'homme". Je suis le Seigneur et on me doit l'unique obéissance pour les siècles des siècles.[1]»

D: – Jésus, ils disent que je dois t'être fidèle en me soumettant à l'Eglise, cherchant ainsi à annuler tes Révélations!»

Jésus: – Ma petite, tu dois le faire parce que l'obéissance sanctifie, mais je ne permettrai pas que mes saintes Révélations soient couvertes, mystifiées, ou adaptées au bon plaisir et à la mesure des hommes qui se disent spirituels alors qu'en vérité ils sont des hommes que je n'ai pas mandatés: ils vont contre l'Esprit de Dieu qui cherche en vain à les guider. O hommes qui avez perdu le discernement du bien et du mal, à la fin ma seule justice triomphera.» (21.5.1993)

«Viens à Moi, mon enfant, rejetée des hommes mais bénie de mon cœur! Les fils de ma sainte Demeure te combattent et te réfutent en disant: "Ne suivez pas et n'écoutez pas les paroles du démon", tandis que précisément Satan leur souffle à l'oreille, les tentant pour exprimer ces paroles calomniatrices, sans qu'eux-mêmes s'en rendent compte. Ce sont eux en fait, qui ont la conscience endormie. Quelle ère de désolation!»

D: «Maître, l'Eglise hiérarchique réfute ce que je dis.

Jésus: – Ma petite, ne lâche pas ma main qui te conduit... Moi, le Fidèle, je promets au monde, à travers toi et d'autres, de réaliser mon "plan de salut" pour l'humanité. O génération adultère, bientôt, très bientôt, je vais bouleverser les âmes les plus engourdies...» (3.6.1993)

---

1. Jr 17,5.

Le 14 juillet 1993, Debora a rendez-vous avec son évêque. Elle est triste et amère: elle a peur d'être chassée... Mais Jésus vient la rassurer et elle est bien reçue.

Jésus: «Quand ils vous demanderont qui vous donne autorité, vous répondrez: "l'Autorité elle-même", Je suis Celui qui ne change pas ses propres Révélations...» (4.3.1994)

L'évêque interdit à Debora de se rendre à Céleste Verdure. (29.5.1994). Elle souffre terriblement et brûle du désir de faire la *Via Crucis* avec les autres... et finalement n'y résiste plus. Jésus et Marie la visitent alors et elle reçoit un message de la voix du Père. Cette question de l'obéissance travaille Debora. Ayant lu dans la première Epître de saint Pierre (2, 13-16) qu'il demande à toute créature humaine la soumission en pensant au Seigneur, elle interroge Jésus qui lui répond:

Jésus: «Ma petite, l'obéissance à mon Corps est le signe que j'accomplis en toi des merveilles. Cette obéissance à l'Eglise, mon Epouse, est en tout ce que mon Esprit a enseigné, c'est la clef pour pénétrer l'œuvre que je suis en train d'accomplir en toi. Pour le reste, je désire que tu suives mes instructions, méditant avec Moi Isaïe 65. Ma fille, tu dois être patiente dans l'acceptation des privations que quelques-uns des miens t'imposent, mais à partir du moment où on cherche à étouffer et non à connaître, c'est que l'heure est arrivée où tu prendras ta croix et, gardant toujours mon Nom dans ta bouche, le temps de mourir dans la splendeur de la Vérité. Fille, regarde mon pape, qui pour faire ma volonté s'attire contre lui de nombreux puissants, mais cela n'est pas important parce qu'ils seront sauvés, ceux qui ne me cherchaient pas et ne voulaient pas me connaître. Oui, ma fille, je t'ai révélé ton martyre...» (3.10.1994)

Marie: «Ma fille, Ne t'inquiète pas! Ce n'est pas parce que tu fais des erreurs que tu es rejetée. Non, pas maintenant que tu te plies à la Volonté du Seigneur! Le monde te chasse parce que tu ne lui appartiens pas. Ce n'est pas à cause de ta naissance, ni pour aucune raison humaine, mais tout par Vouloir surnaturel. Tiens bon, ne crains pas! Fais en sorte de plaire au Seigneur. Repens-toi dans tes manques envers Lui et ne crains rien d'autre.» (31.12.1994)

Persécutions et consolations

Au cours du mois de janvier 1995, par obéissance à son évêque d'alors, Debora s'éloigne de Manduria. Notons qu'un évêque n'a pas autorité pour demander à un laïc de changer de domicile. Il attendait des preuves pour la rappeler. Le 23 septembre 1995, la Vierge exprime son désir de visiter Debora à Céleste Verdure pour le 23 octobre, les preuves demandées par la curie épiscopale ayant été fournies. On continue pourtant du haut de la chaire de déclarer que Debora désobéit...

Durant les dures attaques des prêtres, Debora ne peut s'empêcher de pleurer.

Pour ne pas créer de conflits par sa présence indésirable, un dimanche, elle ne se rend pas à l'église. La Vierge lui apporte l'Eucharistie de façon visible. Sa maman et son frère sont présents: «J'ai pris cette divine Hostie, pour que celle qui est éloignée puisse aussi se nourrir. Je t'invite à prier à mes intentions de Maman pour que tout se transforme en fruit délicieux. Mon Cœur te demande de prier sans cesse pour ton pasteur, mon fils évêque.»

Un jour Debora, lasse de ces oppositions, dit à Marie: «Notre-Dame, pardonnez-moi, si je vous pose cette question à brûle-pourpoint, mais c'est la vérité crue: Pourquoi ne leur apparaissez-vous pas directement? Nous, ils ne nous croient pas: moi-même, j'éprouve maintenant de la difficulté à transmettre ces paroles!» (23.5.1995)

Jésus: «Tu es ici parce qu'en ce lieu aussi mon Eglise est corrompue, coupable de trahison et d'erreur, d'arrogance et de domination, d'adultère et de négation.» (25.5.1995)

«Les autorités de mon Eglise continuent à (me) renier et à (me) crucifier! Toi aussi tu seras reniée, comme je l'ai été des pharisiens et des docteurs de leur loi inique.

Je ne veux plus jamais entendre de ta bouche ni de celles qui t'ont connue, le nom de Satan mis en avant sur chaque œuvre de ma Providence, parce que les obscurantistes qui vivent au sein de mon Eglise se réjouissent d'attribuer au mal toute manifestation que Moi, le Tout-Puissant, donne à chaque intervention, parce qu'en dépréciant et en dévaluant mes signes, leur manque de foi est caché derrière un pouvoir que je n'ai pas donné à beaucoup.» (17.8.1995)

Malgré les nombreux signes donnés par le ciel, Debora identifiée à Jésus dans sa Passion doit vivre aussi le rejet des autorités: «Si le monde vous hait, sachez qu'il m'a haï le premier... Rappelez-vous les paroles que je vous ai dites: Le serviteur n'est pas plus grand que son maître. S'ils m'ont persécuté, ils vous persécuteront vous aussi... Tout cela ils le feront contre vous à cause de mon Nom, parce qu'ils ne connaissent pas celui qui m'a envoyé... Qui me hait, hait aussi mon Père. Si je n'avais pas fait parmi eux les œuvres que nul autre n'a faites, ils n'auraient pas de péché; mais maintenant ils ont vu et ils nous haïssent, mon Père et Moi. (Jn 15, 16-25)

Le dimanche 14 décembre 1997, dans toutes les paroisses du diocèse d'Oria, une lettre émanant de la Secrétairie Pastorale du diocèse d'Oria doit être lue dans les paroisses. Elle parle de «recherche du sensationnel», (ce que nous n'avons jamais constaté), de «manque de docilité et d'obéissance...» A ce que nous avons compris, «obéissance» signifiait plutôt suivre ce que voulait la curie que la vérité des faits...

Certains prêtres n'ont pas lu ce communiqué, tandis que d'autres y ont ajouté des commentaires personnels totalement hors de propos... Debora offre ses souffrances pour leur sanctification.

Le lendemain matin, l'évêque est retrouvé mort dans son lit!

Jésus: «Je vous demande: Qu'est-ce que l'obéissance? Est-ce d'abandonner derrière soi les poids et les difficultés qu'impliquent le "suis-moi", et l'"épouse-moi"? O hommes insensés et avides de pouvoir, aveuglés de passions troubles, luxurieuses et abominables, tout absorbés dans des occupations frénétiques, la vertu d'obéissance ne présuppose t-elle pas la Vertu d'Autorité? Encore plus qu'hier je dis maintenant: malheur à celui qui met des fardeaux sur les autres, alors qu'il ne les effleure même pas du petit doigt!» (Mt 23,4) (8.4.1998)

«Tu sais que je me suis levé de mon Trône pour faire de toi une sauvée, une aimée, une épouse, une mère, une image vivante de mes souffrances! Je te demande encore: Veux-tu porter avec Moi ma souffrance, ma grâce pour réveiller les "morts"? Veux-tu, petite fille, porter à nouveau mon calice dans la partie la plus haute des cœurs au sein de mon Eglise?» (5.6.1998)

Après la parution du «communiqué» de la secrétairie pastorale du diocèse d'Oria, aucun document officiel n'a été émis. Un nouvel évêque est arrivé en automne1998. Debora, après avoir fait de nombreuses tentatives infructueuses pour le rencontrer par les voies normales, a dû passer par un ami commun, un homme politique qui lui a finalement transmit la réponse de l'évêque: «Je ne m'occupe pas de cette affaire; une commission est chargée de mener l'enquête.» Surprise! Car ni Debora ni aucun des membres du Mouvement d'Amour, ni aucun converti n'a été appelé à ce jour à témoigner! Comment dans ces conditions accorder du crédit à cette commission? Etant donné l'ampleur de cette révélation et son audience mondiale, il serait sage de créer une commission internationale. Peut-être y aurait-il moins d'impartialité et de manipulation de la vérité? Nous savons après l'expérience de tant d'autres lieux tels Garabandal, San Damiano, Dozulé, Medjugorje... ce qu'il faut penser... ce qu'il faut croire... ce qu'il faut supporter... dans ces cas où l'autorité légitime manifeste si peu d'intérêt dans la recherche de la vérité. On comprend pourquoi Jésus lui-même en parle en des termes si durs qu'ils scandalisent le clergé au point qu'ils retournent les avertissements en objections: «Jamais la Bienheureuse Vierge Marie ou le divin Maître, dans les phénomènes authentiques, n'ont parlé mal ou contre les consacrés, l'évêque ou les prêtres.» Ils veulent méconnaître le message de Notre-Dame de la Salette donné à Mélanie et à tant d'autres depuis lors!

Les signes

Avant de quitter ses disciples pour rejoindre le Père, Jésus leur promet que «les signes accompagneront ceux qui auront cru». (Mc 16,17) Saint Thomas d'Aquin dit qu'ils sont donnés pour aider les incroyants à faire le pas de la foi. Ils aident aussi à faire grandir la foi en la puissance active du Saint-Esprit. Quand Jésus faisait des signes, il les attribuait à la puissance du Saint-Esprit (Mt 12, 22-32), en affirmant que le Royaume de Dieu était alors parmi nous; de ce fait il était accusé, par des pharisiens blasphémant contre le Saint-Esprit, d'opérer par la puissance de Béelzéboul.

Les lacrymations

Aux apparitions de la Madone de l'Olivier s'ajoute une pluie de lacrymations et de saignements de statues. Avant même que la Vierge apparaisse à Debora, les premières lacrymations de larmes humaines sur des statues et des images se produisent dans sa chambre le 19 septembre 1992. La première lacrymation de sang aura lieu le 30 décembre 1993 sur la statue de la Madone de Fatima.

De la fin de 1993 à 1997, on a pu compter 347 lacrymations de sang de la grande statue de la Madone, 92 du crucifix exposé à la chapelle. De plus, on compte 18 lacrymations d'huile du crucifix et 226 de la statue de la Madone; cette huile a révélé plus d'une fois ses prodigieuses capacités thérapeutiques. On a aussi vu 100 fois des lacrymations d'huile, et 15 de sang, d'une image de la Madone de l'Olivier. D'une image de Jésus, 42 lacrymations de sang et 100 lacrymations d'huile ont été constatées. La grande statue de la Madone et le crucifix ont versé, à plusieurs reprises, des larmes humaines (selon les résultats d'analyses). Un même résultat a été obtenu pour le sang versé par les deux statues. Un échantillon fut prélevé sur chacune, sous la surveillance des carabiniers, et il fut analysé en laboratoire: il s'agit de sang humain du groupe AB, chaud, qui se coagule avec les agents atmosphériques.

Ces lacrymations accompagnent souvent Debora au cours de ses voyages. Et Jésus lui-même nous en donne le sens.

Jésus: «Oh, comme mes plaies sont douloureuses quand vous regardez mon Sang et celui de ma Mère versés pour vous, comme si c'était un spectacle obscène, motif de déappointement, de honte pour tant de personnes. O hommes, ce Sang qui vient à vous est la tragédie que vous êtes en train de constituer et nous, Trinité divine, avec la Mère et Servante de la Croix, Marie, nous sommes en train de vous manifester le salut et la miséricorde. Cette génération est semblable à celle de Babylone, sinon pire!» (22.3.1995)

Marie: «Ma fille, d'ici peu le Père ne tolérera plus (l'offense). Mes yeux douloureux saignent en voyant le pauvre Vicaire de Jésus qui a la gorge desséchée parce que personne ne l'écoute. Je saigne parce que nombre de mes fils me sont soustraits parce qu'on leur refuse la vie. Je saigne de voir nier et déprécier le Cœur de mon Jésus, couvert de blasphèmes et de trahisons, quand on substitue à son Sacrifice éternel des messes noires et des holocaustes offerts à la Bête. Je saigne parce que mes pasteurs ne brillent plus au firmament du ciel. Beaucoup ont abandonné le Credo de leur Dieu et se sont laissés corrompre. C'est le tiers des étoiles qui sont précipitées par la queue du Malin...» (23.5.1995)

Jésus: «...Par les yeux de ma Mère, je montrerai ma douleur et je le ferai avec le langage du sang, parce que le sang signifie la vie; donner la vie, c'est souffrir dans la plus profonde vitalité du Cœur, parce que le sang, s'il est innocent, signifie pacte d'alliance avec Dieu. C'est pourquoi Lui, le Très-Haut, a voulu pacifier toutes choses, au ciel et sur la terre, avec mon Sang jailli des profondeurs de mes viscères. De ces yeux très purs, je laisse transparaître la douleur, mais malheur à ceux qui déforment la signification d'une si grande douleur...

Je me manifeste avec du Sang, parce que Caïn et Hérode ne comprennent que ce langage, et que c'est avec un tel langage que Dieu leur adressera ses reproches, qui ne resteront pas un simple avertissement si leur main homicide ne s'arrête pas! (Du sang sort des yeux de la statue de la Madone de l'Olivier béni, en porcelaine blanche). Pense, ma Debora, si seulement on pouvait compter les gouttes que dans le monde entier Moi et ma Mère nous versons, gouttes de l'amère douleur qui enlève la vie, gouttes de sang!» (19.5.1995)

Le 7 août 1995, suite aux lacrymations des images sacrées à Sturno, Debora doit subir une perquisition de sa maison et une fouille personnelle par les carabiniers. Elle en est très humiliée.

Ces lacrymations, tant de sang que d'huile, se poursuivent toujours, mais elles ont lieu le plus souvent en privé, vu que personne ne veut y croire, si ce n'est ceux qui ont le courage d'être comme saint Thomas, c'est-à-dire de croire au moins quand ils voient!

Les autres signes

Dans le ciel

«Il y aura des signes dans le ciel...» (Lc 21,25)

Marie: «Je suis venue ici pour vous sauver et aussi pour vous faire aimer mon Cœur. Mes bien-aimés, il est écrit qu'il y aura des signes dans le soleil, la lune et sur la terre. Ici, j'ai voulu les réaliser... Combien de fois le soleil n'a-t-il pas dansé pour vous annoncer la joyeuse nouvelle de ma venue? Combien de fois la lune vous a parlé en mon nom et mon Signe qui vous a marqués! Combien de fois ai-je pleuré avec vous! Chers enfants, vous avez vite fait d'oublier ce que le Cœur de Dieu vous donne!»

Le 20 mars 1993, à la chapelle de la Vierge des Douleurs, le soleil tourne sur lui-même en passant par diverses couleurs. Il se forme en outre un arc-en-ciel et près du soleil on peut voir la silhouette brillante d'une femme, les bras ouverts. Tous y reconnaissent la Vierge.

Le 24 mars, même phénomène du soleil qui en tournant a pris successivement les couleurs rose, bleu et rose, puis s'est transformé en une immense hostie lumineuse. Les témoins qui ont constaté ce phénomène dans le ciel étaient nombreux. Dans le même temps Debora saignait abondamment du front et des pieds.

Le 29 mars, tandis que Debora souffre chez elle la Passion, des gens observent à la chapelle de la Vierge des Douleurs, pendant la prière du rosaire, le centre du soleil devenir bleu et former autour de lui un halo rose. Il se met à battre comme un cœur pendant trois minutes.

En novembre 1993, des gens remarquent dans le ciel de Manduria des nuages formant la silhouette d'une femme toute de lumière. La forme mystérieuse est visible durant vingt minutes. Une autre fois, c'est un grand «M» qui se forme dans le ciel, composé ici aussi de nuages. Un autre jour, «Debora fille de Dieu» est écrit dans le ciel. Souvent on voit la croix, érigée sur le lieu des apparitions, enveloppée d'une lumière resplendissante.

Signes sur et autour de Debora

Le 25 mars 1993, durant l'apparition, Debora saigne abondamment aux pieds. Sur les chevilles, le sang formait les mots MIR (paix) et h (hostie) en majuscule.

Le 23 avril 1993, Jésus dit à Debora: «Ma fille, parfume ma Maison». Pensant qu'il s'agissait de laver l'église, Debora le fait. Mais les personnes alentour commencèrent à sentir le parfum qui émanait de sa personne. Depuis le parfum ne cesse pas d'émaner de sa personne.

Le 14 avril, la statue représentant la Vierge verse des larmes humaines, tandis que Debora saigne aux chevilles et au front, puis pendant un long moment une sueur de sang dégage un intense parfum de rose des paumes de ses mains. Sur les mouchoirs qui servent à tamponner ce sang se forment des lettres et des signes comme:

Innombrables sont les signes sur les mouchoirs qui ont servi à tamponner le sang des passions de Debora. Il se forme des croix, le signe du poisson, un cœur avec la croix, des paroles comme celles de la consécration en latin, des initiales: J, M, le nom de Debora...

Parfois, ces signes se forment sur les murs ou les plafonds (voir photos hors-texte).

Pendant les apparitions, beaucoup ont vu les yeux de la statue de la Vierge s'animer. Beaucoup déclarent aussi avoir vu eux-mêmes la Madone pendant les apparitions.

Signes eucharistiques

Pendant l'apparition, on a souvent vu Debora recevoir la communion. Après l'apparition, elle a montré une grande hostie que venait de lui apporter la Madone. Outre les dires de Debora, beaucoup ont vu l'hostie descendre du ciel et se poser sur la langue de la voyante. Pour chacun de ces phénomènes, il y a une documentation de photos et de films.

Ces signes sont bien différents que ceux que laisse le Malin quand il vient manifester sa colère sur Debora et son environnement en cassant objets et mobiliers, laissant les gens alentour dans l'interrogation. Depuis que Jésus a remis à Debora l'Eucharistie à porter sur elle-même, ces manifestations extérieures ont cessé. C'est le signe permanent de sa victoire sur les puissances du mal.

Comme autre signe eucharistique, une deuxième hostie a été donnée pour l'adoration réparatrice.

Marie: «Ma fille, avec ces prodiges je crie vers vous en sorte que la Justice du Père n'arrive pas comme un orage et de nuit!» (3.3.1996)

Le vocable de Jésus et ceux de la Vierge Marie

A Manduria tandis que Jésus se nomme *«Roi de la Révélation»* Marie se présente principalement comme *«Vierge de l'Eucharistie»*, *«Mère de l'Olivier béni»*, *«Source d'Huile sainte de l'Onction pérenne»*. Elle se présente aussi sous quantité d'autres titres que nous connaissons déjà.

Roi de la Révélation

Jésus se manifeste à Debora comme *«Roi de la Révélation»*, Sauveur et Rédempteur du monde. «Ma fille, sang de Mon Sang, tu dois être remplie de joie parce que je t'ai fait connaître Ma Révélation. Loue Dieu pour t'avoir rendue témoin de l'Esprit de prophétie.» Il a choisi ce titre pour signer cette révélation «ultime» et conclusive de la fin des temps du mal, car il développe souvent ce qu'il a révélé à l'apôtre saint Jean dans l'Apocalypse.

Jésus: «C'est ainsi que Dieu parle à sa sainte Epouse bien-aimée (l'Eglise): Ma bien-aimée (…), Je t'envoie les humbles pour que tu saches comprendre que c'est Moi qui te parle et non pas ces petites créatures qui se font mes servantes, en acceptant toute souffrance, quelle qu'elle soit, dans un amour silencieux, et toi tu les martyrises encore. Moi, le Roi de la Révélation, je viens par cet autre humble instrument t'apporter les "clés de l'unité".» (4.6.1993)

«Debora mon épouse, approche-toi du Cœur de ton Epoux mystique. Permets que Moi, le Sacré-Cœur, j'instruise ton âme. Ne désires-tu pas que le Roi de la Révélation révèle ses secrets à sa petite servante?» (16.7.1998)

La Vierge de l'Eucharistie

C'est le 23 novembre 1992 vers 16 h que la Vierge Marie se présente pour la première fois comme Vierge de l'Eucharistie. Elle apparaît avec une grande hostie rayonnante suspendue à la hauteur de la poitrine et la montre de la main gauche, placée dessous comme une patène, en signe de réparation, tandis qu'elle porte le rosaire dans la main droite en tenant trois doigts levés en signe de bénédiction trinitaire.

Marie: «Je suis la Vierge de l'Eucharistie et, comme je te l'ai déjà dit, par ce titre sera gravie une nouvelle marche au sommet de laquelle on verra le Christ glorieux et puissant dans son Corps et dans son Sang.

Je t'ai dit que cette dévotion pourrait sauver l'Italie, mais aujourd'hui je t'affirme qu'elle sauvera le monde, l'Eglise tout entière!» (23.8.1998)

Par ce titre la Vierge confirme sa virginité en vue de sa corédemption, tant mise en contestation ces temps-ci, et s'annonce comme Mère de l'Eglise (telle qu'elle a été proclamée par Paul VI). Le fait qu'elle porte l'Eucharistie sur sa poitrine à la place de son Cœur la montre Mère du Fils et unie à lui pour le salut de l'humanité. Elle souligne ainsi son rôle important de Médiatrice universelle.

Il faut aussi remarquer que les armoiries de Jean-Paul II sont imprimées sur le bas de son habit blanc sans ceinture, mettant ainsi en évidence sa prédilection pour le Vicaire du Christ sur la terre et sa participation à son triomphe.

L'image et la statue de la Vierge de l'Eucharistie

Dans un premier temps, Jésus et Marie ont voulu que l'on diffuse l'image de la Vierge de l'Eucharistie à laquelle une grâce spéciale est attachée, un peu comme le tableau du Christ miséricordieux de sœur Faustine, avec cette différence qu'ici c'est chaque image qui est porteuse de bénédiction. Ensuite, ils ont voulu étendre cette bénédiction aux statues représentant cette même Vierge de l'Eucharistie.

Nous avons ainsi sur la même image un double message: la Vierge Médiatrice de toutes grâces, puisqu'elle nous présente et nous donne son Fils Jésus: — «La grâce et la vérité sont venues par Jésus-Christ» (Jn 1,17) — et l'Eucharistie qui, comme l'a dit le concile Vatican II, est la source et le sommet de l'Eglise.

Image de Jésus,
Roi de la Révélation,
qui a versé des larmes de sang

La Vierge de l'Eucharistie,
telle que la voit Debora

Debora pendant une apparition,
(chaque 23 du mois)

Après l'apparition, Debora retranscrit le message reçu de Jésus ou de la Vierge Marie

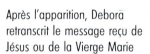

La chapelle de
«Céleste Verdure»,
vue extérieure et intérieure

Marie: «Mes enfants, je désire que beaucoup se sauvent. C'est pour cela que je vous ai donné cette vasque. Purifiez-vous et portez avec vous cette terre que mon divin Fils a touchée et bénie! L'humanité doit se purifier!» (23.7.98)

L'olivier des apparitions devant la chapelle

Statue de la Vierge qui se trouve au pied de l'olivier sur lequel Marie apparaît à Debora chaque 23 du mois

Jésus-Christ à l'intérieur de la chapelle, tel que le voit Debora

La Vierge de l'Eucharistie est portée en procession durant un chemin de croix sur la voie douloureuse mariale

La Vierge est apparue le 24 juillet 1993 avec une grande croix en arrière plan

«La Voie douloureuse mariale se parcourra à genoux... Qu'elle soit bordée de trois genres de roses comme à Montechiari: le rouge sera pour vous: le martyre; le blanc: la prière et la consécration des petits enfants et des familles à mon Cœur, Source de l'Onction pérenne; le jaune: la pénitence souffrante que je demande ici. Qu'elles soient plantées par groupe de trois!» (17.5.97)

Christ en agonie à Gethsémani Saint

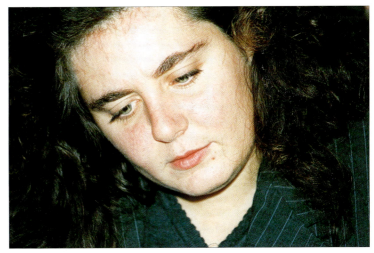

Debora, la prophète de Manduria

Debora lors d'une conférence à Strasbourg

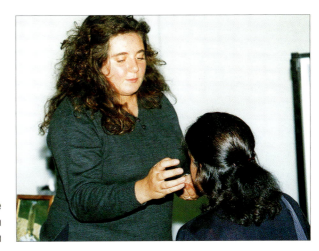

Debora récite la prière donnée par Marie en faisant l'onction avec l'huile de Manduria

Le petit oratoire demandé par Marie au terme de la voie douloureuse mariale

Vierge de l'Eucharistie dans le petit oratoire

Statue de Notre-Dame du Rosaire de Fatima qui suinte souvent de l'huile et verse des larmes de sang

Vierge de l'Eucharistie à l'intérieur de la chapelle

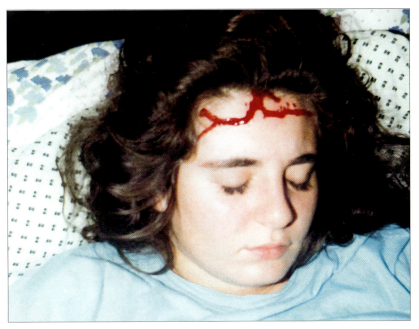

Debora porte aussi les stigmates de la Passion du Christ au front, aux mains et aux pieds

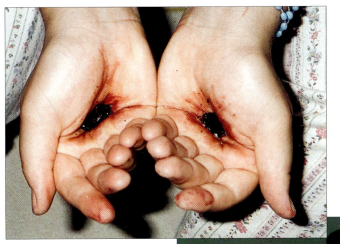

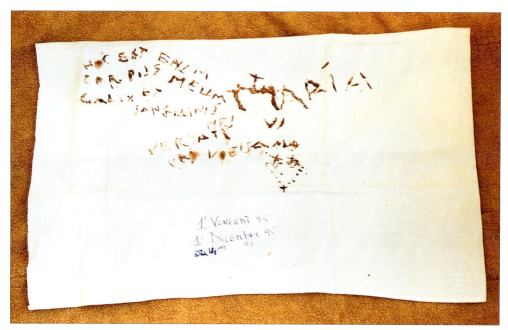

Sur les mouchoirs qui servent à tamponner le sang des passions de Debora
se forment miraculeusement des lettres et des signes divers.
Ici: Les paroles de la consécration: Ceci est mon Corps, mon Sang versé pour vous,
Marie vous aime, le signe du cœur

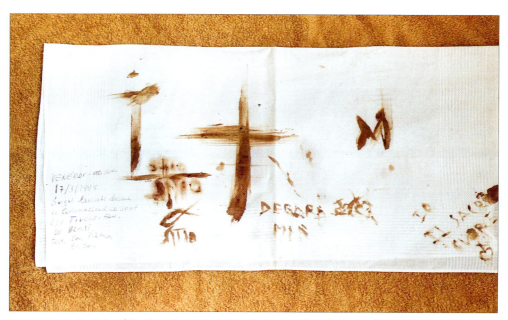

Là, j'ai soif, le signe du poisson, la croix, le nom de Debora, les deux cœurs,
le signe de Marie, le Sacré Cœur

Debora pendant l'apparition du 23 de chaque mois

Les pèlerins devant la chapelle

Entrée de la voie douloureuse mariale (où Marie a posé ses pieds), avec les stations du chemin de croix

Le Christ en agonie aux Jardins des Oliviers, à Manduria

Le tombeau du Christ.
La pierre roulée de côté symbolise l'Eucharistie.

Ange en adoration devant le tombeau du Christ

Vue à l'intérireur du tombeau

La Vierge de l'Eucharistie portée en procession

Debora pendant une apparition publique

Tableau de la Vierge de l'Eucharistie dans la chapelle

Procession réparatrice en l'honneur de Jésus et Marie

A l'intérieur de la maison de Debora

Christ en croix versant des larmes de sang

Onction avec l'huile de Manduria

Les apparitions de Manduria suscitent partout dans le monde un vif intérêt, en Europe, en Amérique du Nord, et ici, à l'île de la Réunion, lors d'une conférence de Debora.

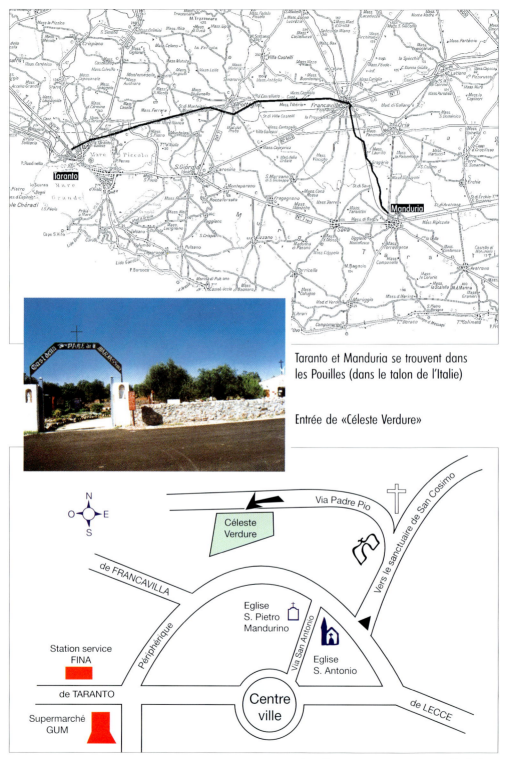

Jésus: «Arrêtez-vous devant l'image de ma Mère et de votre Mère et attendez en priant. Moi, le Christ, je vous dis: Laissez-la vous parler et vous serez charmés. Fixez bien son Cœur dans lequel vit le mien et, oh comme je voudrais aussi que le vôtre vive en Lui, si grand! Regardez-la, regardez-la attentivement, parce que ce n'est pas seulement une peinture humaine: en elle est vivant le Trésor des trésors, la Fleur des fleurs, la Reine des reines. Admirez encore son noble visage dont le regard très mélancolique est tout pour vous. Gardez jalousement ce don du ciel.» (8.10.1995)

Marie: «Fais en sorte que mon image se répande et soit diffusée: quiconque regardera l'Eucharistie que je porte sur mon sein, à cet instant même sera envahi de paix et recevra de très hauts dons.» (23.1.1997)

«Je promets que mes images arriveront jusqu'aux confins les plus lointains et que beaucoup seront ramenés à la "Maison".»

Jésus: «Mais l'image de la très sainte Reine du ciel est une vraie présence.» (22.6.1998)

«J'ordonne que l'on reproduise statues et images par milliers et qu'elles soient répandues, telles les semences que le vent transporte.

Sur les montagnes, dans les vallées, que son image à elle, Prophète du Père, Source de la confirmation, soit exposée à l'ombre des arbres.» (16.7.1998)

Marie, Mère de l'Olivier béni

L'olivier

En Terre sainte, le peuple élu apprécie l'olivier, arbre choyé pour la beauté et la qualité de son bois, pour la persistance de sa verdure, pour son fruit et surtout pour son huile.

Dans la Bible, l'olivier est symbole du juste béni de Dieu (Ps 52,10; 128,3; cf. Si 50,10) et de la Sagesse divine qui révèle dans la loi le chemin de la justice et du bonheur (Si 24, 14. 19-23) Dans Zacharie (4, 11-14), les deux oliviers dont l'huile entretient les sept lampes du lampadaire représentent les «deux fils de l'huile», c'est-à-dire les deux oints de Dieu, le roi et le grand prêtre qui préfigurent le Christ.

L'olivier est aussi symbole de paix: après la purification par les eaux du déluge universel, Dieu fait alliance avec l'homme, en lui envoyant un rameau d'olivier dans le bec d'une colombe. L'Olivier béni, d'où descend toute bénédiction, a établi la Nouvelle Alliance par sa Passion et sa mort sur la Croix. En sa personne il réunit, il est le grand Roi, le grand Prêtre et le Prophète. Et c'est par la pure Colombe, Marie très Sainte, que nous viennent toutes ces grâces, par sa maternité divine et sa participation au sacrifice du Christ comme corédemptrice.

Saint Paul a choisi l'olivier pour nous parler des rapports entre les juifs, rameau franc, et les païens convertis, rameau greffé, par la foi en Jésus Christ: la racine.

A Manduria, Dieu a choisi ce site, cet arbre, pour nous rappeler et nous faire comprendre par l'intermédiaire de la Vierge Marie l'abondance de ses dons. Dans sa révélation à Debora, Jésus définit l'olivier comme «*l'Arbre de Vie qui le représente*». Nous comprenons ainsi pourquoi la Mère de l'Arbre de Vie se présente comme «*Mère de l'Olivier béni.*»

Marie: «Très chers, je désire vous ouvrir tous au sens de "Mère de l'Olivier béni". Mes enfants, l'Olivier est le signe de la paix et je me suis aussi présentée en ce lieu comme Mère de la Paix.» (23.8.1994)

Le lendemain Debora voit la Vierge de l'Olivier béni ayant dans la main une assiette creuse remplie d'huile et elle voit l'humanité pleine de péchés immergée dans cette bénédiction éternelle.

Marie: «Le Seigneur a désiré m'envoyer avec un rameau d'olivier dans les mains parce qu'il désire vous communiquer les ultimes messages: paix, paix, paix, avant que sa colère ne déborde. (…) Les dons de guérison de la Mère de l'Olivier béni s'étendront au fur et à mesure que sa dévotion sera étendue. Jésus désire que cette appellation soit portée partout où votre cœur ira. (…) Dieu le Père veut qu'on établisse par ce petit instrument la dévotion à la Reine de l'Huile qui oint et à la Mère de l'éternel Pleur (larme) qui lave et porte au Père, dans ses mains immaculées très pures, ses fils qui se sont éloignés par désobéissance.» (23.12.1994)

Jésus: «Ma Fille, ton Maître veut que la dévotion à la Mère, Très Sainte Vierge de l'Huile, soit diffusée. De nombreux contradicteurs chercheront à lui barrer le chemin, mais je demande qu'il me soit rendu témoignage.» (28.7.1995)

Jésus: «Je suis en train de vous préparer un nouvel Eden, où vous pourrez tous vous revigorer, parce que vous serez nourris du Pain vivant descendu du ciel. Marie, ma Mère, vous a apporté le Pain de la Vie et la boisson du salut donnés par l'Arbre de la Vie qui me représente (l'olivier de Céleste Verdure où elle apparaît). Je vous invite maintenant pour que vous ayez part à cette nourriture spirituelle préparatoire qui anticipe la fête de la Cène à laquelle je vous attends chaque jour (la messe).

Venez, venez au pied de l'Olivier bénit par mon Cœur dans le "Saint Jardin" où, par un excès de mon amour, par l'intermédiaire de ma servante, j'ai perpétué (rendues vivantes dans le temps) les heures de ma Passion rédemptrice! Venez, puisque le Cœur très saint du Père a placé là ses délices et a donné au monde entier l'Epouse toute belle, en l'ornant de titres qui mettront en évidence la puissance de son action en vue de l'événement glorieux de mon Retour. Elle est la Vierge pure, qui a porté dans son sein le Verbe fait chair, réparant désormais pour tous les Sacrifices mal célébrés; par ses silences, elle préparait l'humanité à sa rencontre avec Dieu.» (16.6.1998)

L'huile

Pour bien comprendre toute la signification et la richesse de l'huile, reportons-nous d'abord à la Parole de Dieu. Nous voyons dans la Bible que l'huile est un aliment essentiel dont Dieu rassasie son peuple fidèle. (Dt 11,4) Il le bénit en lui donnant cette terre riche en oliviers. (Dt 7,13s; Jr 31,12) Son abondance est signe de salut. (Jl 2,19) Mais l'huile est aussi un onguent qui parfume le corps (Am 6,6; Est 2,12), elle fortifie les membres (Ez 16,9) et adoucit la douleur des plaies (Is 1,6; Lc 10,34), elle a des propriétés thérapeutiques pour les corps, surtout les corps malades. Enfin, l'huile des lampes est source de lumière et donc de chaleur (Ex 27,20s; Mt 25, 3-8) par son feu. Elle est une marque d'honneur pour celui qui la reçoit (Ps 23,5). L'huile est symbole de l'amitié, de l'amour, du bonheur, de la joie.

Le peuple de Dieu consacre la meilleure huile aux besoins du culte: partie importante de la dîme, elle brûle devant le Seigneur, elle est versée en libation dans les sacrifices et de son liquide on fait le saint baume pour l'onction de l'autel, des prêtres et des rois. Elle consacre, comme nous le voyons de Moïse avec Aaron et de Samuel sur le petit David. En tant que signe extérieur de l'élection divine, cette onction s'accompagne de l'irruption de l'Esprit qui envahit l'élu. Le Christ, c'est lui l'Oint, le Consacré avec l'huile, qui dans le jardin des Oliviers, en accueillant la volonté du Père[1], a vaincu les forces des ténèbres qui l'oppressaient.

C'est ce lien entre l'onction et l'Esprit qui est à l'origine du symbolisme fondamental de l'huile dans quatre sacrements de l'Eglise: le baptême, la confirmation, l'ordre et l'onction des malades. Les huiles saintes communiquent au chrétien la grâce multiforme de l'Esprit-Saint. C'est une participation à l'onction prophétique de Jésus, une onction spirituelle par la foi. Déjà les apôtres envoyés en mission par Jésus «chassaient des démons et guérissaient de nombreux malades avec une onction d'huile.» (Mc 6,13) Après nous avoir donné tant de signes d'eaux qui surgissent miraculeusement, Marie vient nous donner celui de l'huile qu'elle bénit.

Marie, Source de l'Huile sainte de l'Onction pérenne

Sans rien enlever aux sacrements mais justement pour les valoriser, Jésus-Christ veut aujourd'hui nous réapprendre la valeur et la puissance de l'huile pour manifester sa grâce. C'est par sa Mère, la Servante du Seigneur, qu'il nous fait ce don:

«L'huile, la sainte huile, c'est l'essence que ma Mère continue de préparer pour la donner à ceux qui souffrent aujourd'hui, plus qu'au temps où elle-même, avec ses mains très pures, se dépensait pour recouvrir d'onguent adoucissant mes pauvres disciples qui auraient dû guérir les plaies et l'homme lui-même!

Moi-même je leur ai commandé de faire des onctions afin que le peuple n'ait pas l'audace de les attaquer dans leur pauvre humanité pécheresse mais qu'en regardant l'élément de l'huile ils aient la facilité et la docilité de croire.

Non, ce n'est pas l'huile qui guérissait, pas plus hier qu'aujourd'hui! Dieu était et est le médecin qui guérit! L'huile était l'instrument et elle le sera encore pour toi, ma fille et mon disciple.

---

1. Lors d'un pèlerinage en Terre sainte (mars 1996), l'Esprit a fait revivre à Debora l'agonie physique et spirituelle de Jésus.

Donc, va et enseigne à mes prêtres à oindre et à expérimenter la beauté de l'appartenance à Dieu par le biais de la sainte onction qui donne la force pour la triple mission de chaque homme: mission royale, mission sacerdotale ordinaire et ministérielle, mission prophétique...» (22.6.1998)

Marie est la vraie Source de cette Huile qui coule du côté ouvert de Jésus en Croix. C'est elle qui a offert la Victime sans tache au Père et c'est à elle, la Mère, Médiatrice de toutes grâces, qu'il revient de nourrir ses enfants de la flamme ardente de la grâce. Comme Eve a cueilli le fruit de l'arbre de la mort et nous l'a offert en Adam, Marie cueille le fruit de l'Arbre de Vie, l'Olivier béni, et nous l'offre en Jésus. Elle nous veut chrétiens debout. Après nous avoir donné tant de sources d'eau, voilà qu'elle vient nous donner le feu de l'Esprit. Elle vient nous affermir en nous présentant l'huile comme découverte de la puissance du Saint-Esprit dans toutes nos actions et nous confirmer afin que, dans cette grande confusion spirituelle, nous puissions retrouver la voie de la «vraie Vie» dans le Seigneur — «*Je vous oins avec l'Huile qui descend du Temple de Dieu...*» (23.2.1998) — et devenir les témoins de l'Amour de Dieu, artisans de l'évangélisation.[1]

---

1. Voir le message de Jésus du 16 juillet 1998, p. 210.

Les quatre dévotions principales

Dévotion à Jésus Eucharistie

A Manduria, le Seigneur et sa sainte Mère ont demandé avec insistance le retour à la foi et au respect envers l'Eucharistie. Ces dernières décennies, un laisser-aller et un laisser-faire se sont répandus dans l'Eglise. Les adaptations liturgiques demandées par les Pères conciliaires ont été introduites dans un climat de grande confusion et, aujourd'hui encore, elles ne sont pas partout respectées. On entre dans l'église sans faire de génuflexion, on y parle, et bien que l'Eglise ait institué un ministère pour donner la communion, souvent n'importe qui la donne. On va communier en état de péché grave. Quant à l'adoration: «Ça ne se fait plus», a dit M. le curé! Et finalement on ne croit même plus au miracle de la Présence réelle dans l'hostie. Ce ne serait qu'un symbole. Tous ces comportements blessent les Cœurs de Jésus et de Marie, et nécessitent des réparations. Que tous ceux qui ont encore un peu de foi montrent humblement l'exemple sans faire de bruit.

Tu n'as pas médité dans ton cœur

Avec Debora, Jésus commence par donner une prière invitant au sacrifice d'amour en communion avec le sien.

Jésus: «Priez-moi ainsi à l'élévation de mon Corps:

Divin Corps de Jésus,
nous renouvelons l'acte de fidélité et d'appartenance
à ton Esprit d'Amour.
Par l'Amour infini que tu as pour nous,
fils et filles qui ne méritons pas de te recevoir,
nous t'offrons notre "oui"
pour les douleurs que par avance tu as déterminées pour nous.
Nourris-nous et enflamme-nous selon ta Volonté
qui est celle du Père céleste.

Par Toi, avec Toi et en Toi
nous nous immolons pour ta gloire
et pour le salut de nos frères. Amen» (28.6.1993)

Deux ans après son mariage mystique, suite à une communion mal faite, Jésus la reprend.

Jésus: «Ma petite, je ne suis pas satisfait sur un point.

D: – Dis-moi, Seigneur et je ferai ce que tu veux.

Jésus: «Pendant ma transsubstantiation, tu ne m'as pas aimé intensément, et ensuite, tu n'as pas médité dans ton cœur sur mon Corps, Pain vivant!

D: – Peut-être que j'avais peur pour la souffrance qui venait.

Jésus: – Maintenant, c'est mon désir que ma divine particule retourne dans ta bouche et que tu répares.

D: – Seigneur, une heure après la communion?

Jésus: – Ne sois pas incrédule, ma petite.

D: – Mais, Seigneur, quand je le dirai aux prêtres et à mes frères, jamais, au grand jamais, ils ne me croiront!

Jésus: – Ne crains pas, ma chère, le Seigneur donnera la grâce de la voir.[1] Maintenant prépare-toi à embrasser ton Epoux, affamé d'amour et assoiffé de réparation. Monte avec Moi jusqu'au Golgotha. Immole-toi pour tes persécuteurs...» (4.4.1995)

Crois-tu dans le Corps divin, l'Eucharistie?

Dans la nuit du 17 au 18 juin 1995, Jésus donne une première catéchèse à Debora:

Jésus: «Crois-tu dans le Corps divin, l'Eucharistie?

D: – Oui, même si parfois je vacille.

Jésus: – Crois-tu dans un si grand amour de Dieu qui se cache derrière l'apparence eucharistique?

D: – Seigneur, cette demande me met dans l'embarras.

Jésus: – Tu dis bien, ma fille, je suis le Seigneur et je suis intimement présent dans la petite particule divine. Je viens pour cet enseignement.»

D: Je vois apparaître devant moi Jésus, le Seigneur, vêtu pour la première fois de rouge. Au centre du Cœur il y a l'Eucharistie et le

---

1. L'hostie que Debora avait mangée une heure plus tôt à la messe est remontée dans sa bouche en présence d'un prêtre.

Sang ruisselle de ses saintes Plaies et tombe dans un énorme calice. Jésus est au-dessus du calice.

Jésus: «Ma fille, ce que tu vois arrive invisiblement à chaque célébration eucharistique.

D: – Seigneur, quelle grâce incomprise! Mais certaines fois, les doutes sont grands quand on pense qu'on mange de la chair!

Jésus: – Debora, mangerais-tu ma Chair en forme de chair et boirais-tu mon Sang en forme de sang? Si je me présentais en nouveau-né, sur l'autel, serais-tu prête à ouvrir mon corps et à t'en nourrir?

D: – Bien sûr que non, Seigneur! Tu as bien raison. Ainsi tes Paroles disent toujours la vérité, parce que tu es la Vérité!

Jésus: – Ma fille, qui m'adorerait si, dans le tabernacle, je me réduisais en petit enfant qui par ses vagissements romprait la royale harmonie du silence qui favorise le contact amoureux? Dis-Moi, qui aurait le courage de laisser une petite créature dans un palace en l'abandonnant à la faim et à la soif? Et pourtant c'est ce que vous me faites, malgré tout l'amour que je vous donne. L'immensité tout entière est là! Pensez combien est puissante une communion en parfait état de grâce. Celui ou celle qui s'en nourrit devient grâce pour celui qu'il rencontre, parce que la grâce elle-même transparaît et se transmet et tout cela par amour.»

Le plus grand sacrifice de Réconciliation: mode d'emploi

Après avoir rappelé le mystère de son Corps livré, Jésus revient par deux fois compléter son enseignement sur l'Eucharistie. Ici, il faut lire les deux messages donnés les 27 et 28 novembre 1995[1].

Le Culte eucharistique, centre de la vie humaine

La Vierge Marie confirmera ce message:

Marie: «Je désire ardemment que le sacrement de la communion se déroule comme mon Fils vous l'a demandé précédemment. Dis aussi à chaque prêtre que la Mère de Dieu apporte cette annonce par commandement divin.

D: – Mère, te réfères-tu à la communion reçue dans la bouche?

Marie: – Oui, ma fille, respectez ce qu'il vous dit et beaucoup de calamités seront éloignées. Le Seigneur ne tolérera plus les désacralisations. Je vous laisse ce don: qu'il soit celé dans votre cœur, afin que Jésus soit adoré avec toute la dévotion requise et la plus grande révérence. (...) Je vous demande de reprendre la lecture de la Parole que mon Fils vous a donnée sur l'importance de recevoir l'Eucharistie dans le cœur, comme communion vraie et indispensable.» (23.4.1997)

Dans les jours suivants, les anges des paroisses de divers pays se présentent à Debora, le visage défait...

Ceux des paroisses de France s'expriment ainsi: «Les âmes ne peuvent continuer en poursuivant ce chemin de perdition. Il y a trop de communions faites en état de péché grave. On ne compte plus les sacrilèges!»

Pendant neuf jours, les messagers célestes ont été envoyés à Debora pour demander réparation. La prière la plus souvent réclamée est: «Cœur très aimant de Jésus...»[2]

Jésus: «Mes enfants, les temps touchent à leur terme et le monde n'a pas encore compris l'importance de rétablir le Culte eucharistique comme centre de la vie humaine. Moi je vous apporte ici Jésus Eucharistie, Amour non aimé. (...) Tous doivent connaître cette grande dévotion.» (23.10.1997)

---

1. Voir p. 161.
2. Voir p. 272.

Marie: «Ma fille, je vous prépare au grand triomphe qui arrivera avec la Vierge de la divine Eucharistie. Que tous sachent qu'elle sera au dernier jour l'aiguille de la balance. Tant de communions mal faites donneront de grandes douleurs à l'homme! Je vous ai dit toutes ces choses au cours de mes visites, mais peu de cœurs les ont traduites en acte.» (8.12.1997)

«En accueillant en vous ce sacrifice (faire l'offrande à l'Amour avec le cœur) vous avez compris la voie que plusieurs fois je vous ai indiquée: réparer pour le Saint Sacrement et agir en sorte qu'il reprenne sa place centrale dans le cœur de tous mes fils. Je vous ai parlé plus d'une fois du triomphe, mais sans mes fils, je ne pourrai triompher. Si vous acceptez et si vous vous offrez, vous serez les apôtres et les témoins de cet événement sans précédent.» (23.3.1998)

Jésus: «Mon Père qui est aux cieux a ouvert sa bouche pour faire entendre son *basta*[1] au sujet de l'abomination qui se fait autour du Saint Sacrement de l'Autel, mais personne ne remarque la sainte fureur qui vient, parce que vous jugez par vous-mêmes. (…) Si j'ai permis que ma Mère te soit envoyée pour te laisser garder mon Corps[2], c'était pour qu'à travers ta jeune offrande, tous les laïcs soient pardonnés pour leurs profanations, irrévérences et pour les concessions de mort.»[3] (3.9.1998)

«Adore l'Eucharistie qui est le Cœur de mon Cœur…» (25.11.1998)

«Chère fille instruite par mon Conseil, qu'elle est grande l'amertume que je ressens dans mon Cœur très aimant pour la perte de la foi et de la confiance envers le Très Saint Sacrement de l'Autel. Là j'opère et je veille, Auditeur silencieux et Maître. Vos paroisses, pour la plus grande part, sont devenues des "périphéries" et non plus des centres d'amour et de fraternité. Cela est advenu par un manque d'humilité et une absence de prédisposition à vous laisser remplir du Saint-Esprit qui élève les cœurs et les modèle jusqu'à les rendre sensibles et vraiment chrétiens, à travers l'authenticité des

---

1. «Ça suffit!»
2. Cela fait référence au jour où la Vierge a apporté l'Eucharistie chez Debora.
3. Pour tous les laïcs qui ont eu à donner la communion, non dans les formes extraordinaires prévues par l'Eglise, mais dans des formes ordinaires concédées par des ministres infidèles aux normes établies, et pour toutes les irrévérences qui en ont dérivé.

charismes. Trop de vaines louanges montent vers mon Cœur. Je veux la sincérité des cœurs! (Ps 50,8)» (19.3.1999)

Dévotion aux larmes de Sang et d'huile de la Vierge Marie

Jésus: «Devant les larmes de ma Mère, je ne peux dire non.»

Marie: «Mon Fils désire par toi établir la dévotion aux larmes de Sang qui coulent sur l'humanité, versées par nos deux Cœurs saints et immaculés.» (1.9.1994)

«Beaucoup se demandent pourquoi le Seigneur manifeste de tels signes. Ce soir, j'ai voulu vous parler simplement pour vous faire comprendre la cause de mes larmes:

– Le refus de mes appels répétés.

– Le fait que l'on considère mes nombreuses apparitions comme superflues.

– L'Amour de mon Fils vivement contesté au cœur même de mon Eglise.

– Tout mon travail déprécié.

Combien de fois devrai-je vous adresser des appels et des supplications pour vous faire comprendre la Volonté de Dieu?» (23.5.1995)

La Vierge a justifié ainsi cette dévotion particulière, qu'il est urgent de diffuser:

«La dévotion à mes larmes sauvera le monde. Elle constitue l'ultime espérance! Que soit valorisé le lieu (Céleste Verdure) où Notre-Dame de l'Huile sainte a parlé.

Je me suis manifestée au monde au moyen de l'Oliveraie sainte, comme Source de l'Onction pérenne, et je désire que cette source soit répandue sur chacun. Ne laissez pas dans l'ombre ma dévotion aux larmes: qu'elle soit pour vous la force et le courage pour répondre à l'appel du divin Fils. Je suis Notre-Dame de l'Eucharistie et de la Grande Réparation. De ce fait, je suis aussi la Reine de l'Olivier de la Bénédiction et la Source du plus grand des sacramentaux: l'Huile sainte.

Dieu veut que l'on m'honore par ce titre.

Aujourd'hui, dans le monde, on ne donne plus d'importance à l'Eucharistie et mes larmes sauveront le monde d'une grande catastrophe. Ces fils qui sont présents à ta souffrance contemplent maintenant les larmes qui s'écoulent de mon image et en éprouvent l'insondable mystère. Je l'ai voulu pour qu'ils témoignent sans peur. (…)

La dévotion à laquelle je vous appelle maintenant est celle qui les conclut toutes et elle aura l'action la plus puissante en grâce. Sur le mont Carmel, j'ai parlé du rosaire, aujourd'hui, dans la plaine de Manduria, je parle de la divine Eucharistie. Acceptez de bon cœur le sublime appel qui veut rassembler laïcs et consacrés, pour que ma dévotion soit rapidement diffusée. Je vous bénis…» (6.6.1997)

La Vierge a déjà manifesté sa souffrance sous cette forme visible à Catherine Labouré (1830), aux bergers de La Salette (1846) à Syracuse (1953). Mais il semble que la demande d'une «dévotion aux larmes» de Notre-Dame provienne du Brésil. En effet, le 8 novembre 1929, Sœur Amalia de Jésus Flagellé, des Missionnaires du Divin Crucifix, priait pour la guérison d'une parente condamnée par la médecine. Elle entendit une voix lui dire: «Si tu veux obtenir cette grâce, demande-la par les larmes de ma Mère. Tout ce que les hommes me demandent par ces larmes, Je suis contraint de le concéder.»

Notre-Dame a précisé le 4 mars 1998 à Debora la façon dont elle désirait qu'on la prie.[1]

Dévotion à la Plaie de la Sainte Face de Jésus
«Amour mystique non aimé»

La Vierge Marie nous recommande cette dévotion et Jésus promet la libération des tourments à celui qui fera mémoire de façon spéciale de la douloureuse bastonnade que lui a infligé un soldat sur la joue droite, entre la pommette et le nez.

Marie: «Ma fille, Je désire des jours complets d'adoration devant la Face douloureuse de Mon Fils. Rappelle-toi que le Calice de Mon Jésus est déjà plein et les désacralisations ne seront plus tolérées…» (1.9.1994)

(Jésus lève la tête et Debora remarque que sa Face est tuméfiée, pleine de contusions et de blessures.)

Jésus: «Si tu m'honores par les douleurs de ma Sainte Face, je répandrai par toi sur le monde une pluie de très précieux Sang.»

---

1. Voir la «Prière du chapelet des larmes de sang et d'huile de Marie», p. 271.

(Maintenant Jésus s'écroule à terre, épuisé. Il semble beaucoup souffrir.)

Jésus: «Je vais mourir, ma fille.»

(Debora est horrifiée de voir une blessure apparente sur la Face qui saigne.)

Jésus: «Cette blessure qui me fait très, très mal, c'est le douloureux coup de bâton que m'a infligé un soldat. Répandez la dévotion et par les mérites que je vous ai acquis en la supportant, j'accorderai la libération des tourments.»

Dévotion à la Très Sainte Vierge, Source de l'Huile sainte de l'Onction pérenne

Marie: «Cette huile que Moi, Sainte Vierge de l'Olivier béni, Reine de la Paix universelle, j'ai fait couler, est un don lumineux de mon Fils pour que l'on revalorise ce précieux élément dans la vie des sacrements. L'huile est baume et onction, et elle sert à adoucir et à réparer.» (24.5.1995)

Jésus: «Ma fille, ton Maître veut que la dévotion à ma Mère, Sainte Vierge de l'Huile, soit diffusée. Par beaucoup d'obstacles on cherchera à lui barrer le chemin, mais je demande que l'on me rende témoignage.

Ma grâce s'est répandue sans limite et je veux de même que vous parliez de mes merveilles sans aucune limite. Satan, le persécuteur de mon Eglise, veut faire taire mon œuvre pour empêcher que mon peuple se réveille. Ma volonté est d'intervenir et de vous sauver rapidement, mais n'oubliez pas que je suis un Dieu de liberté et le discernement du choix vous revient.

O ma création, je te permets de voir de près toute l'ardeur de mon amour afin que tu puisses goûter toute la bonté de Dieu et retourner à son saint Bercail. Je ne condamne pas encore et j'use de patience... Je vous demande de faire fructifier mon prodige. Plus de peur ni d'ostentation!

Si je vous ai appelés, c'est parce que vous êtes capables de réussir et je vous le dis: énormément.» (28.7.1995)

«La dévotion à ma sainte Mère, qui l'exalte comme Source de l'Huile sainte de l'Onction pérenne, est un joyau que je lui ai fait et je désire qu'elle soit répandue en consolation de ses larmes. Aime-la…» (17.1.1998)

Marie: «Mes enfants, le Seigneur, dans l'excès de sa bonté, vous a donné cette dévotion à mon Cœur, Source de l'Onction perpétuelle, pour qu'il puisse vous rejoindre, vous confirmer et vous porter au ciel.» (23.8.1998)

L'onction avec l'huile bénie de Manduria

Cette huile est un don de Jésus, Onction continuelle. Elle est bénie par la Vierge Marie; elle coule de manière prodigieuse de ses images et statues et accomplit dans le monde entier des guérisons physiques et spirituelles[1]. Il faut toutefois la distinguer des huiles consacrées par l'évêque le Jeudi saint pour les usages liturgiques dans les sacrements de baptême, confirmation, sacerdoce, onction des malades.

Faire une onction avec l'huile bénie de la Vierge est un acte personnel de confiance dans la puissance prévenante de la Vierge, «Source d'Huile sainte de l'Onction pérenne». Elle intercède pour que la grâce descende de la bonté paternelle de Dieu en notre cœur et notre corps. On peut recevoir et accomplir sur les autres cette onction, en consacrant d'abord son cœur.

Marie: «Je désire la consécration à mon Cœur immaculé, fontaine de paix, source de l'Huile sainte. Ma fille, fais cette prière chaque fois que tu t'adresses à Moi:

O Cœur immaculé, Mère de mon Seigneur,
Source d'Huile sainte de l'Onction pérenne (continue),
Je te supplie, moi, grand pécheur, de me montrer ton secret
et de me consacrer à Toi aujourd'hui.»

La Vierge ne promet pas un remède miracle, mais désire faire grandir la foi. Elle regarde d'abord à la santé de l'esprit. Cherchons avant tout à obtenir la «guérison du cœur». Laissons à notre Maman céleste le choix du temps et du mode d'intervention dans les nécessités matérielles de notre vie. Comme un enfant se confie à sa mère, il convient de se confier à Marie pour être protégé des

---

1. Si vous êtes sujet ou témoin d'une guérison avec cette huile, merci d'envoyer votre témoignage au Mouvement d'amour.

embûches de Satan par l'intercession des archanges saint Michel et saint Uriel. La Vierge emploie cette expression singulière: «Cette huile que j'ai bénie Moi-même et que vous me consacrerez.» D'autre part dans la prière elle nous fait dire «Je te supplie, moi, grand pécheur, de me monter ton secret[1] et de me consacrer à toi.» Alors que nous disons habituellement «je me consacre à toi». Nous lui consacrons l'huile et elle nous consacre à elle. Vu notre pauvreté et notre faiblesse, n'attend-elle pas de nous un acte de confiance et d'abandon en sorte de pouvoir transformer notre vie selon les desseins de Dieu sur nous?

Puisque cette huile bénie est symbole de paix, de force, de purification et de guérison corporelle, nous pouvons attendre ces dons.

Comment consacrer de l'huile?

Marie: «Je vous demande de consacrer de l'huile, en mettant neuf gouttes d'huile bénie[2] dans un litre. Vous la porterez aux malades de cœur, ces fils qui n'ont pas en eux la grâce de Dieu… Je veux vous libérer de l'Ennemi malveillant. Invoquez-Moi comme la Très Sainte Vierge de l'Huile qui touche et qui guérit.»

Comme ce beau geste de foi se répand toujours plus, et pour que l'huile ne vienne pas à manquer, la Vierge a permis qu'elle soit multipliée à l'infini. Ainsi en versant seulement neuf gouttes (comme les neuf chœurs des anges) de cette huile bénie prodigieuse (ou le coton imbibé de ces neuf gouttes) dans un litre d'huile d'olive extra-vierge, toute l'huile sera bénie. Et avec neuf gouttes de cette nouvelle huile, on peut refaire un autre litre d'huile bénie, cela indéfiniment. Les personnes malades peuvent la prendre dans les aliments. Cette huile a reçu des propriétés spéciales qui se communiquent avec les neuf gouttes bénies. L'une d'entre elles est d'éloigner le démon.

Tous ces signes d'huile ne sont-ils pas aussi un avertissement? Même si la Vierge ne l'a pas dit explicitement, on ne peut pas ne pas faire un lien entre tous les signes d'huile et la parabole des vierges

---

1. Celui dont parle Louis-Marie Grignion de Montfort!
2. Ou le coton imbibé. Pour obtenir de l'huile bénie provenant des images ou statues de la Vierge à Manduria, écrire en français à: Movimento d'Amore, Via Fratelli Bandiera, 3, I-74024 MANDURIA (TA) Tel/fax: 00 39 099 971 36 12.
   Joindre votre offrande en pensant aux frais de port! (Réponse en italien)

sages et des vierges folles de l'Evangile de saint Matthieu (25, 1-13). N'oublions pas que Marie et son Fils nous préparent pour le grand retour de Jésus. N'est-ce pas une des façons dont le Seigneur marque au front ses élus (Ap 7,3)? Que cette huile soit pour nous le signe de notre réveil et que l'Epoux nous trouve prêts quand il viendra. Donnons-lui toute sa place en nos cœurs, en nos vies. Et partageons avec nos frères cette huile bénie tant qu'il est encore temps.

Comment faire une onction?

Mettre un peu d'huile sur un coton et, en l'honneur des cinq plaies du Christ, faire cinq signes de croix:

1) faire le signe de croix sur le front *(purification et illumination de l'esprit)*;

2) faire un signe de croix sur les lèvres *(purification du langage et pour grandir dans l'esprit de mortification dans tous ses aspects variés)*;

3) faire un signe de croix sur le cœur — en pratique, à la base du cou *(pour purifier, embellir et fortifier nos sentiments)*;

4) enfin, faire un signe de croix sur chaque paume des mains *(pour que toutes nos activités soient conformes à la loi de Dieu dans la justice et la charité)*;

Pendant que l'on fait l'onction, on prie ainsi:

Marie, Mère de l'Olivier béni,
Très Sainte Vierge de l'Huile,
Touche-nous, aime-nous et guéris notre cœur
A ta manière, par ton Amour.

Cette onction, qui peut être répétée selon les nécessités, adoucit et guérit les maux spirituels et physiques. Elle nous confirme comme chrétien (l'Oint par excellence est le Christ) et elle nous protège contre le démon.

Les œuvres

La Sagesse révélée du Dieu vivant

La Vierge et Jésus ont parlé plusieurs fois de l'importance que revêt la *Sagesse révélée du Dieu vivant*. On pourrait la définir comme une catéchèse constante des événements d'hier, pour dépasser ceux d'aujourd'hui en vue de ceux de demain.

La catéchèse est double: elle comprend d'une part des enseignements proprement dits, et d'autre part, le dialogue continu entre Debora et Jésus et Marie. Elle constitue une véritable école de vie, surtout en ce qui concerne la manière chrétienne de vivre la souffrance, source de scandale pour l'intelligence non renouvelée par la foi et cause de nombreuses révoltes menant parfois à son abandon.

Un livre

Lors d'une révélation, le 20 mai 1993, Debora découvre toute la tristesse du Cœur de Jésus. Elle voudrait tant la faire connaître, mais seule, que peut-elle faire!

Jésus: «Je ne t'ai pas demandé d'agir toute seule. Tu ne le diras pas, mais tu l'annoteras et je le rendrai public dans mon livre, intitulé par ma Volonté: *Sagesse révélée du Dieu vivant*.

D: – Jésus, quel livre? Je ne peux... (Jésus m'interrompt).

Jésus: – En vérité, ce n'est pas toi qui l'annonceras, mais moi, à travers l'amour que tu donnes à tes proches (...). Je dis: "Qu'aucune parole ne soit enlevée de ma Révélation, autrement ma colère sera implacable." (...). Votre Père a parlé! Sanctifie mon année de Révélation, la première.»

Voilà en effet un an que le Seigneur parle à Debora. Son cœur exulte de joie pour la grâce de Dieu qui n'a pas de limite. Jésus a voulu que la *Sagesse révélée du Dieu vivant* sorte d'emblée en trois volumes pour commencer[1].

Pour me ramener toute l'humanité

Jésus: «Mon message nourrira mon peuple parce qu'il est vrai Pain de vie. Ma Debora, voici le temps de la conversion et ma grâce se répand en profondeur en tous, afin que chacun ait le temps nécessaire pour être sauvé avant ma Venue au milieu de vous. (…)

Il y a deux portes qui vous reconduisent à moi: Mon Corps et mes révélations!» (27.5.1993)

«Tous doivent savoir ce que je te révèle, afin qu'eux aussi puissent bénéficier de mon Amour sans limite.»

«Quand je te parle, je désire que tous comprennent que je m'adresse à toute l'humanité, aux fils rachetés à grand prix par mon Sang. Ma Debora, tu es mon autel et ceux qui écouteront mon Esprit en toi auront la joie de goûter la profondeur de mes secrets intimes. Quand je parle en toi, "Je suis" me situe face au monde pour l'instruire dans les siècles.» (7.1.1996)

Jésus: «Ma fille, la révélation que je t'ai communiquée depuis le début était pour toute l'humanité, mais une telle Sagesse n'a pas été comprise de beaucoup et ainsi on n'a pas rendu gloire à mon saint Nom dans cette impressionnante manifestation nouvelle. Moi, le Saint Amour, j'ai voulu déverser dans ton cœur les trésors de ma douceur et les signes qui porteront l'humanité à la seconde résurrection.

L'homme n'a pas voulu diriger ses pas sur la voie de la paix qui est ma Sainte Croix et le message que tu portes sur mon ordre. Fille, Moi, ton Amour mystique, je te demande de m'aider! (…)

Je vous offre tous ces enseignements et je parle à cette créature en tant que Roi de la Révélation qui veut inonder tout de son Esprit.» (19.5.1997)

Le Mouvement d'amour avec les Foyers de la Vierge de l'Eucharistie

La Maman céleste a d'abord voulu un groupe de prière. Lors d'un dialogue avec Jésus, Debora s'inquiète de savoir ce qu'il en pense:

---

1. En italien, édition pro manuscripto au Mouvement d'amour, novembre 1997. Un quatrième volume vient d'être publié.

«C'est Ma Providence qui vous a voulus en communion mais... ce n'est que le début du chemin.» (27.5.1993)

Jésus: «Chaque fils de mon groupe de prière aura la tâche que moi le Seigneur, je désire pour lui. Bientôt je me communiquerai en assemblée et chacun sera chargé de sa propre mission. Qu'il soit béni au nom du Père, du Mien et du Paraclet.» (3.7.1993)

Ce projet a son caractère particulier qui ne devra jamais être confondu avec d'autres.

Marie: «C'est ici que j'ai posé mon regard sur quelques pécheurs, et c'est ici que je désire faire naître mon projet de salut...» (4.12.1993)

Marie: «J'appelle beaucoup de mes enfants à former un grand groupe de prière où tous se sentiront père et mère de leurs frères.» (23.12.1996)

Créer avec moi un Mouvement qui ait comme nom «Amour»

Le Mouvement d'amour est né à la demande explicite du Cœur de Jésus comme don au Cœur immaculé de sa et de notre Mère, par sa messagère d'amour.

Marie: «Mon Mouvement est dit d'amour parce que son nom ressemble toujours plus au Père qui est dans les cieux. L'amour pardonne tout, l'amour accepte tout, l'amour est charité[1]. Ce projet est signé de mon Cœur, parce que je veux offrir Moi-même au Seigneur réparation à son Nom immaculé et juste.

Mes chers, je suis avec vous, je suis avec vous et avec le "Mouvement d'amour de Dieu" dont je suis la Mère et la protectrice. Je désire vous dire: "Le Seigneur vous aime et, à travers moi, vous attend tous au paradis"...» (8.12.1994)

Les premières personnes qui répondront à cet appel seront précisément celles qui se rendront à Céleste Verdure: source de grâce qui, brusquement et de manière inexplicable, transformera le vide de leur existence.

Jésus: «Ma petite, je désire que tu communiques à tes frères "l'expérience de mes douze au moyen de l'Evangile". Je désire que certains de mes fils soient appelés et éduqués pour vivre l'Evangile, le connaître, l'exprimer. (...) Moi, aujourd'hui, je te chuchoterai

---

1. Voir 1 Co 13.

en assemblée quels sont les premiers frères qui devront entreprendre ce chemin.» (18.11.1993)

«Ma fille, fais savoir que je frappe au cœur de dix d'entre vous et en vérité je vous dis: ceux-là me suivront. Je les ai choisis. Toi, demande de venir dans ma prière et tu les connaîtras.» «Je viens avec ma bénédiction pour confirmer mes évangélisateurs.» (25.8.1994)

Mais la conversion ne se fait pas toute seule et parfois la Maman ne mâche pas ses mots:

Marie: «Ma fille, elle ne transparaît pas, la grâce de Dieu dont je vous ai remplis. La prière ne s'élève pas de la terre, et pour beaucoup, elle est vide et stérile. Aucune œuvre ne fructifiera en eux, ni par eux, dans les autres. Ils agissent avec beaucoup d'arrogance, beaucoup de malveillance et d'irrévérence effrontée.» (23.6.1995)

Marie: «Je vous invite à créer avec Moi un Mouvement qui ait comme nom "Amour", parce que aujourd'hui, trop d'âmes se sont éloignées et je dois les reconduire par la main vers la prière.

Si les familles de mon Œuvre veulent la vraie paix, les femmes devront se convertir et être les humbles servantes de leur famille, de leurs enfants, de leurs époux. Je serai leur exemple! Qu'elles prient davantage et pratiquent le jeûne, soient vêtues sobrement, se dépouillant des vieux habits qui conviennent si peu aux fils de Dieu, temples de son Saint-Esprit!

Si ceux qui sont appelés à mon Œuvre n'y correspondent pas rapidement, le froid du mal envahira leur vie et toi, ma fille, tu devras leur retirer ton soutien. Ton devoir envers eux sera seulement la prière.» (25.6.1998)

Comme dans l'Evangile l'appel s'adresse à tous, et les exigences n'en sont pas moins identiques.

Jésus: «Laissez mon Cœur vous employer avec miséricorde et faire de ce Mouvement une armée d'âmes qui me glorifient par la Réparation. Je veux que vous compreniez que toute âme de bonne volonté, qu'elle soit proche ou lointaine, pourra appartenir à ce Mouvement d'amour.

C'est bien qu'elles sachent que je désire des âmes fortes, trempées dans l'esprit de vraie immolation et bouches closes pour qu'elles me fassent oublier les flagellations qu'avec les critiques et les jugements, je reçois chaque jour.

Par amour pour mon Nom, j'ai voulu octroyer une telle grâce. Maintenant je dois en récolter les fruits pour que, par eux, mon Père donne vie aux morts. Si vous écoutez attentivement, rien ne sera difficile à comprendre, et si vous ne faites pas d'objections, je pourrai opérer avec plus de facilité. Je renouvellerai toutes choses.» (5.6.1997)

Jésus: «Vous êtes mon Mouvement de servants adorateurs et même si vous êtes incapables de correspondre à un si sublime appel, je veux que vous m'adoriez. J'attendrai, oh oui, j'attendrai votre changement intérieur, comme une maman sage et prudente.» (19.10.1997)

Il ressort une immense tendresse réciproque de l'alternance des dialogues que Debora rapporte dans son journal entre Jésus et Marie. Elle tempère la réparation partagée et l'échange d'offrande d'amour dont l'unique but est d'adoucir le Cœur blessé du Père éternel.

Une naissance dans la lutte

Comme toute œuvre divine en ce monde, elle se fait dans la lutte interne aussi. Celle de Manduria n'y échappe pas.

Jésus: «Maintenant, écoute-Moi: je t'enverrai ceux qui t'aideront à porter plus avant mon œuvre. Mais sois attentive parce qu'il y aura des fils de mon antique Adversaire qui, mélangés à eux, te feront souffrir. Il faut un crible sérieux! Mon œuvre en toi ne doit être mélangée à aucune autre, je la veux simple mais singulière. Vous serez appelés les Servants adorateurs de l'Eucharistie. Demain, c'est tout juste si vous pourrez trouver un lieu où m'adorer.» (10.7.1997)

Le mois suivant, une grave crise traverse les membres du Mouvement. Debora en a l'esprit abattu. Elle demande à la Vierge d'obtenir de Dieu le Père sa dissolution, sans qu'ils s'en sentent coupables. Marie lui répond que Dieu laisse chacun libre et qu'elle aussi peut s'en aller. Elle ne sourit pas: «Chaque fois qu'un fils prononce un non, de nouvelles larmes amères sont versées: le Cœur de mon fils est crucifié à nouveau!» (5.8.1997) Debora se reprend et redit son *fiat*. Dans la visite suivante, Marie expliquera que les abandons adviennent par manque d'humilité.

Plus récemment, sainte Catherine de Sienne qui a accepté par la «sainte Volonté» de diriger les âmes du Mouvement donnait ce message:

«Tu devrais dire aux âmes qui sont proches de toi de se décider vite parce que le Bon Jésus doit accomplir ses desseins divins. Qu'ils prennent courage et que chacun s'applique à se dévouer aux diverses actions. Qu'ils soient plus unis et solidaires, autrement je ne réussirai pas à bien les garder. Certains me donnent à penser et me font de la peine.» (29.4.1998)

Marie: «Mes enfants, vous ne devez pas avoir peur, car je protège ceux qui s'abandonnent de toute leur volonté aux projets du Seigneur. Cette Œuvre, la mienne, je l'ai couverte de mon manteau royal, pour que beaucoup de mes brebis puissent sentir la Présence réelle de mon Fils dans l'Eucharistie!» (23.10.1998)

«Que mon Mouvement agisse sans reculer et ne suive pas le mauvais exemple des frères les plus faibles! Je vous promets que grâce à votre sacrifice beaucoup pourront se sauver.» (23.12.1998)

Des familles entières et surtout des jeunes accueillent chaque jour cette invitation à revenir à l'amour de Dieu et à étendre son Règne à ceux qui sont les plus éloignés et les plus désespérés.

«Ma fille, je suis venue pour ces âmes qu'on ne veut pas, celles dont on se moque, qui sont humiliées, celles que des bien-pensants repoussent sous le couvert de la foi, qui devant le Seigneur se dissipe comme le brouillard...» (31.12.1994)

Le Mouvement d'amour

Il a été créé pour diffuser et faire connaître les événements surnaturels, les apparitions et les faits survenus à Manduria depuis 1992.

Il se réfère à l'esprit du Décret sur l'apostolat des laïcs du concile Vatican II. Il proclame une authentique fidélité à l'Eglise catholique et au pape. Il souhaite servir l'Eglise et se met à son service, en particulier pour la réalisation des missions confiées par la Vierge de l'Eucharistie et pour l'affirmation des dogmes et des vérités de la foi qu'elle a rappelés à Manduria.

Le but du Mouvement d'amour est la sanctification de ses membres par l'imitation du Christ, dans la fidélité aux enseignements de notre mère l'Eglise et aux invitations de la Vierge de l'Eucharistie, par la création de Foyers de réparation aux offenses faites à Jésus-Eucharistie, Amour non aimé, et par la diffusion de l'huile qu'elle a donnée comme puissant secours pour notre guérison spirituelle.

Marie: «Après les nombreux Mouvements que j'ai suscités dans le monde, je vous offre aujourd'hui ce nouveau Mouvement pour qu'il vive dans l'offrande de l'Amour, à laquelle j'associerai aussi les âmes consacrées.» (31.5.1998).

Les Foyers de prière

Le Mouvement d'amour est uni aux Foyers de prière. Constitués de familles, ces derniers sont une arme puissante dans les mains de la Vierge Marie.

Marie: «Mes chers, le souffle de l'Esprit a soufflé parmi vous ses dons divins. C'est maintenant à vous de les accueillir et de les faire fructifier. Mes chers, ces dons pourront mieux s'enraciner si, entrant de maison en maison, vous faites de petits "Foyers de prière". (...) Comme des couronnes, formez dans vos familles les "Foyers de prière" de votre Maman de l'Olivier béni.» (23.12.1994)

«Accueillez comme un don les "Foyers de prière" que je vous ai indiqués comme rassemblement de vos cœurs en esprit d'union au pape, invoquant le Saint-Esprit qui viendra à vous si vous l'appelez avec l'humble désir de sanctifier votre prière et votre vie.» (31.5.1998)

Il est urgent et important que ces Foyers se forment et se diffusent pour réaliser une nouvelle conscience chrétienne par un retour à Dieu. Le peuple a été dispersé et se trouve dans la confusion. Il a besoin de retrouver l'unité et les valeurs que l'Eglise a toujours transmises. Le Mouvement d'amour vise cet objectif par la réparation.

Dans ses apparitions à Manduria, la Vierge Marie désigne le Foyer de prière comme lieu d'ouverture familiale à la connaissance de Dieu, en instaurant un dialogue entre les membres de la famille. Première cellule de la société, la famille est le lieu le plus beau et le plus adéquat, par son climat, à promouvoir l'épanouissement du Foyer. La paroisse, gardienne et demeure du Christ eucharistique (dans un cadre plus large et avec l'accord du curé) est le lieu idéal pour imiter Marie adorant Jésus, centre de tout le message de la Vierge de l'Eucharistie.

Les Foyers deviendront ainsi d'importants lieux de prière et de réparation, de vrai apostolat pour soutenir le ministère sacerdotal et une vivante concrétisation du message qui par la prière fait naître une fervente activité missionnaire.

Les foyers de prières se multiplient malgré une persécution qui va parfois jusqu'à des menaces directes.

Extrait des statuts du Mouvement d'amour

Art. 1. **Dénomination et siège**

On a constitué une association sans but lucratif et autonome, dénommée «Mouvement d'amour», Foyer de la Vierge de l'Eucharistie, Mère de l'Olivier béni, Source de l'Huile sainte de l'Onction pérenne. Son siège est établi Via Nuova per S. Cosimo, contrada Cittu, Cittu, I-74024 Manduria (TA).

L'association peut ouvrir d'autres sièges détachés ainsi que des bureaux de correspondance, tant au niveau provincial, régional, national qu'à l'étranger.

Les sièges détachés et les bureaux de correspondance s'appuieront sur le siège central.

Art. 2. **Nature de l'association**

Le Mouvement d'amour est une association privée, constituée pour la diffusion de la connaissance des événements spirituels, des apparitions, des faits survenus et qui adviendront à Manduria (TA) ou ailleurs, pour manifester la Volonté de Dieu, par la publication et la diffusion de documents imprimés ou audiovisuels ayant trait à ces événements.

Le Mouvement d'amour se réfère à l'esprit du Décret sur l'apostolat des laïcs du concile œcuménique Vatican II; il proclame sa fidélité à l'Eglise catholique et au pape.

Né dans l'Eglise, il se met à son service, en particulier pour la réalisation des missions confiées par la Vierge de l'Eucharistie et l'affirmation des dogmes et des vérités de foi qu'elle a demandée.

Art. 3. **Finalité**

Le but du Mouvement d'amour est la sanctification de ses membres par l'imitation du Christ, dans la fidélité aux enseignements de l'Eglise et aux invitations de la Vierge de l'Eucharistie.

Les missions particulières confiées aux Foyers de la Vierge de l'Eucharistie sont:
– la défense du culte du Corps de Jésus-Christ Eucharistie;
– la défense du culte de notre Mère, spécialement dans le privilège de sa Virginité et de son action dans le monde comme Médiatrice de grâces;
– la consécration des familles, des jeunes, des enfants aux Saints Cœurs de Jésus et Marie, dans l'esprit de Fatima et de Lourdes, en suivant particulièrement les enseignements de saint François, le *Poverello,* et de saint Louis-Marie Grignion de Montfort.

L'adhésion au Mouvement d'amour comprend le déploiement d'une activité missionnaire externe, en harmonie avec la spiritualité du mouvement, en vivant selon les lois de Dieu, en l'honorant, le respectant, et spécialement en mettant en pratique les vertus suivantes: *amour, humilité, sobriété de vie, hospitalité, miséricorde et pardon.*

Les moyens spirituels recommandés pour un tel cheminement sont:
– la messe quotidienne,
– la récitation quotidienne du rosaire,
– l'Angélus et la prière de réparation aux plaies de N.-S. Jésus-Christ,
– la confession fréquente,
– la méditation quotidienne de l'Ecriture Sainte, des révélations privées données par N.-S. Jésus-Christ comme Roi de la Révélation et de Notre-Dame, Vierge de l'Eucharistie, Mère de l'Olivier béni, Source de l'Huile sainte de l'Onction pérenne;
– le jeûne hebdomadaire le mercredi pour la Sainte Vierge, et le vendredi pour Jésus Crucifié. Ce jeûne comprend l'abstinence de viande, des excès de nourriture, du tabac, et de toutes concupiscences corporelles et spirituelles (cf. Ga 5, 16-22);
– l'adoration fréquente de Jésus-Eucharistie, spécialement dans sa paroisse;

– l'engagement pour la dévotion à Marie, Vierge de l'Eucharistie, Mère de l'Olivier béni, Source de l'Huile sainte de l'Onction pérenne, et à Jésus-Christ, Notre Seigneur, Roi de la Révélation;

– des retraites spirituelles et des stages de formation.

Universalité

Le Mouvement, sans but lucratif et autonome, peut aussi ouvrir des relais hors d'Italie, ceux-ci étant reliés et dépendants du siège central en Italie.

Celui qui veut adhérer au Mouvement doit présenter une demande écrite adressée à son président. Après un sérieux discernement, il pourra être autorisé à en faire partie, dans le respect de la spiritualité et des activités prévues dans les statuts, en cohérence avec les invitations expresses et répétées de Jésus et Marie dans leurs messages.

Tous peuvent faire parti du Mouvement d'amour, en formant des Foyers: il suffit pour cela qu'ils soient des *adorateurs eucharistiques* qui reconnaissent en Marie ces attributs: Vierge de l'Eucharistie et Source de l'Huile sainte de l'Onction pérenne.

Etre adorateur eucharistique signifie vivre dans une offrande continue de nous-mêmes, à l'Amour et au bon Vouloir de Dieu: il s'agit de se sacrifier sans cesse en union avec Jésus, pour Ses projets, en Le gardant toujours présent dans nos activités, nos pensées, afin qu'Il nous absorbe dans Son éternel et unique sacrifice, qui s'accomplit sur l'autel et se poursuit dans le tabernacle. Par cette attitude, l'Eucharistie sera le Christ vivant et agissant en nous, parce que nous l'avons accueilli en plénitude comme centre de notre vie. C'est une confiance continue, sans nous poser de questions, conscients qu'en chaque chose, chaque situation, c'est lui qui nous aime à l'infini.

Le Foyer est une offrande de son temps à la Sainte Mère de Dieu: prier le rosaire et le chapelet des larmes, méditer les messages à la lumière de l'Evangile et offrir des veiles de réparation eucharistique (selon les possibilités: à l'église, ou «en esprit et en vérité» dans sa chambre). De là naît facilement le désir de communier avec tous les feux qui montent jour et nuit vers le ciel.

Des maisons familiales, ces groupes de prière appelés Foyers *(Focolari)* s'élargissent à la paroisse. Imprégnés des messages de la Vierge, ils évangélisent pour gagner de nouvelles âmes au Christ. Ils deviennent des centres de rayonnement de la puissance de Marie, notre Mère, qui agira à travers eux. Dans l'humilité et la fidélité à l'Evangile et aux messages, ils propagent sa dévotion.

Des promesses faites par les deux Saints Cœurs il ressort que ceux qui vivront cette expérience à l'école de Marie recevront de très grandes grâces.

Les membres de ces Foyers sont essentiellement composés de cellules familiales, qui s'engagent à vivre de la grâce de Dieu, selon l'article 2 des statuts du Mouvement d'amour.

Chaque famille qui s'engage dans cette croisade de bénédiction aura l'occasion de vivre la spiritualité demandée par Notre-Dame aux «servants adorateurs» du Mouvement, pour devenir des âmes réparatrices et d'authentiques témoins, spécialement en vivant unis avec Jésus et ses frères.

Moyens pour diffuser le Foyer

Les éléments suivants sont nécessaires:
– la diffusion du rosaire, ainsi que du chapelet des larmes;
– la propagation de l'image qui représente la Vierge de l'Eucharistie pour le triomphe de l'Eucharistie que l'on contemple sur sa poitrine;
– les textes des dialogues de la *Sagesse révélée du Dieu vivant* comme catéchèse quotidienne;
– la lecture de la Bible, pilier de notre éducation spirituelle;
– la communion et la confession fréquentes;
– les œuvres corporelles et spirituelles de miséricorde.

Ceux qui, par inspiration ou bonne volonté, désireront former un Foyer ou, simplement, faire la consécration d'eux-mêmes dans l'esprit de cette apparition, qui marquera la conclusion des épiphanies mariales, devront informer le Mouvement d'amour, pour réaliser le projet de salut sur la terre et pour rendre témoignage de toutes les grâces reçues suite à cette dévotion.

Les personnes qui formeront ces Foyers familiaux d'amour et de réparation ne doivent pas nécessairement faire partie du Mouvement d'amour, mais il est bien entendu qu'ils devront adopter les finalités prévues dans les statuts. La connaissance de ces Foyers, créés un peu partout, garantira ainsi une communion d'amour et constituera un centre de vrai apostolat que la Vierge cultivera à travers son instrument.

Pour chaque Foyer créé en dehors des familles, il sera nécessaire d'informer de son existence le Mouvement d'amour qui examinera de temps en temps la possibilité de diffuser des documents ou autres, afin de garantir un authentique service à notre Sainte Mère l'Eglise.

Il est en outre nécessaire de pratiquer quotidiennement les trois dévotions:
– dévotion aux larmes de la Vierge;
– à la Plaie de la Sainte Face de Jésus;
– à Marie Mère de l'Olivier béni.

Il est aussi recommandé de diffuser les messages donnés à Debora.

Des âmes consacrées laïques près de Debora

Pour soutenir et aider Debora dans sa lourde mission, Jésus lui a fait la surprise de lui donner des sœurs laïques. Il attend d'elles qu'elles œuvrent comme épouses qui se donnent en vivant pour lui et le prochain.[1]

Le 23 août 1998, répondant à l'appel de Jésus, deux jeunes filles, Antonella et Filomena, donnent librement leur vie pour servir le Seigneur près de Debora. Quatre mois après est arrivée Immacolata, une jeune fille de 23 ans. D'autres se sont consacrées, mais restent dans le monde.

Céleste verdure, ou Gethsémani saint

Faisant suite aux voix, les premières apparitions ont lieu dans la petite maison où Debora habitait avec sa maman et son frère. Elles ont aussi lieu dans l'Eglise paroissiale et d'autres lieux de culte, d'où Debora est successivement chassée, malgré les signes visibles de la Passion sur son corps.

---

1. Voir le message du 12 juillet 1998 p. 207 s.

Puisqu'elle est rejetée de partout, la Vierge choisit alors pour elle un lieu privé dans la nature, à l'extérieur de la cité. C'est une oliveraie à la périphérie nord de Manduria, près des vestiges de la cité messapienne, à proximité de la petite église S. Pietro Mandurino et de l'église S. Antonio. A ce moment-là, ce n'était qu'un domaine laissé à l'abandon (comme beaucoup d'âmes) par sa propriétaire; les gens venaient y déposer leurs ordures.

Une oliveraie dans la nature

Marie: «Jésus veut qu'on sache qu'il a fait sa demeure de ce coin de terre.» (23.10.1996)

«Chers enfants, n'abandonnez pas ce lieu dans lequel, quand je ne viendrai plus visiblement, j'accomplirai des choses plus grandes. (…)

J'ai voulu vous donner un lieu où développer, si vous le voulez, votre activité spirituelle et vous le maintiendrez par la foi; Moi, je le garderai pour toujours!» (23.12.1996)

«Chaque fois qu'une âme entrera là, elle se sauvera par la puissance de ma promesse.» (23.3.1997)

«Ma fille, je veux encore t'exhorter à venir ici, dans le saint Gethsémani (Céleste Verdure), pour que dans le silence de mes oliviers vous fassiez fleurir le désert qui est en vous. Je te répète qu'ici se trouvera la source de la Grâce.» (23.8.1998)

Si, à vue humaine, Céleste Verdure est un champ d'oliviers toujours verts, maintenant agrémenté de fleurs, aux yeux de la foi, c'est un petit coin de paradis, dû à la présence permanente de la Vierge Marie, et aux nombreuses grâces promises. C'est un lieu pour la conversion, le repentir, la prière, la méditation des messages, la contemplation. Si ce n'est une «résidence secondaire» du ciel, c'est du moins une terre sainte.

«Chers fils, Moi, votre Mère, je vous demande de venir plus souvent en mon lieu, afin que vous trouviez la force et le soutien pour conduire la bataille.» (24.9.1994)

«Je désire que le Mouvement d'amour voulu par mon Fils parte d'ici. Ainsi le monde entier saura que j'apporte l'Amour à tous mes enfants.

Ouvrez à tous les portes de ce projet. N'ayez pas peur: je suis ici avec vous et personne ne pourra vous détourner de Moi. Moi, la Mère de Dieu et votre Mère, je vous demande d'édifier en ce lieu une oasis de paix et de prière, où il sera possible de recevoir la force de continuer à être des témoins de mon Fils.

Maintenant, chers enfants, votre Maman monte au ciel, mais je ne vous quitte pas. En ce lieu, je suis présente jour et nuit. Venez à Moi! Venez, enfants dispersés! Retournez à mon Jésus qui pleure à cause des refus qu'il essuie continuellement.» (23.10.1994)

«Mes fils, il est maintenant nécessaire que vous compreniez que je désire en ce lieu inlassablement des prières et de continuels remerciements au Seigneur.» (1.11.1994)

«J'ai posé mon pied sur ce coin de terre, parce que je désire que les hommes apprennent à contempler Dieu dans le langage qui émane de la nature.

J'ai choisi ce lieu parce qu'il est loin des plaisirs voluptueux du monde et pas trop près des parasites sonores des machines sataniques. Ici, dans la paix de ces oliviers, je désire vous faire redécouvrir le don de la foi, que vous y chantiez les merveilles du Seigneur, en vous ouvrant aux prodiges de son Amour.» (31.12.1994)

Progressivement la Vierge a enrichi son Jardin céleste de nouveaux dons, en marquant chaque fois le lieu d'une façon différente, pour nous rappeler les grandes étapes des mystères chrétiens. C'est ainsi qu'elle a choisi l'olivier pour nous parler de l'Arbre de Vie, la vasque pour nous remémorer notre baptême, et nous inviter à redécouvrir la confession, la croix — en lien avec Dozulé — pour nous inviter à nous repentir et à préparer le retour de Jésus, la chapelle pour rencontrer notre Mère dans la prière, la Voie Douloureuse mariale pour réparer des offenses faites à Dieu par tous les péchés.

L'olivier et l'Olivier béni

Après que la Vierge s'est retirée en faveur de son Fils, Debora s'endort paisiblement et... voici comment elle raconte l'événement.

«J'ai eu un songe. Je me trouvais à la campagne. Il y avait beaucoup de pierres et d'oliviers. Une lumière émanait d'un arbre particulier, placé au milieu des roches: il était très caractéristique. Puis j'ai entendu une voix douce et suave: "Cherche ce lieu. Je t'attends! Ma main fera des miracles ici. Cours!"

Je n'avais jamais vu ce lieu, qui m'était totalement inconnu. Comment faire sans connaître au moins la localité? Les jours suivants, je commençai ma recherche. De nombreuses personnes me montrèrent leur terrain, mais aucun ne correspondait au songe. Et puis, un jour, la mère du garçon que j'ai laissé pour suivre le Seigneur me montra le sien et, pleine de joie, je m'écriai: Le voilà! Il était à la périphérie de Manduria.»

Le 17 mai 1993 a lieu la première apparition dans l'oliveraie. La Mère céleste exprime le désir qu'on y édifie une chapelle en l'honneur de ses visites.

Le 17 juin 1993, lors d'une apparition à l'oliveraie:

Marie: «Chère fille, je suis la Vierge Marie de Nazareth. Regarde ce lieu et contemple-le, parce qu'il deviendra une terre sainte, comme la terre de mon Fils.»

«Le 25 de ce mois, j'apparaîtrai à nouveau dans le lieu que j'appellerai "Céleste Verdure". Je t'attends là à 19 h 45.» (21.6.1993)

«Je suis Marie immaculée, je suis celle qui est dans la Trinité et au nom de la Trinité, je vous demande de venir en ce lieu. Mon invitation est ouverte à tous, mais surtout à mes consacrés.» (4.12.1993)

«Chers enfants, Moi, Mère et Reine de la Céleste Verdure, je viens en ce lieu pour vous apporter le Règne de Dieu. Je viens parce que vous n'avez pas encore compris la paix de Mon Fils.» (23.4.1994)

Le 3 juillet 1994, à Céleste Verdure, à 21 h 30, la Vierge apparaît à Debora:

Marie: «*Shalom*, chers enfants bénis de Dieu. Mes tout-petits, le Seigneur Dieu vous bénit et vous comble de grâces particulières. Aujourd'hui, au Nom de mon Fils Jésus, un grand nombre d'entre vous obtiendra une guérison de cœur.

Je suis la Maman de l'Olivier, c'est pourquoi j'ai désiré appeler ce lieu qui m'est consacré "Céleste Verdure". Je souhaite ardemment que tous puissent rejoindre l'Arbre de la Vie, qui sera éternel pour tous ceux qui conserveront mon nom de Mère dans leur cœur.

Chère fille, je bénirai personnellement l'huile.

Consacrés à Moi, Mère du divin Amour Jésus, vous m'aiderez à vaincre le Malin.

Ma fille, je me tourne vers toi et je veux que tous sachent que Moi, en me communiquant à toi, j'apporte la Parole qui est salut pour l'humanité. Dis ceci au monde: que je suis "la Femme qui est au désert"; l'heure en est maintenant arrivée. Les "grands" comprendront.

Mes chers enfants, je vous dis: Les louanges au Père sont les meilleures prières.

Je désire que notre prochaine rencontre ait lieu le 23 de ce mois. Un jour vous comprendrez l'importance des dates que je choisis pour me communiquer au monde.

Chers enfants, désormais vous m'invoquerez ainsi:

Marie, Mère de l'Olivier béni, Très Sainte Vierge de l'Huile, touche-nous, aime-nous et guéris notre cœur, à ta manière et par ton Amour.

Je vous bénis et vous salue. Au revoir et à bientôt.» (3.7.1994)

Jésus: «Venez, venez au pied de l'Olivier béni par mon Cœur dans le "Saint Jardin" où, par un excès de mon amour, par l'intermédiaire de ma servante, j'ai perpétué[1] les heures de ma Passion rédemptrice! Venez, puisque le Cœur très saint du Père a placé là ses délices et a donné au monde entier l'Epouse toute belle, en l'ornant de titres qui mettront en évidence la puissance de son action en vue de l'événement glorieux de mon Retour. Elle est la Vierge pure, qui a porté dans son sein le Verbe fait chair, réparant désormais pour tous les Sacrifices mal célébrés et, par ses silences, elle préparait l'humanité à sa rencontre avec Dieu.» (16.7.1998)

Les apparitions publiques ont lieu à «Céleste Verdure» chaque 23 du mois.

---

1. Rendues vivantes dans le temps.

La chapelle

Marie: «Je demande que l'on construise ici un lieu de méditation pour y recevoir la paix. En ayant cette paix dans le cœur, vous pourrez retourner dans le monde et y vivre avec plus de courage.» (23.10.1994)

Edifiée par des bénévoles, elle est située juste derrière l'olivier des apparitions. Un petit autel a été placé au centre et derrière, sur le mur, on a mis le cadre avec la Vierge de l'Eucharistie entouré de nombreux ex-voto. Dans l'angle gauche, une statue présente Jésus tel que Debora le voit: le calice dans la main gauche et l'hostie dans la paume de la main droite. Celle de la Vierge de l'Eucharistie est dans l'angle droit; et sur le mur, un joli Christ en Croix. Une balustrade en colonnettes délimite le chœur fermé par une porte en fer forgé. Quelques bancs permettent aux pèlerins de se recueillir et de prier.

Marie: «Cette maison est ma demeure et vous devez m'accompagner de votre présence.» (23.1.1997)

La Croix

Marie: «Ma chère fille, en ce lieu sera érigée la Croix de mon Fils, votre unique salut. Là, prosternés, vous demanderez le pardon de vos péchés.» (24.7.1993)

Jésus: «Approche-toi, je te dicterai sous la Croix céleste du Salut. Viens, n'hésite pas!»

Debora s'approche de la Croix et constate avec surprise qu'il en émane un parfum intense.

Jésus: «Ma Fille, mets-toi à genoux sur la pierre et prie avec Moi:

Christ, fils du Dieu vivant, présence tangible du Père descendue sur la terre, que vienne ton Règne glorieux, que vienne ton Règne glorieux, que vienne ton Règne glorieux. Amen.» (2.8.1993)

En 1996, le jour de la fête de la Croix Glorieuse, Debora voit derrière les épaules de Jésus et de Marie une Croix lumineuse dont émanent des rayons de lumière. Au-dessus de la Croix, apparaît un écrit:

«*Ecce Crux Domini*»[1] et au-dessus un autre écrit encore plus lumineux: «*Jesus hominum Salvator*».

Debora voit les deux Cœurs unis qui brillent comme une flamme extraordinaire: «C'est la fraîcheur, la puissance et la chaleur de toute leur essence. Regarde-la de près et dis que de même que nos deux Cœurs sont unis, de même ils triompheront ensemble. Embrasse les plaies de mon Fils, signe-toi avec la croix de ton chapelet et prie:

> *O Plaies saintes et lumineuses,*
> *pitié pour les hommes et pour les nations du monde.*
> *Miséricorde et pitié, ô Père saint,*
> *par les Plaies du Juste, ton Fils. Amen.»*

Jésus: «Ma fille, la Croix de ce mont est désormais contenue dans celle que tu as fait élever pour obéir à un ordre qui m'est cher. Maintenant, je te promets solennellement qu'à ceux qui ici pardonneront ou demanderont pardon je remettrai tous leurs péchés et que je leur accorderai la grâce d'une conversion durable. Je veux que l'on établisse ici (à Manduria) la pratique du Chemin de la Croix tous les premiers vendredis de chaque mois, que votre cœur soit purifié et que vous communiez.

L'humanité est sur le point de voir de près ce que ma Mère vous a déjà annoncé.

Tu dois avoir l'initiative du pardon, j'attends de toi cet exemple. J'ai déjà déposé en toi des dons nombreux et je n'ai pas encore fini…

Ma main bénissante s'ouvre sur le monde: ô mon peuple, je te guéris. Que ma Paix repose sur toi, ô mon feuillage, ma Jérusalem; demeurez en Moi, comme je demeure dans le Père…» (14.9.1996)

Marie: «Sous la Croix, la prière que je préfère est celle pour le Saint-Père et pour mon prochain triomphe qui sera précédé de ce grand signe.» (14.9.1996)

---

1. «Voici la Croix du Seigneur.» C'est la même Croix et la même inscription latine que celles qu'a vues Madeleine Aumont à Dozulé, pour confirmer les messages et demandes qui lui ont été transmis. Plus haut dans le ciel: «Jésus Sauveur des hommes». C'est pourquoi on a édifié une croix de Dozulé au centième (de 7,38 m) comme il s'en dresse un peu partout dans le monde.

La vasque

Le bassin a été creusé face à la porte d'entrée de la chapelle. Comme l'Eglise nous propose le geste des cendres au début du Carême pour nous rappeler qui nous sommes, pour nous inviter à la pénitence et nous préparer à la grande Pâque de notre vie, Marie nous invite à vivre ce geste en ce temps de purification préparant la Pâque glorieuse de Jésus et son proche retour dans la gloire.

Le 23 septembre 1996, après la prière du Chemin de Croix, pendant l'invocation à l'Esprit-Saint, la Dame apparaît, très souriante et, regardant Debora...[1]

Marie: «Mon Fils veut qu'en ce lieu saint, avant de parvenir à la Croix, on fasse un acte de purification afin de réparer pour toutes les fois que vos cœurs se sont donnés au péché. Prie avec Moi. Je te donne ces paroles; toi, répète-les:

*O terre pure, ô terre digne, purifie mon cœur,
ô terre bénie, embellis mon âme.*

C'est ici que Jésus veut la vasque de la purification. Qu'ici les gens portent cette terre à leur visage et se signent avec une croix, qu'ils demandent pardon de leurs péchés. Si le cœur des hommes devient bon et bien disposé, du sol jaillira l'eau qui, mélangée à la terre, fera la boue.» (14.9.1996)

Jésus: «Ma fille, signe-toi avec la terre. Je désire que tu t'en couvres le visage en signe de purification. Celui qui le fera avec ce signe pour le temps préétabli par mon Fils obtiendra de grandes grâces.»

Marie: «Mes enfants, je désire que beaucoup se sauvent. C'est pour cela que je vous ai donné cette vasque. Purifiez-vous et portez avec vous cette terre que mon divin Fils a touchée et bénie! L'humanité doit se purifier!

C'est seulement ainsi que beaucoup de familles pourront retrouver la paix et combler le grand vide qui remplit actuellement leur vie quotidienne.» (23.7.1998)

---

1. Se reporter au message du 23 septembre 1996, p. 174.

Gethsémani saint

Souvent la Vierge, pour désigner Céleste Verdure, parle de Gethsémani saint. Le lieu s'y prête doublement puisqu'il s'agit d'une oliveraie, où Marie verse des larmes d'huile par ses images. D'autre part, Debora, petite icône de Jésus et de Marie, vit l'agonie avec eux pour sauver ce monde et renouveler l'Eglise.

Marie: «Je te quitte, mais tu me reverras et d'autres aussi me verront en ce lieu béni du Seigneur, Gethsémani saint.» (23.6.1996)

La Voie Douloureuse mariale et le petit oratoire

D: La belle Dame apparaît à Céleste Verdure et je remarque un petit oratoire carré. Une route agrémentée de roses le rejoint.

Marie: «Ma fille, ce que tu vois, tu devras le réaliser pour que soit préservé par la prière le lieu où je me suis posée et que j'ai parcouru. Te souviens-tu, dans les premières apparitions, du parcours que je t'ai fait faire pour qu'on élève la Croix Glorieuse de mon Fils? (…) Maintenant tu devras parer ce lieu de ces ornements: fais construire un oratoire et une voie qui, comme je le désire, soit bordée de trois roses différentes. Tu poursuivras ainsi la demande du message offert à Montichiari: des trois couleurs, jaune, rouge et blanc;

– le rouge sera pour vous: le martyr;

– le blanc: la prière et la consécration des petits enfants et des familles à mon Cœur, Source de l'Onction pérenne;

– le jaune: la pénitence souffrante que je demande ici.

Qu'elles soient plantées par groupes de trois!

Je te demande pour le jour solennel de mon apparition en ce lieu[1], qu'on édifie le long de cette voie, les stations du Chemin de Croix avec en représentation les mystères du rosaire complet. Cela sera appelé "Voie Douloureuse mariale". Elle se parcourra à genoux jusqu'au sanctuaire, où vous élèverez ma statue et un autel rustique.

Ici, où mon saint Pied s'est posé pour un si grand privilège, je te promets que:

– les pécheurs les plus endurcis se convertiront;

---

1. Le 17 mai 1993.

– les consacrés retrouveront le chemin;

– les malades trouveront les sources de la grâce sur ce parcours; (j'accepterai qu'il me soit offert par leurs parents en cas d'impossibilité grave);

– beaucoup me verront en personne, et je les réconforterai dans leurs afflictions.» (17.5.1997)

Les bénévoles du Mouvement d'amour ont réalisé cette voie mariale comme Debora l'a vue. Constituée de pierres rugueuses scellées dans le ciment, elle est bordée de triples pieds de roses aux trois couleurs, et jalonnée des stations du Chemin de Croix. Au fond, à droite de la propriété, derrière le petit oratoire, on a bâti un tombeau et fait de la pierre qui a roulé au jour de la Résurrection une immense hostie avec les lettres: IHS.

Les temps forts de Céleste Verdure

Les journées anniversaires

C'est la Vierge elle-même qui a demandé toutes ces manifestations, au fur et à mesure de ses entretiens avec Debora et spécialement le 23 mai 1997.

Marie: «Toutes ces indications que je vous donne sont pour le salut de cette terre et, si elle vit une vraie conversion, je la préserverai d'un châtiment particulier qui ébranlera toute l'Italie si elle ne se repent pas.»

Le 23 mai

Journée en l'honneur de Marie, Source de l'Huile sainte de l'Onction pérenne, Mère de l'Olivier béni et Vierge de l'Eucharistie.

Marie: «Je désire que chaque 23 mai vous me dédiiez une journée qui soit totalement offerte avec le titre par lequel je me suis manifestée: "Reine de l'Olivier béni, Source d'Huile sainte de l'Onction pérenne, Vierge de l'Eucharistie".

Ce jour-là, chaque fois, il y aura d'innombrables prodiges.» (23.5.1997)

Le 23 octobre

Journée de Réparation universelle de l'Eucharistie.

Marie: «Qu'il y ait une journée mondiale de prière offerte pour la réparation envers l'Eucharistie.»

Le 8 décembre

Fête de l'Immaculée Conception de Marie. Journée de pénitence offerte en son honneur.

Marie: «Le 8 décembre sera une date nouvelle dans tes apparitions.» (23.5.1997)

«Aujourd'hui, je renouvelle au monde l'appel à tout consacrer à nos deux Saints Cœurs.» (8.12.1997)

Défendre la Vierge dans son Immaculée Conception est le deuxième point fondamental sur lequel repose le Mouvement d'amour de Manduria, après la défense de l'Eucharistie.

Les rendez-vous de prière

Le 22 de chaque mois

Journée où Debora rencontre les pèlerins pour les soutenir de ses conseils spirituels et les mettre en route, ou les fortifier sur le chemin de la foi. Le soir, veillée d'adoration avec Jésus-Hostie que la Vierge de l'Eucharistie a apporté à Debora.

Le 23 de chaque mois

Apparition de la Vierge Marie à Debora à «Céleste Verdure, Gethsémani saint».

Malgré trois ans de signes et manifestations pour que Marie soit reconnue, Debora était toujours contrainte par obéissance à l'Eglise de ne pas aller à Céleste Verdure: Marie annonce alors des apparitions publiques qui ont lieu le 23 de chaque mois.

Marie: «Ma fille, je ne désire plus que tu m'accueilles dans un lieu privé. Maintenant la preuve a été donnée. J'ai Moi-même donné les signes nécessaires pour me faire reconnaître. Je te dirai quand tu m'accueilleras publiquement.» (23.5.1995)

Pour se préparer à recevoir la Vierge, on fait dans l'après-midi un chemin de croix sur la Voie Douloureuse mariale et ensuite on récite le rosaire.

Lorsque l'apparition cessera, le 23 restera une journée de prière et de louange.

Le 24 de chaque mois

Journée d'action de grâce.

Les jours de prière et de réparations

Les jeudis et samedis: veillée de prières.

Marie: «Convertissez-vous, sauvez-vous! En ce lieu je vous offre ma Présence. Ne me mettez pas de côté. La nuit du jeudi, je désire que vous viviez le Gethsémani de mon Fils.» (24.7.1993)

«Je désire que le jeudi à 19 h, chaque semaine, vous fassiez la prière de guérison de l'Esprit.»

«La nuit de chaque jeudi, priez dans mon Gethsémani pour faire descendre sur la terre les anges de la consolation auprès de chacun de ses habitants.» (11.3.1996)

Le premier vendredi du mois: Voie Douloureuse mariale à genoux jusqu'à l'oratoire.

Marie: «Je vous prie de faire le Chemin de Croix chaque vendredi. Je vous attends un par un. Faites-le avec cet esprit de réparation et de prière du cœur qui m'est si cher...» (14.9.1995)

Jésus: «Je veux que l'on établisse ici (à Manduria) la pratique du Chemin de Croix tous les premiers vendredis du mois, que votre cœur soit purifié et que vous communiiez.» (14.9.1996)

Quelquefois, une journée de prière spéciale est demandée.

Marie: «Voilà mon invitation: Que samedi prochain vous dédiiez une veillée de prières à mon Cœur immaculé, en réparation pour le Cœur de mon Fils abandonné et lacéré par vos péchés.» (23.5.1994)

Quelques dates

12 décembre 1973	Naissance de Debora.
20 mai 1992	Premier appel de la Voix.
23 octobre 1992	Première apparition de la Vierge dans sa maison.
31 octobre 1992	Première vexation du démon.
13 novembre 1992	Visite de la Vierge avec saint François d'Assise.
25 novembre 1992	Visite de la Vierge avec Padre Pio et premières prophéties personnelles.
12 décembre 1992	Premier secret (un nouveau à chaque anniversaire).
6 février 1993	Première passion dans l'église paroissiale.
14 mai 1993	Mariage mystique.
17 mai 1993	Première apparition à l'oliveraie de «Céleste Verdure». Marie demande que l'on édifie une chapelle pour honorer ses visites sur la terre.
20 mai 1993	Pour fêter l'anniversaire de son premier appel, Jésus annonce le livre: *Sagesse révélée du Dieu vivant*.
30 décembre 1993	Première lacrymation de sang de la statue de la Madone de Fatima.
Janvier 1994	Debora quitte Manduria sur l'ordre de son évêque.
Octobre 1994	La Vierge donne rendez-vous à Debora à Céleste Verdure le 23, après qu'Elle a donné les «preuves» demandées.

Un message vraiment catholique

Un professeur de mariologie de Rome affirme l'exactitude théologique du contenu des messages, aux points de vue:

a) christologique: les révélations sont centrées sur le Christ, vu que «Notre Dame» se manifeste avec l'Eucharistie au centre de sa personne: le Cœur.

b) mariologique: le contenu des messages exalte l'origine hébraïque de la Vierge: «Je suis Myriam de Nazareth».

c) ecclésial: on remarque que la Mère, avec douceur, invite à se nourrir du Fils: «Pain vivant descendu du ciel», ainsi qu'à une conversion du cœur.

d) de l'orthodoxie: les thèmes traités par les interlocuteurs du ciel sont en nette syntonie avec les Ecritures et le Magistère de l'Eglise catholique.

Au terme de ce deuxième millénaire, la révélation de la Vierge de l'Eucharistie annonce une aurore nouvelle pour les siècles prochains. Avec cette image, les trois blancheurs nous sont données sous un autre aspect. Le songe de Don Bosco est en train de se réaliser! Le triomphe du Cœur immaculé est celui de l'Eucharistie, puisqu'il se confond avec son Cœur. Avec le pape dont elle porte les armoiries, Marie guide prophétiquement les hommes à son Fils et par lui, à la paix. Reine de la Paix, elle nous donne en abondance l'huile de l'Olivier béni pour purifier les cœurs, sauver les âmes et nous préparer au retour de Jésus. Puisque l'Eucharistie fait l'Eglise, c'est autour de l'Eucharistie que se réalisera l'Unité retrouvée, et c'est Marie qui en est, avec Jean-Paul II, le maître-d'œuvre. Cette nouvelle naissance se fait dans les douleurs de l'enfantement. Avec Debora et tant d'âmes victimes, tous ceux qui adorent l'Eucharistie, aiment Marie et écoutent le pape voudront y participer à leur humble mesure. «L'Esprit et l'Epouse disent: "Viens!" Que celui qui entend dise: "Viens, Seigneur Jésus!"» (Ap 22,17)

Où joindre le Mouvement d'amour?

a cura del MOVIMENTO D'AMORE
Via Fratelli Bandiera, 3
I-740024 Manduria (TA) Italia

Tél/fax: 00 39 099 971 36 12. (Réponse en italien)
Internet: www.netfor.it/mdamore
E-mail: movimentodamore@libero.it

Sagesse révélée du Dieu vivant
Messages à Debora
(Manduria)

11 novembre 1992, à la maison à 16 h

La «Belle Dame» arrive de nouveau et me dit:

«Que Jésus-Christ, l'Agneau éternel, soit loué sans cesse!»

La Madone m'invite à réciter le rosaire. Elle annonce les mystères et récite le Pater, le Gloria Patri et les oraisons jaculatoires. Elle me demande de réciter les Ave. Après le rosaire, elle me dit:

«Ma fille, il existe dans le monde des mouvements qui portent mon Nom, mais beaucoup d'évêques et de prêtres n'y adhèrent pas. Tu leur diras, même s'ils ne devaient pas te croire, que bientôt ceux-là mêmes qui se sont toujours opposés seront impliqués sans l'avoir voulu. Ma petite, âme de mon âme, le Seigneur veut se complaire en toi. Suis ses exemples, ainsi que mes bons conseils de Mère et, à travers toi, nous pourrons apporter encore une fois des paroles de Vie éternelle. A chacun, le Seigneur confie une mission, et la tienne, très bientôt tu la verras clairement.

Mais, si tu capitules dès la première difficulté, ce sera le signe que je ne suis pas complètement en toi. Jésus t'a rachetée par sa mort; alors toi, cherche à lui plaire puisqu'il t'a tant aimée. Que ta bouche exprime une prière continuelle et que chaque jour, en louant le Créateur, tu vives un morceau de ciel.

Aimez la Très Sainte Trinité, avant que d'autres divinités n'entrent dans votre cœur. Que soit louée la Vie qui engendre la vie: Jésus!»

7 janvier 1993, à la maison à 15 h 30

Apparition de la Mère du ciel:

«Louange et honneur à Jésus-Christ.

Chère fille, aujourd'hui je veux renouveler mon invitation à la prière, à la conversion et à l'amour. Je vous demande prière, prière et prière. Ce n'est que par la prière que les tribulations diminueront. C'est seulement par la prière que vous trouverez le salut des âmes et qu'en ce monde, vous trouverez la paix et la consolation.

Moi, votre mère, je vous veux tous sauvés! Cherchez à vivre en harmonie avec Dieu et avec la nature parce que, si une seule loi est violée, l'équilibre de l'âme et du corps est rompu, et vous, mes pauvres enfants, vous tomberez entre les mains de mon ennemi.

Je vous remercie de vous être réunis aujourd'hui en mon Nom. Je vous bénis.»

15 janvier 1993, à la maison à 16 h

La Mère du ciel apparaît et me dit:

«Ma chère fille, en cette journée de vendredi, je désire partager ma souffrance avec toi en te rappelant les souffrances de mon Fils lors de son Couronnement d'épines.»

A ce moment est posée sur ma tête la couronne d'épines, vue par tous les présents.

«Je voudrais te dire: "Paix, paix, et paix au monde", mais ce monde est trop plein de méchanceté, trop plein de haine. Je voudrais dire: "Amour, Amour et Amour", mais le monde ne se comporte pas d'une manière filiale envers le Père, et Moi qui suis la Maman du monde je veux le changer, je le veux attentif, je le veux comblé d'Amour, mais surtout incliné dans l'acte d'adoration à mon Jésus, qui vous aime au point de venir au milieu de vous et de se faire semblable à vous.

Accueillez mon invitation. Les temps sont très proches. Je vous bénis.»

6 février 1993, à la maison à 19 h

«Ma chère fille, aujourd'hui mon message s'adresse à mes fils bien-aimés, les prêtres. Va leur dire que Satan est désormais entré dans ma Maison, provoquant chez un grand nombre l'indifférence soit pour leur ministère, soit pour ce que Dieu — aujourd'hui plus que jamais — leur propose chaque jour. Dis-leur que ma place est toujours auprès d'eux, que je suis prête à les protéger dans toutes leurs tentations, parce qu'en chacun d'eux, dans l'acte solennel du ministère sacerdotal, se reflète le doux visage de mon Jésus.

Je demande que l'on consacre cette région à mon Cœur immaculé: trop de sang coule sur ses chemins, trop de vies sont détruites au nom d'une loi sauvage, suscitée par la haine et la rancœur. Dans cette région, plus que jamais, la grâce de Dieu est présente.

Je demande en me tournant vers mes ministres: que les traditions des processions et des veillées de prières ne soient pas étouffées, mais qu'au contraire, au nom de mon amour pour vous, elles soient reprises, parce que la procession c'est l'expiation de vos péchés, c'est votre fontaine de grâces, tout comme la prière. Je suis la Reine de la Paix et de l'Amour, et je dis à la guerre froide entre le bien et le mal: "Assez, assez, assez!"

… Mes enfants, je vous en prie: aimez-vous les uns les autres. Les temps sont achevés: repentez-vous, sinon la colère de Dieu sera implacable. Priez tous ensemble, réunis en mon Nom, et vous accueillerez la fin dans la paix de l'Esprit. Je te bénis, ma fille, ainsi que mes enfants bien-aimés, les prêtres.

Bientôt, des signes de l'Esprit-Saint apparaîtront sur les visages des personnes qui se seront converties à mon Amour.

Que Jésus-Christ soit loué!»

A la fin de l'apparition, le curé demande que je ne me représente plus à l'église, afin que cesse toute cette «farce».

7 février 1993, à la campagne

Je décide d'aller prier dans un lieu plus solitaire, à la campagne, précisément à l'endroit que l'on appelle le «Petit Lourdes». Je ferai de même les jours suivants.

14 février 1993, au «Petit Lourdes»[1]

Pendant la prière, Marie m'apparaît:

«Ma chère fille, en cette sainte journée, où l'on fête le triomphe de mon Cœur immaculé sur la terre, Je suis heureuse que vous soyez réunis en prière: vraie prière du cœur.

Beaucoup de cœurs sont encore froids.

Je te remercie d'avoir répondu à mon appel.»

---

1. La fête de Notre-Dame de Lourdes (11 février) a été reportée au 14 en raison de très abondantes pluies.

Nuit du 14 au 15 février 1993, à 1 h 30

Je m'entends appeler avec douceur. J'ouvre les yeux et je vois la Belle Dame, qui me demande de m'asseoir et d'écrire.

«Chère fille de la Lumière: vu que l'humanité continue à piétiner les lois du Ciel, je te révèle le dernier message des secrets de Fatima, scellé depuis 1917 et qui, dans les années 60, aurait dû être divulgué au monde entier. On n'a pas écouté mon appel maternel et un grand nombre de malheurs se sont abattus sur cette terre. Aujourd'hui, ma petite, je te donne la mission d'en parler à tous ceux que tu viendras à contacter ainsi qu'à de nombreux enfants de la Lumière, afin que le monde puisse encore se repentir. Je souhaite que le pape écoute l'appel douloureux de mon Fils toujours en agonie à cause de vos péchés et qu'il prenne en considération l'opportunité de faire connaître un tel message.»

Subitement, le monde apparaît entre Ses mains et je remarque avec stupeur que peu à peu il se recouvre de sang. Elle commence ainsi:

«Ma petite fille, j'ai dit un jour à Fatima que si le monde ne se convertissait pas une grande catastrophe s'abattrait sur tout le genre humain, pas à ce moment-là, mais dans la deuxième moitié du XXe siècle. J'avais déjà prédit ce châtiment à La Salette aux jeunes bergers Mélanie et Maximin et aujourd'hui, une nouvelle fois, je le répète, parce que l'humanité persiste toujours dans l'erreur en piétinant les dons du ciel.

Désormais Satan a semé le désordre partout, en détenant le pouvoir aux plus hauts sommets, en influençant le cours de toutes choses. J'ai déjà dit à Lucie *(de Fatima)* que lui, fils des ténèbres, réussirait à pervertir les esprits des plus grands savants, les poussant à inventer des armes très puissantes avec lesquelles on pourrait détruire en quelques instants la planète terre. J'ai dit qu'il réussirait à avoir en main le sort du monde entier, séduisant les puissants et les chefs d'Etat, et il y est arrivé. Je serai bientôt obligée de laisser aller le bras de mon Fils, et vous verrez tous qu'il punira avec une rigoureuse justice et sévérité, comme cela n'est encore jamais arrivé.

Pour l'Eglise est arrivé le temps des dures épreuves et des tribulations déjà prédites. Des cardinaux se dressent contre des cardinaux, des évêques contre des évêques et Satan marche déjà dans leurs rangs, tandis qu'à Rome de grands changements se font sentir.

Personne n'attend le Fils de Dieu, mais toi, dis à tous qu'il reviendra, comme un voleur dans la nuit, et alors il punira selon la Justice du Père céleste infiniment juste. Feu et fumée descendront avec violence des cieux, les mers se changeront en vapeur, tout sera inondé et une guerre plus grande et plus destructrice que les autres surviendra, si tout reste comme maintenant. Un grand nombre d'adultes et d'enfants mourront, et ceux qui survivront envieront les morts, à qui cette vue sera épargnée.

La terre donnera un spectacle de mort, de misère, de ruine et de guerre. Les temps des temps arrivent désormais à leur terme et ma crainte devient de jour en jour davantage une terrifiante réalité. Je me tourne vers le monde en disant que non seulement des bons périront en même temps que les mauvais, mais aussi les chefs d'Etat avec leurs peuples et les grands de l'Eglise avec leurs fidèles.

Ma fille, Satan a malheureusement répandu sur la terre ses agents, et très souvent l'homme cède à la tentation et au péché. Cette fois, si l'homme projetait de détruire le monde entier, Dieu le ferait disparaître de l'univers, non pas en faisant tomber l'eau, symbole de la purification, mais le feu, symbole de la justice.

Quand la terre deviendra brune, ce sera le signe de la venue de mon Fils et de ses anges et alors commencera la nouvelle terre, reformée par tous ceux qui actuellement travaillent au triomphe de mon Cœur immaculé et de ceux qui survivront à de tels malheurs. Ensemble, ces élus marqués d'une croix sur le front, symbole de leur confiance en Dieu, vivront en ayant pour seul but "le Père céleste", comme au temps où cette magnifique planète n'était pas engluée dans le péché.

C'est ainsi que Moi, la Mère de Dieu, je me sers de toi pour annoncer au monde la grande catastrophe qu'il vivra s'il ne se convertit pas. Moi, la Reine de la Paix et de l'Amour, la Mère du ciel, je suis venue cette fois sur la terre pour guérir l'esprit et non plus le corps.

Je vous promets le salut, si mon appel céleste est accueilli. Je te remercie de m'avoir répondu et je te demande de communiquer mon message au monde.

Priez et aimez. Que soit louée la Vie qui engendre la vie : Jésus-Christ.»

J'ai communiqué ce message à plusieurs autorités religieuses, dont mon évêque, convaincue d'avoir rendu service au Seigneur.

20 février 1993, à 18 h, à la paroisse

Je suis à l'église et, entourée d'une grande hostilité, j'attends la venue de la «Dame». Lorsqu'elle apparaît, elle me dit:

«Chers enfants, si vous saviez comme mon Jésus est heureux lorsque du ciel il vous voit tous rassemblés en prière, le cœur en attente et préparé à ma descente sur la terre. Moi, qui suis la Vierge, Mère du seul vrai Dieu, par mes innombrables apparitions je veux sauver le monde en lui apportant un grand don: mes Messages. Je veux vous aider vous aussi, peuple choisi par Dieu, à affronter cette période difficile et pleine d'embûches, afin que votre cœur soit préparé à la Seconde Venue de mon Fils, son Retour glorieux.

Mes enfants, si vous croyez à mes messages, votre cœur sera comblé d'amour et de paix; sinon il sera aride comme un désert.

En ce lieu Dieu a fait pleuvoir sa Miséricorde. Les foules se rassembleront et ceux qui viendront avec foi y trouveront leur Source de grâce. Je désire que l'on fasse pour la Paix une grande retraite aux flambeaux en mon honneur.

Je me tourne vers mon enfant bien-aimé, le curé de cette paroisse, afin qu'il se fasse le propagateur de mes messages et mon collaborateur de Paix et d'Amour. N'ayez pas peur, ouvrez les portes à l'Amour et à ma demande. Soyez d'ardents défenseurs de l'Evangile et vous marcherez dans la Vérité.

Je vous bénis, mes rayons de Lumière; louez Jésus-Christ par la musique et par les chants.»

22 mars 1993, à la chapelle de la Pietà, à 17 h 20

J'attends la Madone, comme elle me l'a promis, mais en vain. Alors je dis : «Seigneur, que ta volonté soit faite.»

Tout à coup, je vois trois lumières :

«Que Jésus-Christ soit loué!

L'attente est une souffrance et la souffrance ennoblit l'âme. Chers enfants de la Lumière, ce que j'ai prédit est sur le point de se manifester au monde. Ma véritable prière, c'est l'Amour. Si vous agissez dans l'Amour, vous serez solidaires les uns des autres.

Ce monde pervers est sur le point d'être rénové. Mais si vous persévérez dans l'erreur, vous verrez avec vos yeux ce que vous ne voudriez jamais voir.

Aimez-vous! Aimez-vous! Aimez-vous! Je suis venue apporter l'Amour et enlever la duplicité. Prenez exemple sur Moi qui suis la Mère de la Voie Maîtresse. Mes enfants, je vous attends durant tout ce mois, espérant que votre prière sera une prière du cœur. Je veux que vous disiez oui avec votre cœur, et pas seulement avec la bouche. Moi, votre Mère du ciel, Médiatrice universelle, je suis venue pour vous tous, mes enfants, mais surtout pour accueillir ceux qui ont le cœur pur et les rassembler avec amour dans l'Amour. Gardez votre foi au sein du Corps mystique de mon Fils. Jésus est sur le point de revenir!

Que Jésus-Christ soit loué, Lui la Vie qui engendre la vie!»

23 mars 1993, chapelle de la Pietà

«Louange éternelle au Fruit de mes entrailles, Jésus!

Me voici, ma fille bien-aimée, aujourd'hui mon message s'adresse particulièrement à vous les jeunes, qui êtes en train d'affronter un temps d'obscurité spirituelle. Vous êtes la semence de la vie et, à cause de cela, je vous demande de ne pas vous laisser dominer par mon ennemi qui, avec son astuce et ses tromperies, vous pousse au découragement, que ce soit dans la prière ou dans l'action. Attention au démon : désormais il est au milieu de vous. Il n'a pas de visage, c'est pourquoi il vous sera difficile de l'identifier dans son œuvre, mais n'ayez pas peur, persévérez dans votre mission. Votre Maman du ciel vous protégera par son Amour divin. Ne souffrez pas, mes jeunes! Bientôt, les petites blessures deviendront de grandes douleurs, mais une fois ce temps passé, la divine Lumière de la Très Sainte Trinité irradiera cette terre et la rendra resplendissante de pureté. Alors mon Fils reviendra pour édifier le Règne glorieux de son Père.

Dieu m'envoie vers vous et Moi, avec ma lumière d'Amour, je vous transformerai, en faisant de vous les apôtres de l'Armée céleste.

Avec mon amour de Mère, je vous bénis.»

25 mars 1993, chapelle de la Pietà

«Qu'elle soit louée, la Vie qui engendre la vie, Jésus-Christ!

Chère fille, écoute ce que je m'apprête à te dire et que je te demande de faire savoir au monde, qu'il te croie ou non. L'aigle aux cinq plumes solaires est en train d'agir en sélectionnant les cœurs pour préparer la voie à la Colombe glorieuse.

Le souffle viendra de l'Orient, mais avant que la Colombe glorieuse ne vienne sur la terre, pendant trois jours le soleil ne donnera plus sa lumière. Les astres seront engloutis dans les ténèbres de l'espace. Les eaux submergeront la terre et de nouvelles terres émergeront. Les montagnes se déplaceront en changeant d'ordonnancement et alors l'homme recherchera la mort, comme aujourd'hui il recherche l'or.

Quand la Colombe glorieuse viendra, le feu de la Justice s'abattra sur l'homme, comme un rapace affamé se lance en piqué sur la chair d'un cadavre en décomposition, prêt à la dévorer totalement.

Mes enfants, le temps du choix est arrivé. Moi, la Mère du souverain Bien, avant que tout cela n'arrive, je vous invite encore une fois à conjurer le châtiment de Dieu.

Je vous demande, le cœur submergé de douleur, agonisant pour cette terre si malade, peuplée d'hommes qui tuent d'autres hommes, de retenir ces mains sanguinaires; sinon qui pourra être sauvé? Je suis l'Ancre de votre salut; quiconque croit et espère en mon Fils sera sauvé.

Celui qui s'obstinera à persévérer dans l'erreur sera jeté pour toujours dans l'abîme de l'enfer avec Satan.

Regardez-Moi avec des yeux que la foi rend bienveillants, et Dieu vous accordera la paix et le salut.

Je te remercie d'avoir répondu à mon appel et je bénis cette terre de ma maternelle bénédiction. Le 25 mars de chaque année, je te donnerai un "avertissement"!»

Pendant l'apparition, Debora a saigné abondamment des pieds. Sur ses chevilles, le sang s'est écoulé en formant les lettres MIR et H.

Après la procession, la statue de la Madone a pleuré et tous ont été témoins de ces événements.

Nuit du 20 au 21 avril 1993, à 4 h 30

Jésus: «Debora, ma petite fille, réveille-toi! Celui qui te parle est le Verbe de Dieu fait chair, né du sein de la Vierge de Nazareth, et appelé Jésus de par la volonté de mon Père Tout-Puissant. En envoyant son ange glorieux à ma Mère, mon Père a apporté le salut au monde. Je suis le Christ, consacré par le Père céleste tout-puissant.

Mon Père, avec l'éternelle Lumière de Vérité et d'Amour, par amour pour les hommes, a fait de Moi sa présence vivante au milieu de vous, puisque le Père et Moi nous sommes Un. De même que je brûle d'amour pour vous, de même vous deviendrez incandescents par l'Esprit-Saint et vous serez enflammés pour correspondre à l'Amour. De même que je suis dans le Père, Feu d'Amour, de même vous serez en Moi et vous vous renouvellerez en Moi.

Ma petite fille, en cette terrible heure de ténèbres, je désire que, pour le salut des âmes, vous me priiez ainsi:

> Cœur très aimant de Jésus,
> Par tes souffrances sur la Croix
> En cette heure d'obscurité,
> Sois Lumière pour l'humanité!

A tous ceux qui, chaque soir, par leur souffrance m'offriront cette prière, je promets non seulement que les âmes adonnées à la prière seront sauvées, mais aussi que tous ceux qui vivront en état de grâce, je les élèverai à un degré supérieur de spiritualité.

L'Esprit de Dieu a parlé.»

Nuit du 22 au 23 avril 1993

Jésus: «Debora, crois-tu fermement en l'Amour de Dieu, Trine et Un?

Debora: – Sans aucun doute, Seigneur.

Jésus: – Parviendrais-tu à concevoir le Père sans le Fils et l'Esprit-Saint sans le Père?

Debora: – Je ne pense pas. Des doutes sur un dogme feraient tomber d'autres dogmes.

Jésus: – Bien répondu, ma fille.

Avoir divisé mon Eglise signifie avoir divisé mon Corps. C'est un peu comme imaginer le Père sans le Fils et l'Esprit-Saint sans le Père.

Si les hommes réussissaient à saisir l'importance de cette comparaison, ils comprendraient qu'ils sont tous frères, réunis sous le regard de Dieu et, tels de bons frères, ne devraient pas se diviser ni s'affronter les uns les autres, poursuivant chacun leur propre chemin...

La Trinité doit être la même pour tous, comme mon Sang et mon Corps doivent être les aliments de tous les peuples. Surtout, mon Eglise doit être une. Oui, un seul troupeau! Une seule volonté à suivre, sur la terre, la Volonté divine.

Que personne ne s'approprie le Nom de Dieu pour faire dévier ou contraindre, pour imposer ou se faire accepter, car je vous le dis: il n'y aura pas de salut pour ceux qui se disent justes, mentant en présence du Tout-Puissant, et qui se réservent le monopole de la divine Volonté, laquelle est consignée dans la Sainte Ecriture. Je vous le répète: il n'y aura pas de salut pour ceux qui distordent ou déforment par extrapolation la Parole en vue de servir leurs propres désirs de puissance et de gloire...»

3 mai 1993, donné à la maison à 11 h

Jésus: «Le message d'aujourd'hui s'adresse à l'Eglise, Mère de mes enfants. Ecris:

Mon épouse, ne sais-tu pas que je me sacrifie réellement sur l'Autel? Pourquoi des doutes t'assaillent-ils? Ne comprends-tu pas que tu ramènes tout à un culte de pure formalité?

...Tu sais bien que je t'aime tellement et que je t'ai édifiée en gravant ton saint nom (celui de l'Eglise) sur le front de tes enfants! Ouvre-toi donc, ma bien-aimée, aux lois de l'Amour.

Unis-toi avec tes sœurs, mon "arbre d'or". Fais naître altruisme et charité. Tu éprouves mes dons et tu fais bien, parce que l'erreur ne doit pas ternir ton saint nom, mais ne sois pas aveugle et sourde, car tu ne peux pas ne pas reconnaître l'écho de ma Voix lorsqu'elle retentit parmi les hommes.

La prudence est une vertu que Moi-même t'ai enseignée, mais attention: cette vertu doit aussi te servir à éviter le péché.[1] Avant de le commettre, tire profit de cette vertu. Sois réellement prudente!

Ma bien-aimée, ouvre-toi davantage: tu as mon discernement et tu sais ce qui est mal et ce qui est bien. Donne-toi à Moi, tout entière et je t'enrichirai encore plus de dons et de vertus. Sois pure et docile à ce que j'exprime. Ecoute-Moi en toi lorsque je te parle. Si je te secoue, c'est parce que je t'aime et que je veux ta perfection.»

★★★

«Et maintenant, je me tourne vers toi, le premier des fils de mon Epouse aimée (le pape):

Que de souffrance dans ton cœur! Que d'indifférence tu rencontres autour de toi! Peu nombreux sont ceux qui t'écoutent, mais Moi, oui, je t'écoute et je te vois, et bientôt je te comblerai d'Amour et non plus de souffrance. Mon fils, tu es le fruit le plus délicieux que je pouvais recevoir en ces temps-ci. Sois assuré de ton trésor (être pape), parce qu'au ciel il y a la Maman puissante et sainte qui prie Dieu pour toi et pour ta sécurité. Par Volonté divine, ne t'a-t-elle pas sauvé plusieurs fois?

Mon cher fils, poursuis ta grande mission. Unis mon Eglise aux autres. Ne sais-tu pas que lorsque des parties viennent à manquer dans un corps, celui-ci ne fonctionne pas comme il devrait?

Marche sereinement en mon Nom, mon pape de la nouvelle ère...»

---

1. NDLR, nier la réalité, émettre des soupçons infondés, manquer de foi ou de charité, ou ne pas prendre en temps opportun une décision qui s'impose.

5 mai 1993, à minuit, à la maison

La Vierge Marie me demande de m'asseoir et me dicte le message suivant:

«Loué soit à tout instant le Nom de mon Fils, Jésus-Christ!

Fille de la Lumière, mon message d'aujourd'hui s'adresse particulièrement aux jeunes:

Chers enfants, je suis venue en ce lieu parce que je désirais vous offrir, à vous aussi, ma Maternité (spirituelle) et surtout ma protection spéciale.

Ici-bas, Satan trouve actuellement une terre des plus fertiles et sa fumée vous séduit par les faux plaisirs du monde. Regardez autour de vous: il est en train de vous exterminer comme un poison extermine les insectes. Plus que jamais, aujourd'hui je vous demande de vous convertir en renouvelant une fois de plus mon invitation à la prière.

Si vous aviez la foi, petits enfants, vous ressortiriez purs et victorieux du tunnel de la tentation. Si ce n'est pas le cas, lui, le fils des ténèbres, vous amènera dans une voie sans issue, vous incitant d'abord au vice, vous conduisant ensuite à la mort. A la fin il s'emparera de vos âmes. Oh, comme mon Cœur en est déchiré!

Mes petits enfants, vous devez faire germer les semences que votre Maman n'arrête pas de mettre dans vos cœurs, sans que vous vous rendiez compte de (sa) présence. Je veux vous enseigner à cheminer dans la foi. Mon dessein est de vous amener à mon Fils, qui vous attend chaque jour, à chaque carrefour de vos routes.

Venez, petits enfants, et je vous prendrai tous sous mon manteau béni.

Ma chère fille, maintenant je me tourne vers tes jeunes frères:

Enfants de la Lumière, que Dieu vous bénisse parce que vos prières quotidiennes et continuelles, dites avec votre cœur, sont arrivées jusqu'au Père. Je vous remercie pour avoir, par votre amour, arraché un grand nombre d'âmes à mon ennemi. Je désire que vous formiez un grand groupe de prière, mais cela ne pourra se faire que si vous réussissez à porter notre Parole, à côté de l'Evangile, à tous les jeunes avec qui vous entrerez en contact. Courage, chers enfants, toutes les occasions sont bonnes pour sauver les âmes! Parlez moins, car vos bavardages sont vains la plupart du temps; transformez-les en douces paroles d'amour qui évoqueront unanimement Jésus et Marie, Marie et Jésus!...

Mes enfants, courage, je suis avec vous et, si vous êtes en Moi, je me manifesterai plus fortement et d'une manière plus évidente, parce que je sais que votre esprit est fort mais que votre chair est faible.»

Debora: «Mère, je te remercie pour tout, mais je voudrais te demander seulement où se trouve le garçon de Milan, du nom de Sandro, parce que ses parents désirent savoir ce qu'ils peuvent faire pour lui.

Marie: – Il est au purgatoire, mais bientôt il entrera dans la gloire de Dieu. Suffrages et chapelets continuels, offerts non pas à lui mais aux autres, constitueront le sable qui sera enlevé au "sablier" du Dieu tout-puissant, en faveur de Sandro: je désire dire à sa maman de ne plus pleurer son enfant, sinon elle ne trouvera jamais la paix et ne pourra pas veiller sur sa famille, comme elle le devrait quand elle sera en paradis.

Ma petite fille, le temps de ma visite est écoulé. Baise mes pieds et honore-Moi par ton "oui" continuel. Honore surtout mon divin Fils. Je te bénis. Loué soit Jésus-Christ!»

Nuit du 7 au 8 mai 1993, à 2 h 35

Jésus: «Ma petite fille, c'est Moi, Jésus, le Christ. Que crains-tu? Tu réussiras bientôt à me connaître. Ma Douceur, ma Grâce et mon Amour pour toi et pour le monde seront les moyens qui te permettront de me distinguer de mon ennemi.

Debora: – Mon Seigneur, si ce n'est pas trop te déranger, j'aimerais te poser une question. Aujourd'hui, j'ai su... (ici Il m'interrompt).

Jésus: – Ma petite, apprends à dire: «Tu m'as fait savoir, tu m'as fait voir, puisque c'est toujours Moi qui propose à l'homme, et non pas le hasard!»

Debora: *(Je demande plusieurs choses importantes pour moi)*: «Comme tu le désires!»

Jésus: – Mes petits enfants, rappelez-vous ceci:

Ne recherchez jamais des signes, à moins que le Père ne vous les accorde. Ne faites pas de place à la rationalité, mais soyez libres et sans soucis, vous abandonnant à Moi sans limites puisque dans mon projet il n'y a pas de place pour la raison, mais seulement pour le cœur.

Debora: – Jésus, qu'est ce que cela veut dire?

Jésus: – Ma petite fille, cela veut dire que je suis l'argile et vous la paille. Je suis le ciment et vous les pierres: l'un a besoin de l'autre pour renforcer l'Eglise.

Debora: – Je ferai comme tu dis. Si telle est la volonté de Dieu, eh bien, qu'elle soit faite!

Jésus: – Sois bénie pour ton *fiat* continuel, même dans les pires difficultés. Je t'aime, je t'aime et un jour à pleine voix je crierai ton obéissance. Mon épouse et ma disciple, mon reflet et mon amour. Je t'aime, ma toute jeune martyre.

A bientôt. Paix à ton âme!»

13 mai 1993, à la maison à 23 h 30

Marie: «Chère fille, aujourd'hui on commémore mon apparition à Fatima, à la toujours bénie Cova da Iria. Aujourd'hui plus que jamais, je t'invite à diffuser le message de Fatima, surtout aux jeunes, qui sont l'espérance de demain, le sel et le levain de la terre. Bientôt, comme je te l'ai prédit, les astres du ciel s'éteindront, tout comme la lumière du soleil, mais toi n'aie pas peur et mets toujours ton espérance dans le Dieu éternel. Nous, dans le ciel, t'avons choisie parce que tu n'es rien et par le moyen de ce rien tu réussis à infuser le courage sans perturber les âmes. Ma fille, tu dois faire beaucoup prier, puisque ce ne sont ni les paroles ni les larmes qui pourront apaiser les souffrances de mon divin Fils. Soyez toujours simples et purs, détachés des biens matériels! Ne pensez pas à orner vos corps puisqu'il y aura bientôt de grands troubles et que votre seule nourriture et votre seul parfum devront être notre Parole.

Mes petits enfants, soyez attentifs, car le calice de mon Fils est déjà plein et que bientôt, je dis même très bientôt, arrivera le jour où je relâcherai le bras de mon Fils et alors il y aura des pleurs et des grincements de dents. Vous devez être très proches de Moi, dans la prière, parce que Moi seule je puis vous amener au Sauveur miséricordieux. Je suis Marie, la "Médiatrice universelle". Ouvrez vos cœurs et faites en sorte que se réalise en eux le plan d'amour de Dieu.

Mes chers enfants, l'heure est venue de choisir entre le paradis et l'enfer. Dieu, en sa liberté infinie, vous donne le libre choix. Si vous choisissez le paradis, sachez que la route est longue et étroite, mais qu'à la fin vous trouverez Gloire et Lumière pour vos âmes, l'unique bonheur éternel. Si vous croyez en Moi, en ce lieu fleuriront les conversions les plus pures. Soyez toujours près de Moi et unis au Saint Sacrifice de la messe. Chère fille, tu dois toujours rester humble comme tu l'as été jusqu'ici, et alors mon Jésus et Moi nous réussirons à réaliser les desseins du Père.

Et vous tous, mes chers enfants, écoutez-Moi! Ce sont les derniers temps.

Que Jésus-Christ soit loué!»

14 mai 1993, à la maison, à 21 h 30

Apparition de Jésus et de Marie et mon mariage mystique.
«Paix à toi, notre fille!» *(Ils le disent ensemble)*
Jésus: «Ecris sur ton cahier notre dialogue d'Amour.
Marie: – Fille bien-aimée, ta Maman est avec toi!
Debora: – Que dois-je faire pour vous, mes Souverains?» *(A ces mots, Ils me sourient)*
Marie: – Viens, ma petite fille, approche-toi et donne-Moi ta main. Je la tendrai à mon Jésus!
Jésus: – Maintenant, mon Amour, je m'empare de toi pour que tu m'appartiennes! Mon épouse, donne-Moi ton esprit et je l'unirai au mien, sanctifié par la divinité de Yahvé. *(Je me trompais en écrivant lorsque Jésus m'a corrigée).* Nous sommes maintenant à l'unisson, tout comme sous la Croix: ma Très Sainte Mère partage encore toutes mes souffrances qui, à cause de vous, se renouvellent. Nous sommes un seul être! Mon épouse bien-aimée, donne-Moi la main!
Debora: – Je n'y réussis pas, Jésus, mes bras tremblent!
Jésus: – Ma fille, que ma Pensée soit ta pensée!
Marie: – Ma fille, confie-toi à ta Maman. Viens: tends la main à ton Jésus». *(Jésus m'a pris la main et, avec une grande douceur, m'a passé un anneau qui, curieusement, est lumineux).*
Jésus: – Avec cela, je laisse en toi mon Esprit d'Amour. Désormais tu prendras conscience de ma Divinité. Laisse vagabonder

ton esprit, afin de pouvoir contempler des merveilles que tu n'as pas encore comprises. Vis en Moi, deviens mon sanctuaire!

Debora: – Jésus, je désire te demander quel est le projet qui se réalisera ainsi que ce que je dois faire...

Jésus: – Debora, mon projet est de faire arriver mon Règne sur la terre comme au ciel!

Debora: – Je ne comprends pas encore très bien.

Jésus: – Mon règne sur la terre est devenu aride et désertique, à cause de l'état de vos âmes. Le fait de ne pas me connaître a débilité les hommes. Rappelle-toi, ma petite fille, je suis la "Sagesse parfaite", et maintenant elle arrive jusqu'à vous pour accroître en vous cette connaissance que je vous ai un jour Moi-même donnée. Ce sont mes pasteurs eux-mêmes qui ont fait disperser les brebis, en repoussant ma grâce, qui est un guide pour leurs pas, grâce qui se manifestait et se manifeste à eux par mes confidents. Je viens pour instaurer mon Règne au milieu de vous, avant que se manifestent les choses du ciel, dont mon Jean fut le premier spectateur. Elle descendra bientôt au milieu de vous, la Nouvelle Jérusalem et j'ai le dessein de préparer le monde, en me servant de toi et d'autres instruments, pour mon prochain retour.

Debora: – Jésus, il faut que je te demande une chose sur C. A.» *(Il m'interrompt).*

Jésus: «Ma petite fille, je te dirai la vérité. Sois attentive. Je suis le Fidèle et le Véridique. Moi seul je puis être cela et non pas les hommes qui se cachent sous de prétendues associations religieuses qui sont soumises à des lois humaines perverses. Ceux-là en vérité se jouent de mes Lois et abusent de mon infinie Miséricorde. Sache que lors de mon retour je piétinerai mon ennemi et tous ses agents.»

30 mai 1993 (Pentecôte), dans l'Oliveraie, au pied de l'Arbre béni

Apparition de la Madone:

«Chère fille, on commémore en ce jour la descente de l'Esprit-Saint au Cénacle. Aujourd'hui, moi, la Mère de Jésus et votre Mère, je vous invite à tous vous mettre sous la divine Puissance d'Amour, afin qu'elle vous donne "Sagesse et Vigueur" pour affronter les nombreuses difficultés de la vie.

Maintenant, je désire surtout qu'en vous, mes enfants, se réveille la crainte de Dieu, l'unique arme pour combattre le péché, lequel fait perdre du terrain à vos âmes que Dieu a voulues "toutes saintes".

En ce saint jour, l'Esprit-Saint de Dieu renouvelle son Epouse (l'Eglise) pour la rendre plus lumineuse que jamais, car elle donnera une fois encore le témoignage de l'Amour éternel de Dieu envers ses enfants.

Chère fille, aujourd'hui ma Lumière est descendue sur toi, mais je désire que mon Cœur soit connu du monde entier, afin que, dans les heures de désespoir, on sache que ce Cœur, miséricordieux Secours des pécheurs, est toujours prêt à les accueillir et à les amener à Jésus.

Vous tous, mes enfants, continuez à persévérer dans les combats pour amener notre Parole dans les cœurs. A chaque instant, nous serons avec vous. Sachez, mes enfants, que votre Maman est très contente de vous quand vous devenez des "instruments de la Parole de Dieu".

Chers enfants, je viens du paradis, mais souvenez-vous: le Royaume de Dieu est déjà au milieu de vous pour vous faire vivre le règne du Père sur la terre, comme Moi je le vis dans le ciel. Je suis Celle qui est dans la Trinité! Je suis l'Epouse de la T. S. Trinité et, en ce jour, j'intercéderai auprès du Père, pour que le Saint-Esprit d'Amour vous enflamme et qu'ainsi il devienne possible de mettre fin à toute forme de tiédeur et d'indifférence envers notre Parole.

Chers enfants, vous devez vivre mes Messages intensément dans vos cœurs. Ils sont souvent mis à l'écart pour faire place à des opinions personnelles. Aujourd'hui, au nom de l'Esprit de Dieu qui est Saint, je vous demande: Ouvrez vos cœurs, vos esprits et vos âmes, et vous réussirez à dire vraiment avec confiance, parce qu'ils seront purifiés: "Jésus, viens au milieu de nous!"

Merci d'avoir répondu à mon appel!

A bientôt. Que le Nom de Jésus soit loué!»

4 juin 1993, à la maison, à 20 h

Dialogue intérieur avec Jésus.
Jésus: «Ecoute, ma fille. Ce que je vais te dire est d'une grande importance.
Debora: – Jésus, est-ce toi?
Jésus: – C'est Moi, ma Debora: veux-tu écrire pour Moi?
Debora: – Oui, Jésus, mon Seigneur, je suis prête à te servir.
Jésus: – Ce que tu vas écrire aujourd'hui sera porté par (…) aux ecclésiastiques, pasteurs de mes brebis, afin qu'ils ne puissent pas dire demain: "Nous n'étions pas au courant de la grâce de Dieu descendue sur la terre sous cette forme."

C'est ainsi que Dieu parle à sa sainte Epouse bien-aimée (l'Eglise):

Ma bien-aimée, tu n'as jamais entendu dire que Moi, l'Epoux, je n'accours pas au secours de mon Epouse quand elle se trouve dans un grand danger? Ainsi je viens aujourd'hui, avec mes saintes révélations, pour te guider, pour te corriger, mais surtout pour t'aider à te relever de tes chutes continuelles! Ma bien-aimée, pourquoi me refuses-tu, tandis que la grande décadence te laisse indifférente. Il est temps que tu te rendes compte! Je t'envoie les humbles pour que tu saches comprendre que c'est Moi qui te parle et non pas ces petites créatures qui se font mes servantes, en acceptant n'importe quelle souffrance dans un amour silencieux, et toi tu les martyrises encore. Moi, le Roi de la Révélation, je viens par cet autre humble instrument t'apporter les "clés de l'unité". Je ne viens pas démolir ce que j'ai moi-même édifié il y a deux mille ans, je viens uniquement te faire sortir de la torpeur qui étouffe ton âme, ton esprit et ton cœur. Regarde autour de toi, ma bien-aimée, et discerne vraiment le bien du mal. Regarde, regarde bien comme mon ennemi ricane quand tu me refuses et me maltraites en persécutant mes petits.

Mon désir, ma Demeure bien-aimée, n'est pas de t'offenser ni de te juger, mais de te sanctifier, parce que je suis saint, Moi ton Epoux mystique. Condescends à mon désir. Ne sois pas orgueilleuse, quand les plus petits apportent l'écho de ma Voix et de ma Pensée, mais sois douce et humble de cœur, comme je le suis. Crois, lorsque ma sainte prophétie entre dans tes enfants! N'ai-je pas dit autrefois aux gens que leurs enfants prophétiseraient et qu'au ciel comme sur la terre il y aurait de grands signes de ma présence?

Crois donc lorsqu'un petit "instrument" te dit: "Le Christ m'a dit qu'il est Un seul avec le Père et l'Esprit-Saint et qu'il est le Fils de l'Immaculée Conception, épouse de l'Esprit-Saint." Combien de signes et de martyrs te faudra-t-il avant que tu dises: "Le Seigneur ne cesse jamais de parler?" Lui est l'Eternel dans les siècles. Moi, je viens pour offrir encore une fois la Paix et le Salut.

Je viens pour faire descendre sur la terre la "Nouvelle Pentecôte". Je viens pour vous dire: "Sauvez-vous des artifices de Satan, mon implacable ennemi, qui avec sa fumée a obscurci votre mémoire et a fait de vous des victimes du péché, quand je vous appelais à être des victimes pour mon saint Autel!" Demande-toi, mon Epouse, pourquoi tes jeunes se détachent de toi pour suivre des philosophies et des théories empoisonnées? Je vous donne les moyens de chaque époque, pour que ma Parole et mon Esprit se fondent dans toutes les générations. Rends-toi compte que ton langage est dépourvu d'amour et que ta prudence est sans discernement.

Vous, enfants de la Bien-Aimée, ne vous rappelez-vous pas qu'un jour je vous ai dit que vous me verriez revenir dans la Gloire?

Voici que je vous dis: Le temps est proche. Faites attention à vos jugements hâtifs, parce que vous rendrez compte au Roi des rois quand vous serez devant lui pour le Jugement dernier. Je le dis: Ceux qui se nourrissent de ma Parole révélée seront appelés bénis, parce que obéissants à la divine Volonté du Rédempteur.

Tel est le message d'Amour que je t'envoie, à toi et à tes enfants. Je t'ai édifiée pour t'orner et t'embellir. Je t'ai fait cheminer au milieu des lauriers de la gloire, mais aujourd'hui je te demande de me rencontrer face à face par l'intermédiaire de mes Révélations et de mes humbles messagers, répandus dans le monde. Ne crains pas, mon Epouse, d'abandonner la loi de l'homme pour embrasser ma sainte Loi. C'est pourquoi je te dis: Maudit soit cet homme qui aura mis sa confiance en l'homme, puisque je suis le Fidèle et le

Véridique et, comme une tempête, je soufflerai sur la terre un jour pour séparer les fidèles des méchants.

Fille de l'Amour du Père, approche-toi de mon Feu d'Amour et ouvre-toi, parce que les péchés de cette génération sont innombrables. Si tu es humble, alors descendra sur toi la "Nouvelle Pentecôte", nécessaire pour ton cheminement de salut et de sainteté qui conduit seulement à Moi, car je suis la Voie, la Vérité et la Vie! Paix à toi!

Debora: – Jésus, que ta volonté soit faite!

Jésus: – Ma fille, reçois ma Paix. A bientôt!»

17 juin 1993, à 20 h 15

Marie: «Chère fille, je suis la Vierge Marie de Nazareth. Regarde ce lieu et contemple-le, parce qu'il deviendra une terre sainte, comme la terre de mon Fils. Vos cœurs commencent à s'ouvrir, c'est pourquoi mes signes commencent à se manifester. Le temps est venu d'offrir votre vie au Seigneur.

Chers enfants, un jour vous me verrez tous, comme vous verrez mon Fils, mais aujourd'hui ce qui est important aux yeux de Dieu, c'est la prière, la conversion totale du cœur, les veillées continuelles ainsi que les jeûnes et sacrifices continuels. Chers enfants, je vous invite encore une fois à réciter le saint Rosaire: il n'y a qu'en lui que Moi, la Mère de Jésus, je peux vous vivifier.

Mes enfants, soyez conscients de vos actions, soyez-en conscients, oui, soyez-en conscients. Je suis votre espérance qui chemine avec la Lumière et la Vie du monde. Mon Cœur est ouvert. Il est temps maintenant que le vôtre se décide. Je l'attends dans chacune de vos prières.

Samedi prochain, ma chère fille, je serai avec toi pour te communiquer toute la Lumière du ciel et te montrer à nouveau le chemin du salut pour tes frères, qui sont mes enfants. Toute plaie sera guérie, si on se tourne vers mon divin Fils.

Que Jésus soit loué, Lui, l'éternel Agneau, le libérateur du péché!»

25 juin 1993, à Céleste Verdure, à 19 h 45

Marie: «Que Jésus-Christ soit loué!

Chère fille, aujourd'hui mon Cœur immaculé déborde de joie en voyant que le projet de Dieu est accueilli par un grand nombre d'âmes. Aujourd'hui, mon seul signe c'est toi. Demain, lorsque beaucoup d'autres âmes répondront à mon appel maternel, mes signes seront multiples. Ma Maison sera édifiée en ce lieu béni. Ici le Seigneur Dieu a répandu sa grâce infinie, et nombreuses seront les grâces reçues, si vous les demandez avec le cœur.

Mes enfants, mon amour est grand et Moi, qui suis votre Maman, je veux vous le donner. Je veux vous conduire tous à mon Jésus. Ce sont de grandes épreuves qui attendent la terre, mais si vous vous confiez à mon Cœur, je vous conduirai pas à pas. Recevez la paix du Seigneur. Placez toujours votre confiance dans mon saint Rosaire; je ne suis pas seule à le vouloir, mon divin Fils le demande également.

Vous devez ouvrir votre cœur à mes révélations, de manière que l'Esprit-Saint puisse travailler en vous. Bientôt je me communiquerai à vous tous.

Ma chère fille, à bientôt. Je te remercie d'avoir répondu à mon appel. Que le Nom très saint de mon divin fils Jésus-Christ soit loué!»

21 août 1993

Apparition de Notre-Dame du Rosaire:

Marie: «Chers enfants bien-aimés, je suis Notre-Dame du Rosaire. Rappelez-vous qu'un jour aux noces de Cana j'ai dit: "Faites tout ce que mon Fils vous dira". Aujourd'hui plus que jamais, Moi, votre Mère, je vous dis: "Faites tout ce que mon divin Fils vous dira!"

Debora: – Dame du ciel, je te prie, dis-nous ce que nous devons faire pour comprendre ce que dit ton Fils.

Marie: – Ma fille, c'est avec le cœur qu'en ce lieu comme en d'autres mon Fils s'est manifesté pour vous faire comprendre que l'Evangile doit être vraiment vécu. Cette terre aussi jouit de la divine Présence de mon Fils, malheureusement ses révélations ne sont pas prises au sérieux.

Vous demandez-vous, mes enfants, pourquoi parfois nous tardons à venir pour nos rencontres d'Amour? Aujourd'hui, je vous appelle à l'Amour et à la responsabilité devant la divinité de mon Fils.

Il y aura bientôt le grand signe! Mes enfants, je vous prie, vous ne devez pas vous accoutumer aux signes, ni en demander au Très-Haut: c'est le Père qui donne les grâces.

Ma fille, salue tout le monde de ma part et dis-leur que je les bénis.»

21 septembre 1993, à la maison à 3 h

Je dors d'un profond sommeil lorsqu'une sensation de chaleur sur mon visage me pousse à ouvrir les yeux. La grande main d'un Homme aux grands yeux verts me caresse avec une douceur indescriptible. C'est Jésus, immergé dans une Lumière paradisiaque: son parfum m'enivre au point de me faire perdre les sens. Il me regarde intensément, puis il me dit:

Jésus: «Fille bénie, quitte ton repos. Viens écrire pour Moi. Aujourd'hui ma Parole s'appellera "Jour de la Gloire". Tu le diras à tes frères et tu le rédigeras, en le faisant connaître à tous, sans te demander comment cela sera accueilli. C'est par toi, misère infinie, que je donne cet écrit afin que tous les hommes se serrent contre Moi, comme s'ils étaient enchaînés ou ravis par ma fidélité que je vous manifeste encore par d'innombrables signes. Je suis celui qui recouvre l'univers entier de paix, et je désire que ma Paix pénètre dans toute sa plénitude en votre cœur, qui doit être le temple de mon Esprit.

C'est ma volonté, fils et frères bien-aimés du monde, que vous vous réjouissiez, car votre Rabbi vous dit: "Le jour de la Gloire n'est pas éloigné des jours où vous vivez les signes du Père céleste, signes qui se manifestent au ciel et sur la terre. Exultez, mes enfants, puisque votre Maître purifiera les péchés de toute sorte et éteindra tout mal conçu par mon ennemi. Moi, Fils du Très-Haut, je viendrai dans la plénitude de la gloire et tous croiront en Moi: même les blasphémateurs prononceront à haute voix ces paroles: Hosanna! Hosanna! Hosanna! Bénissez le glorieux Rédempteur, qui vient à nous avec toute sa puissance et les armées de ses anges vainqueurs."

Moi, qui ai reçu l'Onction, je montrerai à tous la Vérité et le Salut et mon Amour infini inondera tous les cœurs, même les plus arides, et le Père du ciel donnera au monde d'une manière prodigieuse cette grâce infinie de la conversion et de la fidélité éternelle. Je dis: "Tous, oui, chacun de vous, s'il le veut, sera touché par l'Esprit-Saint qui rend brûlant d'Amour, et Moi je me ferai voir, tout comme vous voyez vos frères, et vous me parlerez comme vous parlez à vos pères."

O mes enfants, combien je dois encore offrir pour conquérir vos cœurs! De même qu'une fois je me suis immolé sur la Croix pour vous racheter, de même mon Amour sans bornes, dans des jours à venir, vous donnera le Pain de Vie, pour vous sauver. Mes petites brebis, revenez à Moi! Quelle gloire votre Seigneur vous donnera si à chaque instant vous bénissez son Nom. Aujourd'hui je me communique un peu partout dans mes révélations, accompagné de la Cour céleste, car je désire qu'avant les jours fixés, chacun ait le cœur contrit à cause des péchés commis et qu'il *pose son regard sur ma Passion et sur ma Croix,* ainsi que sur tout ce que j'ai donné et continue de donner puisque, enfants et frères de mon Cœur, Dieu ne vous accueille pas les mains et l'esprit plongés dans les plaisirs du monde. Soyez donc tous prêts à m'accueillir, petits et grands de la terre, justes et injustes, car la Jérusalem sainte est à votre porte.

Moi, Jésus, je désire vous réunir en un seul troupeau, celui de mon Cœur et celui de ma très sainte Mère Myriam. Que votre vie, désormais, soit davantage fidèle aux commandements du Seigneur, et que chacune de vos paroles soit méditée avant d'être prononcée, car de votre bouche ne doit sortir aucune médisance. Que chacune de vos actions soit contrôlée et investie dans le Seigneur. Que l'Amour soit l'unique valeur dans laquelle vous investissiez votre existence. Je suis l'Homme des Douleurs, sachez donc qu'aucune de vos souffrances ne sera endurée en vain!

Le Roi de la Révélation a parlé à ses enfants. Je vous bénis. A bientôt».

15 janvier 1994, à la maison, à 10 h 05

Dialogue intérieur avec Jésus.

Jésus: «Ma petite, aujourd'hui ma Révélation concernera surtout la réunion de prière de cette journée.

Ecris: Ainsi parle l'Esprit de Dieu: mon Esprit de Paix est sur vous. Je suis Celui qui vous aime et transforme vos misères en pierres précieuses. Ecoutez mon Cœur qui bat pour vous! Voyez mes yeux, tout à vous! Ma vie, je la donne encore pour vous, mes amours! Mes amis, revenez à Moi. Pourquoi donc vous êtes-vous éloignés de Celui qui vous appelés ses amis? Je vous ai cherchés dans ce désert aride, mais vous, quand me chercherez-vous? Les crimes de cette génération ont arraché de vos esprits la Sagesse et l'intelligence. Mes enfants, un jour on a écrit que mon Esprit-Saint prodiguera des grâces en abondance sur vous, précisément sur vos personnes, et que vos fils et vos filles prophétiseront en mon Nom. Pauvres enfants privés de ma Connaissance: parce que les Ecritures sont sacrées, tout ce qui y est contenu s'accomplit aujourd'hui.

Mes amis, je vous veux tous ensemble en Moi, qui suis l'Arbre de la Vie! Je vous prépare par des signes dans le ciel et sur la terre, pour que vous soyez prêts à me recevoir dignement. Si vous écoutez ma voix, un jour vous vivrez dans le lieu bienheureux du repos. Toi, génération, pendant des siècles entiers, tu as adoré des dieux sans nombre, tu en as subi la fascination et tu les as servis comme tu aurais dû me servir. Tu les as adorés et aimés, tandis que Moi, dans les tabernacles du monde, j'avais soif de vos âmes et espérais seulement un regard de vous, une douce parole d'Amour! O mes amis, comment est-il possible que vous vous soyez tant éloignés de Moi?

Chers enfants, laissez-Moi vous bénir. Laissez-Moi entrer dans vos demeures, rendre pures et immaculées vos langues, qu'elles soient prêtes à communiquer le Royaume de Dieu sur la terre, comme je vous l'ai enseigné.

Aujourd'hui, je montre encore mon Amour pour vous faire comprendre que, malgré vos offenses et vos indifférences, il n'a pas changé. Combien de temps encore devrai-je attendre en souffrant? Combien de temps encore, me remplacerez-vous, mes jeunes amis, par les créatures de la terre? O mes amours! O mes amours! O mes amours! Mon Cœur saigne. En vérité, je vous dis que mes ennemis sont en train de recouvrir la terre du vacarme de leurs agents; mais je vous ferai entendre plus fort le bruit de mes pas, plus puissant que la Voix de mon Esprit.

Mes enfants, votre Seigneur ne tardera pas à venir pour les justes, mais aussi pour les méchants et alors je vous demanderai compte de vos actions. Les temps des Ecritures sont en train de s'accomplir et mes ennemis, dans toutes les parties du monde, diront de Moi des choses fausses et donneront de Moi à mon peuple une fausse image, en refusant ma véritable identité.

Attention, mes enfants, attention aux hommes qui veulent vous nourrir de leurs théories empoisonnées, d'exemples d'impuretés et de souillures rationalistes, qui désirent "récompenser" l'Amour par la haine, le bien par le mal et vous dévorer d'un seul coup. Tout cela arrivera. Mes Paroles sont transparentes.

Mes enfants, méditez les signes de mon Sang purificateur sur vous, afin qu'une fois encore vous vous approchiez de mon Epouse bien-aimée, Mère de mes enfants.

C'est pour cela que je donne mes signes, pour que vous respectiez les commandements du Père, en servant mes consacrés dans leur difficile cheminement. Ne somnolez pas, en laissant tout passer. Offrez-Moi vos veilles, vos sacrifices, vos processions pénitentielles! Mes enfants, ne soyez plus la pointe de l'épée qui transperce mon Sacré Cœur!

Je vous bénis; bientôt, vous serez visités par ma sainte Mère, envoyée comme Médiatrice du monde et comme Maîtresse. Faites-vous guider et nourrissez-vous de mon Corps et de mon Sang. Soyez mes vraies brebis! Au revoir. Glorifions Dieu.

Debora: – Jésus, j'ai tout écrit. Que dois-je faire maintenant?

Jésus: – Donne-le au monde, ma fille. Fais connaître ma tristesse et dis à tous que je les attends dans chaque tabernacle vivant. Je te bénis et je t'aime.

Debora: – Moi aussi, je t'aime, Seigneur!»

14 février 1994, à 16 h 30

Sur mon lit de douleur, après la Passion, Jésus me dit:

«Ma fille, aime-Moi de tout ton être. Sois totalement en Moi, et en toi j'accomplirai de grandes et admirables choses. Ecris pour mes enfants d'Israël:

"Quand vous déciderez-vous pour votre Roi, le vrai Roi? Je suis le Sauveur des hommes, et Moi seul puis vous conduire à la vraie Vie. Mes enfants, le temps de l'Esprit est arrivé; en ce temps, vous entendrez parler de Moi d'une voix forte dans toutes les langues, puisque le premier millénaire est l'Amour du Père, le second est l'Amour du Fils et le troisième est l'Amour de l'Esprit-Saint, qui concrétise le Fils dans le Père et réalise le salut dans la Parole, qui a déjà été révélée et écrite. Moi, le Roi de la Révélation, j'accomplirai des œuvres innombrables afin que le monde reconnaisse mon action sur la terre. Mes Paroles sont transparentes! Vous rappelez-vous le temps où ma Mère a dit que son Cœur immaculé triompherait? Eh bien, la Russie aussi ressuscitera de sa torpeur et apportera un vent de conversion à de nombreux peuples. Mais auparavant, si vous n'êtes pas prêts à vous préparer aux vraies épreuves, vous ne réussirez pas à maîtriser les grâces de l'Esprit-Saint.

Mes enfants, vous prenez soin de m'éloigner de votre vie! Et Moi, dans mon Amour, je donne encore des signes pour votre conversion. C'est ainsi que l'Esprit de Dieu parle à ses enfants: faites en sorte de l'accueillir! Ce temps est celui de l'abandon entre les mains de Dieu.

Si vous entrez dans ma Paix, je ferai descendre sur vous l'Esprit et vous serez avec Moi, Un avec le Père. Je suis avec vous et je continuerai à vous parler de la même manière.

Ma Paix est sur vous; l'Amour vous aime.»

9 mars 1994, à 15 h 15

Apparition de Jésus.

«Ma fille, je désire l'union. Mon Corps doit être uni: sois mon instrument d'union entre les Eglises. Je ne puis pas survivre si mon Corps sacré est brisé. Moi, Roi de la Révélation, je désire que toi, ma sainte Epouse (l'Eglise), tu te réunisses à tes sœurs.

Ma fille, il est temps qu'avec tes charismes, tu ailles à la rencontre de mes enfants. Mon Eglise doit s'unir. Avertis mes consacrés que ma Miséricorde montre ses merveilles. Parle, oui parle, il est grand temps que le monde connaisse le règne des miracles accomplis dans ses enfants.

Souvenez-vous d'être toujours en communion avec Moi dans ma sainte Eglise. Priez et veillez, et soyez dociles à ma Parole. Il est temps d'être les apôtres de mon saint Règne.

Mes enfants, courage, je suis et serai avec vous. Vous bénissent avec Moi, le Père et le Paraclet. Ceci est mon grand signe qui sera pour tout le monde.»

21 mars 1994, à la maison, à 10 h

Jésus: «Ma fille, je ressens un grand soulagement dans mes membres déchirés. Je t'aime, autel de mon Cœur: souffre avec Moi, vis avec Moi ma grande Souffrance, ainsi tu libéreras ton pays de ses dures infirmités, des paroles blasphématoires de mes serviteurs, des glaives qui continuent à épuiser mon pauvre Corps martyrisé. Petite fille de mon Cœur Sacré, loue-Moi dans tes actions. Donne-Moi continuellement de cet excellent miel et je serai toujours en toi, selon le désir quotidien de ton cœur. Qu'il en soit ainsi! Offre-Moi ta volonté. Abandonne-toi à Moi. Ne pense pas que tu le fais en continuant à faire souffrir ton cœur. Ne sais-tu pas que rien ne m'échappe de ce qui arrive à l'homme ou le tourmente? Si l'on comprenait que je peux tout, beaucoup arracheraient à mon Cœur les grâces les plus impossibles. Moi, le Véridique, je vous donne mes trésors. Pourquoi n'en profitez-vous pas? Je me montre avec toute ma tendresse, mais vous refusez mes appels divins, considérant que vous êtes dans le droit chemin et que vous ne commettez aucun péché.

Quand donc abaisserez-vous votre orgueil et vous ferez-vous guider par la Main de Celui qui est le Maître? Quand cesserez-vous de suivre celui qui est bouffi d'orgueil? C'est par mes Plaies douloureuses que je vous ai donné d'être ce que vous êtes. Je vous dis: "Ouvrez vos cœurs et accueillez-Moi. Je vous répète que je serai bientôt avec vous, oui, avec vous! Soyez tous obéissants à mon pape, demeurez tous fidèles à mon Eglise! Ne vous dispersez pas, malgré l'impureté des miens!" Bientôt "les murs du Dragon" seront abattus et, avec lui, les dernières têtes restées au pouvoir. De mon bâton je frapperai l'ennemi, délivrant du Malin tous les otages, éliminant les tumeurs de mon Corps mystique. Tenez-vous auprès de mon "Martyr" avec votre cœur, je vous le répète, avec votre cœur. Ne le trahissez pas avec votre esprit: la force de votre amour envers lui soulèvera ce monde d'impureté.

Debora: – Oui, Seigneur Jésus, mon Amour.

Jésus: – D'en haut je t'ai entendue et je te suis venu en aide amoureusement. Maintenant, va et aide ton Epoux mystique en criant: "Le saint Règne de Dieu arrive! Aplanissez la route de votre cœur, nettoyez-le et espérez, persévérez dans la Foi, dans l'Amour, mais surtout dans la Charité."

Je te donne ma Paix et je te bénis.»

23 mars 1994, Céleste Verdure, à 18 h 45

Apparition de la Madone.

«*Shalom*, que mon divin Fils Jésus-Christ soit loué!

Mes enfants bien-aimés, Moi, votre Mère de la Verdure Céleste, je viens encore une fois sur cette terre, afin de vous rendre plus lumineux que jamais. Je vous demande d'être des propagateurs de la prière. Il n'y a qu'avec la prière que vous réussirez à extirper l'ennemi du monde, lui qui veut soumettre la Patrie bienheureuse à son empire ténébreux, qui est de la terre et non pas du ciel.

Moi, Mère du paradis et de l'Amour éternel, je ne demande rien qui me convienne à Moi, mais tout ce que je vous demande c'est en vue du salut qui est préparé pour vous. Utilisez votre cœur et soyez prêts à parler par lui, parce que c'est du cœur que partent les choses sincères et bienveillantes. Je vous le demande encore une fois: soyez les propagateurs de mes saints dons. Ma Parole sera pour vous source de salut, unie au Corps de mon Fils.

Ce temps est un temps de grande souffrance pour Jésus, l'Agneau éternel. Venez-Lui en aide sur son chemin ardu vers les âmes. En cette période, je vous demande, Moi Mère des Douleurs, de vous unir dans les sacrements de mon divin Fils, afin d'être complètement en Lui. Je serai encore avec vous dans les prochains mois et j'accorderai beaucoup de grâces de cœur, afin que vous puissiez passer cette mauvaise période du dragon rouge.

Appel aux hommes de la terre qui détiennent le pouvoir: Soyez attentifs à discerner les œuvres à accomplir en faveur de la paix, afin que l'on n'en arrive pas au "œil pour œil, dent pour dent", mais que l'amour et la Sagesse aient le dessus, ce que seule la prière peut obtenir.

Je vous donne une grande joie: bientôt la Russie ressuscitera et sera une maîtresse pour vous, pauvres exilés. La Russie ressuscitera et vous donnera de grands prophètes de paix et mon bien-aimé Jean-Paul II sera le témoin d'Amour.

Je vous aime et je vous bénis. A bientôt. Que Jésus soit loué, Lui, votre unique maître et Sauveur.»

23 mai 1994, Céleste Verdure, à 20 h 20

La Madone m'apparaît, après de longues heures de prières et d'invocations à l'Esprit-Saint.

«Que mon divin Fils Jésus-Christ soit loué!

Chers enfants, mon invitation d'aujourd'hui s'adresse à tous les cœurs. C'est maintenant que doit avoir lieu la véritable résurrection de vos cœurs. Si vous ne ressuscitez pas de la torpeur du péché, la Pentecôte ne pourra pas descendre sur vous et vous donner la vraie foi du cœur, qu'on obtient par le sacrifice et l'abandon à Dieu.

Mes enfants, vous êtes la nouvelle Jérusalem, mais ce n'est pas encore le temps de la gloire pour les serviteurs de mon Fils. Il y aura un temps de purification par la souffrance.

Ma fille, regarde et raconte ce que je te ferai voir. *(Là j'ai vu Satan qui cultivait les âmes et les faisait pousser de la manière la plus horrible à décrire. Il envoyait ces âmes à leur destruction totale, après leur avoir volé leur liberté).*

Ma fille, raconte-le à mes consacrés et dis-leur qu'il est très facile, en ce temps d'apostasie, de tomber dans les artifices de l'usurpateur. Le fils des ténèbres n'a aucun scrupule. En outre, je t'avertis qu'un grand danger menace l'humanité, si on ne se décide pas pour le Seigneur Dieu, qui est d'abord insulté, puis abandonné.

La désacralisation de la Maison du Père a atteint son comble, la coupe de mon Fils est pleine. Je vous donne la clé pour enfermer pour toujours le diable dans son repaire ténébreux: cela dépend seulement et exclusivement de votre vouloir. Moi, la Mère de Dieu, je vous donne mes messages, mais vous ne voulez ni les comprendre ni les mettre en pratique. Je vous dis: la prière, le sacrifice, l'Eucharistie et la pénitence conduisent au salut. Sans eux, soyez sûrs que vous n'entrerez pas dans le Royaume du Père, préparé pour vous depuis la création.

Vous, mes enfants, vous êtes superficiels et votre trop faible foi vous mènera à la dérive si vous ne prenez pas la Croix de mon Fils sur vos épaules avec résignation. Voici ma demande: que samedi prochain vous consacriez une veillée de prières à mon Cœur immaculé, en réparation pour le Cœur de mon Fils, tellement abandonné et déchiré par vos péchés.

Mes enfants, vous ne voulez pas comprendre: tout cela c'est pour votre salut! Confessez-vous plus souvent et vivez en état de grâce, autrement l'ennemi trouvera en vous une demeure appropriée pour ses ténèbres.

Je vous bénis avec une bénédiction de maman. Je vous remercie d'être venus en ce lieu. A bientôt.»

23 juin 1994, Céleste Verdure, à 20 h 45

Apparition de Marie et de mon ange gardien.

«Que le très saint Nom de mon divin Fils, Jésus-Christ, soit loué sans cesse! *(Mon ange gardien Fidemile est auprès d'Elle).* Loue ton Dieu, ma petite âme.

Debora: – Oui, sainte Mère, je le loue et je le bénis pour la grâce qu'il m'accorde.

Marie: «Chère fille, Moi, la Mère de Dieu et votre Mère, je vous place tous, présents et absents, sous ma bénédiction de Maman.

Mes enfants bien-aimés, ne soyez pas tristes si je vous dis que mon Cœur immaculé est déchiré. Je ne peux pas ne pas pleurer! Vous tournez le dos à mon Fils. Vous n'écoutez pas nos demandes, que de plusieurs endroits nous formulons, afin que vous soyez sauvés. Vous êtes souvent accaparés par les choses de la terre et jamais vous ne vous demandez vraiment pourquoi tant de prodiges ou de désastres recouvrent cette terre de misère. Je suis toujours avec vous et c'est pour vous dire que vous avez tout dans l'Evangile que mon Fils a apporté aux hommes par ses disciples.

Je suis toujours ici, mais vous n'accueillez pas mes messages avec votre cœur. Regardez ce qui se passe dans le monde, c'est justement parce que vous n'avez pas écouté mes appels! Je vous demande des prières. Visitez la Maison de mon Fils, qui est le Cœur de son Corps. Les choses empireront si vous n'écoutez pas les douces paroles de votre Maman, qui vous veut tant de bien. Faites la paix entre vous, réconciliez-vous avec Dieu: il n'y a plus beaucoup de temps. Je suis sainte Marie, la pèlerine, et je viens pour proclamer les saintes Paroles de mon Fils.»

★★★

«…Ma fille, écoute maintenant ces paroles destinées à mon pape, mon fils béni:

"Fils de mon Cœur immaculé, Pierre, tous les ors et les honneurs seront enlevés à ta fille, Rome, et elle deviendra une loque; même la Pierre Sainte sera jetée au feu et sur elle on pâturera, si elle ne se décide pas à restaurer son culte chrétien primitif. Mon cher enfant, continue à prêcher le Règne de Dieu, qui est proche, sinon les pourceaux pâtureront sur ta Fille, faisant d'elle une ténébreuse porcherie. Mon cher Soldat du Sacré Cœur de mon Fils, Berger de Ses pâturages, ne sois pas triste si des miens qui sont proches de toi t'accablent et t'enlèvent la gloire que mon Fils lui-même t'a donnée! Continue à travailler dans le monde et pour le monde, ta mission étant surtout de réunir et de restaurer l'Eglise, Cœur du Corps de mon Fils.

Mon cher enfant, ta Maman te dit: c'est d'ici que tu recevras dans le cœur le poignard de Satan. Tu auras encore beaucoup à souffrir et on te martyrisera, mais une fois que sera commencée la dure bataille, mon Fils te redonnera la "couronne" qu'ils t'auront enlevée pour étouffer le souffle de l'Esprit divin dans l'Epouse de Jésus. Mon enfant, je viens à toi en me servant de la bouche de cette autre miséreuse, — mon humble instrument, sur qui on crache, qui est condamnée et que l'on refuse — pour te parler, comme une maman parle à son petit enfant sans défense, tandis qu'elle le dépose dans son berceau, en l'assurant de sa maternelle protection.

Mon enfant, quelle douleur j'éprouve en voyant qu'autour de toi, à l'intérieur de ta Fille, il y a des "royaumes" constitués à l'avance. Mon bien-aimé Pasteur, tu recevras encore beaucoup de coups à cause de ces faux trônes. Peu de pasteurs t'aideront et guideront ta "Fille", car le temps des loups déguisés en agneaux est arrivé et, se prévalant des saints et de Dieu le Père, ils feront beaucoup souffrir le troupeau. C'est précisément là le motif des manifestations continuelles de notre Présence et des prodiges qui surviennent continuellement sur la terre. Nous-mêmes accourons personnellement en de nombreuses parties du monde, afin de réunir le troupeau dispersé, éloigné à cause des cœurs endurcis, surtout de la part des enfants de l'Epouse de mon Fils.

Cher petit enfant Pierre, accours et que ta main consacre tous "ces lieux", afin que Moi, la Mère de Dieu, Myriam, la Vierge de Nazareth, je puisse mettre fin à la dernière bataille que l'usurpateur des cœurs a déclenchée sur la terre. Je désire que tout ce qui est contenu dans le monde soit consacré à mon Cœur immaculé. Il est nécessaire que tu écoutes ces paroles parce qu'il ne reste plus beaucoup de temps au monde.

Cher Pierre, Moi, la Maman du ciel, je viens à toi parce que tu es resté fidèle à l'Amour du Père, nonobstant le désert qui existe dans ma Maison. Mon cher fils, Jésus, se trouve dans une terrible agonie à cause de cette iniquité qui a rendu "vermoulus" les membres de son Corps mystique. Comment peut-on construire sur la division?

Mon cher enfant, accours, unis l'Eglise. Jésus ne veut pas de division: il veut que tout soit dans l'unité de "Notre Père qui est aux cieux". Peu importe si ces paroles ne font pas plaisir aux hommes; je suis envoyée par le Seigneur Dieu et j'ai reçu l'ordre de les prononcer par ta bouche et Moi-même je te prie de les réaliser.

Reconnais et visite mes vrais Sanctuaires. Prépare ta Fille (l'Eglise) à la réunion avec ses Sœurs. Mon cher enfant, prie avec encore plus d'ardeur et mon Fils Jésus te fera la grâce de t'élever à un point tel que tu verras l'épée de Satan frapper continuellement le Cœur du Corps de mon Fils et, je le dis, alors tu pleureras sans interruption parce que tu auras compris dans leur totalité la douleur et le déchirement que le Seigneur est en train d'éprouver. Mon cher fils, ne te laisse pas influencer par les comportements erronés de certains des miens.

Du ciel le Seigneur crie: mon Sanctuaire est en flammes! Ecoute, Pierre des pâturages de mon Fils, l'appel que ta Maman du ciel t'adresse: il n'y a plus beaucoup de temps, et si les choses restent comme elles sont maintenant, la terre continuera à subir de nouveaux désastres.

O âme bien-aimée de mon Cœur immaculé, comment mes agneaux pourront-ils se nourrir si les mains d'un grand nombre des miens sont vides? Mon Cœur saigne, il saigne! Le ciel cherche à donner des avertissements et, si la Parole du ciel est accueillie, le Seigneur Dieu apaisera sa colère, Il étendra son Royaume et il soignera toutes les blessures.

Va, rends-toi en Russie et apportes-y les saintes paroles de Jésus. C'est de là que commencera la Milice de mon Cœur immaculé. C'est le message que je t'apporte avant que le "prince rouge" dévore ce qui est demeuré entier. Mon cher fils, rappelle-toi qu'il n'y aura qu'un seul grenier pour apaiser la faim dans le monde! Ecoute avant qu'un fleuve de sang ne submerge la Pierre Sainte et le monde entier! Voici le temps de l'Esprit, et l'Esprit souffle où il veut.

Que le Nom très saint de mon divin Fils Jésus-Christ soit béni!
Un jour il entendra tes paroles.
Je vous bénis tous et je vous aime tous… A bientôt.»

3 juillet 1994, Céleste Verdure, à 21 h 30

Apparition de la Madone.

«*Shalom*, chers enfants bénis de Dieu. Mes tout-petits, le Seigneur Dieu vous bénit et vous comble de grâces particulières. Aujourd'hui, au Nom de mon Fils Jésus, un grand nombre d'entre vous obtiendra une guérison de cœur.

Je suis la Maman de l'Olivier, c'est pourquoi j'ai désiré appeler ce lieu qui m'est consacré "Céleste Verdure". Je souhaite ardemment que tous puissent rejoindre l'Arbre de la Vie, qui sera éternel pour tous ceux qui conserveront mon nom de Mère dans leur cœur.

Chère fille, je bénirai personnellement l'huile.

Consacrés à Moi, Mère du divin Amour Jésus, vous m'aiderez à vaincre le Malin.

Ma fille, je me tourne vers toi et je veux que tous sachent que Moi, en me communiquant à toi, j'apporte la Parole qui est salut pour l'humanité. Dis ceci au monde: je suis "la Femme qui est au désert"; l'heure en est maintenant arrivée. Les "grands" comprendront.

Mes chers enfants, je vous dis: les louanges au Père sont les meilleures prières.

Je désire que notre prochaine rencontre ait lieu le 23 de ce mois. Un jour vous comprendrez l'importance des dates que je choisis pour me communiquer au monde.

Chers enfants, désormais vous m'invoquerez ainsi:

Marie, Mère de l'Olivier béni,
Très Sainte Vierge de l'Huile,
Touche-nous, aime-nous et guéris notre cœur
A ta manière, par ton Amour.

Je vous bénis et vous salue. Au revoir et à bientôt.»

23 juillet 1994

Apparition de la Mère de l'Olivier Béni.

«Mes enfants, je vous donne la paix de mon Fils, Jésus-Christ. J'ai reçu vos suppliques, mais nombre d'entre elles ne seront pas exaucées, parce qu'elles ne procèdent pas d'une foi sincère.

Maintenant je désire personnellement bénir l'huile, comme signe de l'onction pérenne de votre foi. Mes enfants, je vous donne cette huile; vous la porterez aux malades du cœur, oui, à ces fils qui n'ont pas la grâce de Dieu en eux; je vous exaucerai. Je veux vous libérer de l'ennemi. Invoquez, invoquez-moi comme la T.S. Vierge de l'Huile qui touche et qui guérit.

Mes enfants, je vous demande d'accueillir mes messages et de les méditer chaque jour, spécialement les dialogues que mon Fils concède à ses âmes: Elles seront lumière pour vous.

Je désire que vous rencontriez plus souvent mon Fils dans le divin acte d'amour: l'Eucharistie. De plus, je désire que le jeudi, chaque semaine, à 19 h, vous fassiez la prière de guérison de l'esprit: c'est pour cela que je suis venue sur cette terre, pour vous donner des grâces encore plus grandes que celles pour le corps. Vous en serez étonné. Mes enfants bénis, je désire des prières en ce lieu choisi par le Saint Esprit.

Je vous bénis et vous demande de consacrer l'huile en ajoutant à un litre d'huile neuf gouttes d'huile bénie. Loué soit le nom de mon Fils Jésus. A bientôt.»

5 août 1994, 12 h 05 à Zagarolo, chez Mgr Milingo

Jésus: «Délice de mon Cœur, mes plaies sont ouvertes. Regarde mon Sang: il s'écoule pour vous. Ma fille, je suis tant offensé par nombre de mes consacrés!

Debora: – Seigneur j'essaie de le dire, mais ils ne m'écoutent pas: ils ne croient pas à mes paroles. Pardonne-moi, Seigneur, mais je ne réussis pas à faire comprendre ta douleur.

Jésus: – Ma fille, dis à mes consacrés de faire des célébrations plus vivantes. Mon peuple doit me sentir tout proche, au milieu de lui.

C'est maintenant le temps de la grande apostasie et Satan attaque. Il essaie de s'infiltrer dans mon Tabernacle! A côté de mon serviteur (le pape), il y a celui qui, en paroles, prêche la paix, mais qui dans son cœur trame la guerre et la division. Mon écho doit parvenir à tous; c'est l'heure de la décision.

Ma fille, parle à ma Jérusalem, qui tue et massacre mes prophètes. Ne cesse pas de porter mon message! Tu es ici, dans la maison de mon fidèle serviteur, et je te mets sous ses ailes pour vous unir dans cette lutte qui se déclenche contre l'ennemi.

Ma fille, mon ange, ton supplice sera terrible, mais à la fin je t'élèverai jusqu'à mon trône de gloire.

C'est Moi, le Roi de la Révélation, qui désire vous rendre immortels. Mes petits, je suis à votre porte. Annonce, Debora, mon abeille messagère, que mon retour est proche et que je vaincrai les puissances diaboliques. Mes enfants, contemplez mes larmes de sang. Je vous permets de les méditer, pour vous décider totalement pour mon règne.

Ma fille, cours et parle au monde de ma souffrance. Je veux que mon cri parvienne au monde entier.

Ici, je donne encore un témoignage de ma présence, parce que je désire que toi, petite fille, tu sois le trait d'union entre Moi et ma servante (l'Eglise). Oui, je veux une armée de serviteurs pour les batailles finales.

Je te bénis et te donne ma Paix. Demeure en Moi. Allons: écris mon Signe.»[1]

5 août 1994, à 17 h

Apparition de la Madone.

«Que le Nom très saint de mon divin Fils soit loué. Chère fille, ta Maman t'aime.

Debora: – Merci, ma Mère, pour tout ce que vous nous avez donné.

Marie: – Fille bénie, mes larmes de Mère se sont manifestées dans cette maison,[2] comme signe de notre Présence.

---

1. Durant cette rencontre, moi, dit Debora, je voyais pleurer Jésus, tandis que ceux qui m'entouraient ont vu l'image de Jésus, Roi de la Révélation, verser des larmes de sang. Au même moment, la statue de l'*Auxilium Cristianorum*, placée dans la chapelle, s'est mise à verser des larmes de sang, en présence des sœurs et de quelques laïcs.
2. La maison *«Jésus, Bon Pasteur»*.

Ma fille, il y a un grand projet pour toi et pour cette nation. Je désire que l'on prie dans ce but. Chère fille, notre signe (les larmes) est la manifestation évidente que ce que tu portes ne vient pas de toi, mais du Créateur tout-puissant, qui peut tout. Je désire que les larmes versées à cause de cette humanité apostate soient méditées, vénérées et essuyées par l'offrande et la prière. Tout cela arrive pour que vous sachiez que ce sont les jours du second Avènement.

Mes enfants, tout est pour la gloire bénie de Celui qui mérite tout.

Messagère bénie, je te prie de porter la Parole que Jésus, le Roi des rois, t'a confiée. Demeure dans son divin Amour: c'est Lui qui t'ordonne de l'aimer de cette manière.

Manifestez votre gratitude à votre Seigneur. Il est le seul dispensateur des grâces que vous recevez tous.

En ce jour solennel et si cher à mon Cœur, nous avons voulu vous montrer notre cœur plein d'amertume. Prenez-le et remplissez-le par votre donation à Dieu.

Petite fille, que la bénédiction et la paix de Dieu soient sur toi, puisque, avec toi et un grand nombre d'autres enfants, cette terre se donnera un nouveau visage et qu'à la fin l'Eglise revivra.

A bientôt. Que l'Agneau éternel immolé, mon Fils bien-aimé, Jésus, soit loué.

Debora: – Ma Dame, dans combien d'années?

Marie: – Ma toute petite, cela n'a pas d'importance, parce que je suis éternelle, auprès de Celui qui est éternel. Amen.»

1er septembre 1994, à la maison, 13 h 27

Marie: «Ma fille, fais savoir aux ministres de Dieu que le temps du grand signe dans le Ciel s'approche à grands pas.

Debora: – Quel signe, ma Dame?

Marie: – Ma fille, ce sera le signe décisif pour la conversion de la Russie. Il sera grand et terrifiant pour ceux qui n'ont pas confiance dans le Seigneur Dieu. Ce sera un signe heureux pour ceux qui ont mis leur espérance dans l'Amour du Seigneur, en subissant toutes sortes d'humiliations. A ce moment-là beaucoup seront arrachés à l'infirmité.

Debora: – Sainte Mère, aide-nous!

Marie: – Ma fille, je t'ai déjà dit de prier à mes intentions, en particulier pour le salut de l'Italie! Si les ministres de mon Fils ne mettent pas fin à leurs infidélités et ne cessent pas de crucifier mon Fils, l'Italie sera punie!

Debora: – Ma Dame, je te supplie, calme ta colère!

Marie: – Ma fille, en ce temps-ci les prodiges redoubleront et Moi, la Mère bénie et secourable, je porterai mes paroles de salut, s'il le faut, dans chaque maison! Beaucoup ont abandonné la foi et craché sur la Sainteté de mon Fils. Beaucoup de prêtres, de consacrés et de consacrées se sont laissés aller à l'indifférence, à leur impiété dans la célébration des saints mystères, à la mort cruelle qui les attend, et aux plaisirs de la chair. Peu d'entre eux sont restés à veiller jusqu'à la dernière heure!

Ma fille, mon Fils m'envoie dire, par toi, à l'humanité entière que l'Eglise passera d'ici peu par une crise terrible et que ceux qui la gouvernent, occupés à cumuler leurs pouvoirs ecclésiastiques, seront surpris par la colère de Dieu qui les couvrira de honte et les livrera aux mains de l'ennemi.

Ma fille, le Seigneur (te) charge de dire à tous les gouvernants civils de faire très attention à ne pas laisser le champ libre à toutes sortes d'athéisme et de spiritisme. L'épée de feu de saint Michel archange a déjà été levée à cause des multiples désobéissances envers le Seigneur.

Dis qu'une fausse paix règne sur l'humanité. Il y aura des guerres jusqu'à la dernière qui se déroulera devant les dix empereurs de l'Antéchrist!

Fais savoir à mes ministres que le Seigneur ne tolère pas leurs manquements dans l'accomplissement de la volonté de Dieu. Ils se punissent eux-mêmes et attirent la consternation sur eux et la désolation dans leurs maisons. Fais-leur savoir que, par les larmes de mon Fils et avec vos prières, le Seigneur adoucira sa justice.

Mon Fils Jésus désire que, par toi, s'établisse la dévotion aux larmes de sang qui coulent sur l'humanité, versées par nos deux Cœurs saints et immaculés.

Va, ma fille, va! Moi, la Mère de l'Olivier béni, Reine de la Paix, je me tourne vers tous les bons et vrais serviteurs de Dieu. Je suis venue en ce lieu pour appeler tous ceux qui, en vivant dans le mépris du monde, aident à sauver l'humanité qui désormais se trouve dans des conditions bien précaires. Les paroles et les mauvaises odeurs produites par les vices de Satan ne me sont pas agréables. Dis-leur qu'en ces temps-là les bons seront séparés des mauvais qui refusent le salut.

Ma fille, dis qu'on ne prononce plus aucune parole malveillante surtout sur mes fidèles serviteurs, ou bien elle se transformera pour eux en jugement de condamnation.

Moi, mes enfants, j'adresse un pressant appel à la terre. J'appelle tout le monde à proclamer que Dieu est vivant et qu'il est sur le chemin du retour!

Mes guerriers, soyez courageux: combattez pour la bataille finale. Montrez-vous mes vrais enfants de lumière. Courage, je suis toujours présente dans la "Céleste Verdure". Venez à mes pieds, prosternez-vous et je vous donnerai le conseil adéquat.

Ma fille, mon Fils veut que cette parole soit répandue dans le monde. N'hésite pas à le faire. Saint Michel archange te défendra avec ses glorieuses légions! Courage, avant que la terre tremble et qu'elle subisse les secousses du dernier jour. Ensuite, ce sera "le grand changement".

Je désire des journées entières de prière devant la Face douloureuse de mon Fils. J'aplanirai le chemin! Courage, mes tout-petits. Votre Mère immaculée vous soutient. *Shalom*.

Ma fille, avertis les nations de la terre! Souviens-toi que la coupe de mon Fils est pleine et que les désacralisations ne seront plus tolérées. Ma petite, dis à tes frères de m'ouvrir leur cœur et j'accomplirai le miracle: le don de la foi!»

23 septembre 1994, Céleste Verdure

Apparition de la Mère de l'Olivier béni.

«Très chers enfants, votre Maman vous bénit. Aujourd'hui je suis contente que vos âmes soient tournées vers le Seigneur; cependant, il est nécessaire que vous compreniez l'urgence à vous décider en faveur de Dieu. Soyez attentifs au temps qui arrive! Telle une "Pèlerine de la Paix" je vais, errant de pays en pays, afin que vous tous, mes enfants, vous soyez sauvés. Il est urgent que vous compreniez tout le travail que Dieu est en train d'accomplir pour vous sauver, et à quel point est bref le temps de Satan qui, par orgueil, vous éloigne de mon Cœur.

Chers enfants, je suis la Mère de l'Amour et de la Paix et, au nom de mon Fils bien-aimé, je vous demande d'être les "apôtres" de ce Royaume qui est tout entier à construire, le Royaume de mon Fils Jésus.

Votre Maman demande que l'on vienne plus souvent en ce lieu, puisqu'ici vous trouverez la force et le soutien pour mener la bataille.

Ce sont les temps du désordre mais, avec votre bonne volonté, je remettrai les choses à leur place, tel que tout était auparavant.

Je vous annonce que les châtiments de Dieu sont descendus sur la terre mais, avec vos sacrifices et votre aide, Moi, la Mère de la Paix, je les éloignerai de vous. Bientôt les jours de grande affliction vous environneront totalement, mais ne craignez point, car vous êtes avec Moi. Je vous couvrirai de ma maternelle bénédiction.

Bientôt on verra la grande Croix de mon Fils, resplendissante. En ce lieu aussi, beaucoup la verront et se convertiront.

Mes enfants, si vous ne correspondez pas à mon Amour, je ne pourrai pas agir en vous. Mais si vous me laissez une petite place dans votre cœur, j'y entrerai et mon Fils, demeurant en vous, vous remplira de Sa Paix et vous guérira.»

23 octobre 1994

Marie: «…Mes enfants, Moi votre Maman, je vous rappelle que ce sont les temps de malheur et que bientôt mon Cœur immaculé apportera le triomphe. Toutefois, si vous n'apportez pas votre aide, il y aura pour cette génération de grandes tribulations. Très bientôt, les appels divins cesseront dans le monde entier et vous connaîtrez les faux prophètes de cette terre qui commenceront alors leur mission d'opposition.

En ce temps qui va venir, mes vrais enfants souffriront la vraie persécution, mais tous Mes enfants viendront à la rescousse, ceux qui sont vraiment miens conduisant le combat.

Mes enfants, écoutez les paroles de votre Maman qui veut vous enseigner la Vérité: Jésus-Christ, et vous conduire à Lui. Mes enfants, entrez pour faire partie de la Bergerie de mon Fils.

...Prenez conscience que je suis venue ici et que je m'y suis manifestée à cette créature miséreuse dans le seul but de vous amener tous au ciel, où mon cher Fils Jésus vous attend.

Maintenant, chers enfants, je vous demande d'être plus tendrement unis les uns aux autres; avec Moi vous constituerez alors la Puissance de ces temps nouveaux qui arrivent.

Je demande que l'on construise ici un lieu de méditation pour y recevoir la paix. En ayant cette paix dans le cœur, vous pourrez retourner dans le monde et y vivre avec plus de courage.

Je désire que le Mouvement d'amour voulu par mon Fils parte d'ici. Ainsi le monde entier saura que j'apporte l'Amour à tous mes enfants.

Ouvrez à tous les portes de ce projet. N'ayez pas peur: je suis ici avec vous et personne ne pourra vous détourner de Moi. Moi, la Mère de Dieu et votre Mère, je vous demande d'édifier en ce lieu une oasis de Paix et de prière, où il sera possible de recevoir cette force pour continuer à témoigner de mon Fils.

Maintenant, chers enfants, votre Maman monte au ciel, mais je ne vous quitte pas. En ce lieu, je suis présente jour et nuit. Venez à Moi! Venez, enfants dispersés! Retournez à mon Jésus qui pleure à cause des refus qu'il essuie continuellement. Ma fille, voudras-tu continuer à me servir?

Debora: – Mère, par amour pour Jésus, mon Seigneur, je le ferai.»

31 décembre 1994, Céleste Verdure, à 19 h 30

Apparition de Marie sous la Croix.

«Honneur à mon Fils bien-aimé, Jésus-Christ!

Ma fille, vis avec Moi ces dernières heures de l'année dans la prière et la réparation! *(A ce moment je commence à ressentir les douleurs du Couronnement d'épines; je sens un ruisselet de sang chaud qui coule en direction de mon œil droit.)*

Chère fille, en cette nuit, les prières des justes et des innocents s'élèvent vers Dieu mieux que le parfum de l'encens. En ce moment, mon Jésus est abandonné par ses enfants qui, accaparés à l'excès par les choses matérielles, s'unissent déjà à la grande famille de Satan. Ma fille, quelle tristesse vous a apportée cette année à cause de vos erreurs! Si cette humanité n'accueille pas sérieusement l'appel du ciel, l'année qui vient et les suivantes seront pires, pleines d'angoisse et de souffrance.

Je suis la Mère du Corps divin et, en venant à toi avec la sainte Eucharistie, j'ai voulu t'adresser un message de réparation. Je suis la "Mère du Sacrifice perpétuel". J'ai désiré me montrer avec l'habit simple et pauvre que je portais habituellement lorsque j'habitais Nazareth, parce que de là je porte un message de pauvreté, perle précieuse au Seigneur. Je suis descendue aujourd'hui ainsi vêtue, parce que j'ai voulu parler aux petits du monde, aux pauvres de cœur.

Ma fille, tout est dialogue entre Dieu et vous à travers Moi. Je suis venue du ciel en ce lieu pour vous parler de salut et d'amour. En ce lieu qui se fait vide d'âmes à cause de préjugés et du manque de charité; en ce lieu où on a craché plusieurs fois sur la grâce du Seigneur. Je suis venue en ce lieu et j'y ai donné toute ma Présence. Oui, chère fille, plus elle est refusée par les hommes, enfants du monde, plus son accueil plaît à mon Cœur céleste.

Debora: – Ma Mère, quand on me demande pourquoi tu viens ici, que dois-je répondre?

Marie: – Ma fille, combien de fois les hommes m'ont transpercé le Cœur, en jetant de la boue sur cette Œuvre divine! Oh, ma fille, si l'on comprenait que ces mots "ne nous laisse pas succomber à la tentation" — dans la prière bien-aimée de mon Fils — signifient accepter la volonté du Père! A tant de mes nombreux ânes bâtés récalcitrants, je dirai que j'ai posé mon pied sur ce coin de terre, parce que je désire que les hommes apprennent à contempler Dieu dans le langage qui émane de la nature.

J'ai choisi ce lieu parce qu'il est loin des plaisirs voluptueux du monde et pas trop près des parasites sonores des machines sataniques. Ici, dans la paix de ces oliviers, je désire vous faire redécouvrir le don de la foi, en y chantant les merveilles du Seigneur, en vous ouvrant aux prodiges de son Amour.

Je suis venue ici pour vous sauver et vous faire aimer mon Cœur. Mes bien-aimés, il est écrit qu'il y aura des signes dans le soleil, la lune, sur la terre, des signes de sang! Moi, j'ai voulu réaliser tout cela ici, malgré vous, mes enfants, qui piétinez le travail que j'accomplis d'heure en heure. Combien de fois le soleil a-t-il dansé dans le ciel pour vous donner la joyeuse annonce de ma venue? Combien de fois la lune vous a-t-elle parlé de mon Nom et a-t-elle montré mon signe? Combien de fois ai-je pleuré avec vous? Combien de fois ai-je versé le sang de mon Cœur en voyant votre cruelle indifférence? Combien de fois vous ai-je bénis avec l'huile parfumée de la prospérité?

Mes enfants, vous oubliez vite tout ce que le Cœur de Dieu vous donne, mais vous n'avez jamais réfléchi que Lui vous demandera ce que vous avez fait de ses dons d'Amour. Ne soyez pas durs avec le Seigneur, sinon vous n'entendrez jamais sa Parole dans votre cœur. Il faut fermer votre bouche pour entendre son langage. C'est ce que tu diras! Maintenant, ma fille, je désire que tu pries pour cette année qui vient...»

23 janvier 1995, à 20 h 20

«Honneur à mon divin Fils, Jésus-Christ!

Mes enfants, je vous remercie de m'avoir attendue en récitant ma prière bien-aimée: le saint Rosaire.

Ma fille, ma main t'a amenée ici et, de cette demeure, dans laquelle je viens avec tous mes anges, je désire qu'on fasse mon Foyer de prière consacré à mon Cœur immaculé.

Aujourd'hui, Moi, la Mère de l'Olivier béni, je vous regarde avec amour et je vous donne la Paix de mon Fils. Je fais descendre sur vous une cascade de fleurs, afin que, comblés de parfum céleste, vous puissiez vous enivrer de l'Amour de mon Fils.

Mes chers, je lis dans vos cœurs et je soigne vos blessures. J'accorderai d'innombrables grâces au fur et à mesure que la dévotion envers Moi se propagera.

En m'envoyant vers vous, mon Fils Jésus a fait de vous ses enfants de prédilection et Moi, en vous montrant mes larmes, je vous ai manifesté l'Amour. Provenant d'endroits différents, mais unis par mon Cœur, je désire vous rassembler, afin que vous soyez prêts pour la purification.

Mes enfants, approchez-vous, car les démons sont descendus sur la terre avec toute leur puissance et ils s'apprêtent à mener leurs dernières féroces attaques. Je vous prépare; unis à Moi, vous en sortirez vainqueurs.

Courage, constituez les Foyers sous mon Nom de Mère de l'Olivier béni, Reine de la Paix, Mère du Corps divin. Faites-m'en l'offrande; je les porterai à mon Fils.

A bientôt, mes enfants, priez avec votre cœur... Offrez-Moi vos prières.

Que mon divin Fils, Jésus-Christ, l'Agneau éternel, soit loué!»

20 mai 1995, à 10 h 40

Jésus: «Chère fille, je t'aime immensément et te garde dans mon Cœur; mais ne cherche pas à tout comprendre. Ton Dieu est un Dieu de simplicité et il aime à se révéler à son peuple avec une Sagesse équilibrée, afin qu'il comprenne et qu'en voyant il se secoue.

Debora: – Pardonne-moi, Seigneur, mais la science et la raison très souvent te violentent le Cœur à cause de leur...». *(Il m'interrompt.)*

Jésus: «Oui, petite fille. La science, par sa prédominance, déclenche une terrible méfiance envers Moi et envers mon Père. Oui, comprendre davantage peut être parfois un talisman mortel!

Ma fille, je prie pour le salut de mes enfants, tandis que ma Mère pleure en voyant Satan, par de subtiles tromperies, voler des âmes et, par de fausses valeurs, les pervertir. Dans mon peuple, il n'y a plus personne qui soit sans corruption! Ma Debora, ne me déçois pas: travaille pour Moi. Je subis avec toi, n'en doute pas. Je t'élèverai jusqu'à Moi. Petite fille, mon épouse, aujourd'hui, c'est fête pour nous!

Debora: – Oui, Seigneur, cela fait trois ans que tu me tires par l'oreille!

Jésus: – Tu le sais, ma fille, je ne m'approche pas seulement des âmes dévotes; à toutes j'offrirai mon Pain. C'est pour cela que j'ai rapproché de toi des témoins qui porteront la même croix que toi.

Voici ce que je vous donne: mon Message, pour que vous puissiez cheminer sur la Voie, car Moi seul suis la Voie, et tout cela gratuitement, parce que je ne suis pas un Dieu partial!

Ne craignez pas, ne crains pas, puisque ce n'est pas toi qui agis ou agiras, mais ma Main puissante et opérante. Je susciterai la nouvelle Pentecôte dans mon Eglise et vous regarderez le mal de loin, parce que le Cultivateur suprême aura irrigué le désert. Ma bien-aimée, ne crains pas. Laisse-les faire *(ici il s'agit des prêtres)*. Récite la prière telle qu'ils la veulent. Je t'ouvrirai la bouche et te ferai crier: "Maintenant je veux vous rappeler, à vous qui connaissez déjà tout cela, que le Seigneur, après avoir fait sortir son peuple d'Egypte, a ensuite fait périr ceux qui ne voulaient pas croire."

Debora: – Seigneur, je ne comprends pas.

Jésus: – C'est une bonne chose. Tu dépends de Moi: c'est pourquoi tu seras toujours libre de produire des fruits. Tu n'es pas fécondée par la méchanceté, ni bercée dans une grande sagesse, mais tu me sers pourtant. Je veux que tu survives, mon amour, ma nullité. Je suis au milieu de vous pour reconstruire mon palais. Je désire que ma sainte Mère, la Médiatrice, soit consolée, parce qu'elle est en train d'éloigner le grand châtiment. Mes enfants, collaborez par vos œuvres et par une prière vivante. Vous avez attiré sur vous d'innombrables châtiments. Méditez mon Amour dans la Mère de tous les hommes. A bientôt!»

19 juin 1995, à 21 h 30

Jésus: «…Par les yeux de ma Mère, je montrerai ma douleur et je le ferai avec le langage du sang, parce que le sang signifie la vie; donner la vie, c'est souffrir dans la plus profonde vitalité du Cœur, parce que le sang, s'il est innocent, signifie Pacte d'alliance avec Dieu. C'est pourquoi Lui, le Très-Haut, a voulu pacifier toutes choses, au ciel et sur la terre, avec mon Sang jailli des profondeurs de mes viscères. De ces yeux très purs, je laisse transparaître la douleur, mais malheur à ceux qui déforment la signification d'une si grande douleur…

Je me manifeste avec du sang, parce que Caïn et Hérode ne comprennent que ce langage, et que c'est avec un tel langage que Dieu leur adressera ses reproches, qui ne resteront pas un simple avertissement si leur main homicide ne s'arrête pas! *(Du sang sort des yeux de la statue de la Madone de l'Olivier béni, en porcelaine blanche, qui m'a été offerte par celui qui l'a faite)*. Pense, ma Debora, si seulement on pouvait compter les gouttes que dans le monde entier Moi et ma Mère nous versons, gouttes de l'amère douleur qui enlève la vie, gouttes de sang!»

23 juin 1995, fête du Sacré-Cœur de Jésus

Après une longue invocation à l'Esprit-Saint, la Dame apparaît dans sa beauté fulgurante. Elle est tout de blanc vêtue et porte sur ses épaules un manteau blanc, mais transparent, fermé au cou avec une petite fleur dorée. Voici les paroles très douces qu'elle m'a adressées:

«Que le divin Cœur de mon divin Fils soit loué!

Très chère fille, aujourd'hui en descendant du paradis, j'ai voulu apporter la Lumière qui jaillit du Cœur très saint de mon divin Fils. J'ai désiré apporter cette Lumière afin qu'en ces heures d'obscurité épaisse, vous trouviez paix et repos, bénédiction et foi!

Bien chers enfants, je vous demande de vous abandonner à ce Cœur très ardent comme à un asile très sûr, mais vilipendé par cette humanité avec un mépris bestial. Aujourd'hui, en regardant chacun de vous, j'ai porté à mon Cœur toutes vos demandes en les bénissant avec l'Amour qui descend du Père. Elles ont été en partie exaucées.

Je suis très préoccupée à cause de l'indifférence d'un grand nombre à l'égard des signes que le Père, saint et juste, vous envoie comme dernier rappel! A cet effet je demande à ceux qui sont déjà rentrés dans le droit chemin de se consacrer comme familles ou comme individus à nos deux Cœurs, qui sont sur le point de triompher. Il a plu à Dieu de vous consoler à l'aide de nombreuses gouttes d'huile pour vous rappeler qu'il n'abandonne jamais et qu'il est fidèle à ses promesses.

Maintenant, je voudrais remercier ceux de mes enfants qui sont venus ici écouter encore une fois la Voix que le Pasteur suprême fait résonner de l'Orient à l'Occident. Je bénis leur engagement, mais je le répète: il est nécessaire d'entreprendre avec Moi un chemin sacramentel, faute de quoi Satan, qui est plus fort que vous, triomphera.

Ma fille, je suis près de toi dans ta douloureuse agonie, dans le désert où tu te trouves. Signe-toi maintenant avec le Crucifix de mon chapelet sur les points que je t'ai déjà indiqués *(à savoir: le front, la bouche, le cœur et l'intérieur des mains).*

Ma fille, il n'y a pas beaucoup de temps pour comprendre ces derniers appels et je suis en train de vous faire accorder par l'Eternel pour le temps nécessaire. Aidez-Moi, aidez-Moi avec votre bonne volonté; sans elle on ne peut pas faire grand-chose. Je viens en tant que Mère de l'Olivier béni pour vous envoyer la Paix nécessaire pour faire front aux luttes continuelles que l'antique persécuteur vous livre chaque jour. Je suis votre Mère, écoutez-Moi, écoutez-Moi, le temps se fait court.

Chère fille, mon Fils Jésus désire que tu médites la lettre de saint Jude, versets 18-19, et que tu adresses ces paroles de Vérité à tous ceux qui continuellement te tuent. *("Ils vous ont dit en effet: dans les derniers temps, il y aura des gens qui se moqueront de vous et vivront selon leurs mauvais désirs. Ce sont eux qui causent des divisions; ils sont dominés par leur nature humaine et non par l'Esprit de Dieu.")*

Je vous remercie d'avoir répondu à mon appel maternel. Notre rencontre continue. Défendez mon œuvre d'Amour, puisque mon Message n'est pas encore terminé. Défendez-la contre Satan. Du Cœur de mon Fils part la bénédiction que je vous donne! Je vous mets tous dans mon Cœur immaculé. A bientôt, à bientôt, soyez-moi attentifs! Que mon Divin Fils Jésus soit loué!»

23 juillet 1995, à 21 h 20

Marie: «Que Jésus-Christ soit loué, l'Agneau de Dieu.

Debora: – Qu'il soit toujours loué!

Marie: – Chers enfants, je suis la Mère de Jésus et je participe à votre joie dans la louange à l'Eternel. Je suis contente de vous voir en prière, et en pure prière du cœur. Nous avons manifesté notre Douleur (les statues et images qui ont pleuré) dans ce pays également, afin que vous preniez conscience de l'amertume de la couronne d'épines qui nous entoure et nous transperce! Ce fut un signe d'Amour et d'Espérance que je désire que vous ne taisiez pas, mais que vous révéliez avec une grande douceur à mes nombreux enfants qui vivent dans l'obscurité.

Satan, mes enfants, s'est emparé d'un grand nombre de cœurs, mais Moi, votre Salut, je les conduirai au port en toute sécurité;

pour cela il est nécessaire que vous m'aidiez, que vous coopériez pour que cette espérance de libération soit le plus proche possible. Méditez sur nos larmes, celles de mon Fils et les miennes, mais dans leur vrai contexte de souffrance! Le monde entier endure une terrible agonie, mais Moi, ma fille, je te dis que le triomphe de mon Cœur immaculé est pour bientôt; il viendra avec le Jubilé de l'an 2000, annoncé par le Vicaire de mon Fils Jésus, mon fils bien-aimé.

Ma petite fille, dis de ne pas avoir peur: je suis constamment auprès de vous. La joie a été immense de voir, répondant enfin à mon appel, des consacrés, mes enfants préférés, auprès de vous. Je les bénis avec une bénédiction toute spéciale et je les comble de mon Amour maternel. N'ayez pas peur, même si ces temps sont associés à de grandes douleurs et à de grands troubles. Ensemble nous vaincrons. Priez, mes enfants, priez.

Abandonnez les vains discours, et ne permettez pas que mes larmes moisissent sur mes images: c'est un témoignage attestant que Dieu est vivant et au milieu de vous. Comme Mère de l'Espérance je vous invite à une sérieuse conversion et aussi à vous faire les promoteurs de mes messages ainsi que de pénitences offertes à mon Jésus.

La coupe du Seigneur est remplie jusqu'au bord, mais il est encore temps pour ceux qui veulent vraiment se sauver. Ma fille, ne te fais pas de mauvais sang par les refus que tu essuies constamment. Tu es pour Moi un petit Jean qui avec beaucoup d'autres a adhéré à la volonté de Dieu. Je vous bénis, mais souviens-toi de porter à tous, en particulier aux infirmes, ma bénédiction et mon baiser. A bientôt!

Louange au Nom de mon Fils bien-aimé, Jésus!»

17 août 1995

Jésus: «Ma fille, pleure sur mon Cœur. Repose-toi en Lui, qui est ta demeure et ton refuge.

Debora: – Mon Seigneur, j'ai une telle douleur dans mon cœur en voyant cette contrainte, ce silence stupide, qui pour moi aussi serait une solution de facilité, mais…

Jésus: – Ne pleure plus, maintenant écoute-moi. Retrouve ton calme et réjouis-toi, oui, réjouis-toi car tes yeux voient le Dieu-Homme vivant et véritable. *(Ici, il apparaît en chair et en os, lumineux comme jamais.)* Ma fille, si tu as de la peine, c'est signe que tu partages la douleur de nos Cœurs très saints, trahis et humiliés, crucifiés et blasphémés!

Prête ton cœur à mes Paroles de Vérité, comme tu faisais au début. Ne te laisse pas abattre par la tristesse bien que, lorsque par peur vous cachez mes Vérités, vous me trahissez par lâcheté, m'offensant grandement! Ma fille, tu as été voulue à cette époque, afin d'être l'instrument de ma Lumière dans cette foule obscure! Foule qui est celle des âmes pleines de misères! Cette époque est plus traîtresse encore que celle des ères païennes et idolâtres!

Moi, le Sacré-Cœur, depuis des siècles j'ai appelé des âmes et distribué des dons immenses, mais jamais autant que maintenant ils n'ont été aussi rejetés. Doutes, peurs et incrédulités sont les fruits de votre foi toute théorique. Jamais comme maintenant les âmes que j'ai placées à côté de mes bien-aimés — pour qu'en vivant auprès d'elles elles jouissent dans une égale mesure de mon grand Amour — ne se sont comportées aussi misérablement, en doutant, en condamnant et en intimidant mes agneaux par leurs paroles perfides, leur faisant sentir l'opprobre et le commun mépris. Ere maudite et mensongère, qui préfère un Dieu muet, un Dieu aveugle!

O ma messagère, comment peuvent-ils croire que le Créateur de tout puisse être mort en même temps que leurs "valeurs"? Je suis bien vivant: ma Parole est vivante et d'ici peu mon Eglise revivra! Le temps a passé, les saisons se sont succédé, mais la plainte de l'Eternel n'a pas encore été entendue. Les autorités de l'Eglise, de mon Eglise, continuent à (me) renier et à (me) crucifier!

Toi aussi tu seras reniée, comme je l'ai été par les pharisiens et les docteurs de leur inique loi…

Que les savants qui liront ces lignes ne froncent pas le front, car ils savent que ce ne sont pas des paroles mensongères! Que la sensibilité de qui croit n'être pas vu et qui pendant ce temps travaille pour sa volonté propre et sa vaine gloire ne soit pas offusquée! De même qu'autrefois j'ai averti les scribes et les pharisiens, de même aujourd'hui je désire avec toute ma Puissance divine avertir les persécuteurs de ma fille, et d'autres encore, que malgré leur insuffisance, mais avec leur fidélité et leur foi bien enracinée, ils sont en train de tout surmonter.

Avec ces petits, je suis en train de restaurer ma Maison. C'est avec le sacrifice de leur patience que je suis en train de l'orner. Et c'est avec leur sourire dans les épreuves physiques et morales que je puis rendre ma Maison sainte et pleine d'Amour. Je dis qu'aucun ne se sauvera de ceux qui, partisans de la guerre, ont agi avec iniquité et offert en holocauste ces petits. Mon Eglise doit changer, elle doit mettre en œuvre une véritable renaissance, elle doit s'ouvrir et utiliser ses dons, par exemple la prudence dans la mesure où Moi, le Christ, je l'ai ordonnée.

Fille de mon Ame, je te demande cependant de prier pour tous ceux qui te font la guerre et te rejettent, te considérant comme une véritable malédiction. Ta nourriture sera un pain de larmes, mais tu gagneras la meilleure place dans mon Royaume. Use du pardon et laisse les clous du refus te transpercer les chairs, qui seront pour toujours bénies. Je suis le Père du Pardon, mais de ma Croix je pousse aujourd'hui un cri de douleur qui se traduit par un signe de sang. Tous ceux qui ne l'accueilleront pas seront maudits comme la descendance de Caïn, tous ceux aussi qui se moqueront des œuvres de l'Esprit-Saint recevront pour cela l'esclavage des Hébreux jusqu'à la fin des temps. Envers tous ceux qui ne changeront pas après mes instructions, mon Père sera sévère et il leur infligera la même condamnation qu'aux habitants de l'ancienne Sodome.

Ecoutez, mes enfants, consacrés où non, écoutez, mes ministres: le calice est déjà plein. Ne remplissez pas mon Cœur d'amertume. Ornez vos cœurs de nouveaux vêtements! Ne préchez pas de vains discours et ne contredisez pas le fait que vous êtes Miens par des comportements trop rationalistes... *Ici Jésus s'arrête, puis il reprend:* Il est écrit: «Si vous vous taisez, les pierres crieront.»

Aujourd'hui Moi, Jésus, le Seigneur, je répète à mes petits, à chaque fois que sera actionné le mécanisme de la persécution, je dis bien "à chaque fois" je réaliserai ce que je viens de vous citer et ce sera pour eux le signe de leur rébellion!

Ma fille, ne te désole pas et ne sois pas déprimée, car ce n'est pas à tous mes ministres que ces paroles s'adressent, mais communique-les cependant à tous.

Debora: – Mon Dieu, je suis triste, et comment pourrais-je ne pas l'être, sachant que toutes ces choses sont vraies: je les rencontre tous les jours.

Jésus: – Ma fille, pourquoi me provoquent-ils? Pourquoi? N'est-ce pas Moi qui ai dit: "Ce que vous lierez sur la terre sera lié dans le ciel et ce que vous délierez sur la terre sera délié dans le ciel"? Ce pouvoir, Moi, je le leur ai accordé, et vois avec quelle infidélité j'en suis payé en retour! Pourquoi voulez-vous me fermer la bouche? N'ai-je pas le pouvoir de faire trembler le ciel et de secouer les abîmes de la mer? Toi, ma Création, je suis en train de t'en avertir, en te manifestant le danger et tu en es reconnaissante: n'aie pas peur! Mais de qui avez-vous peur? Ne soyez pas insensés: allez de l'avant et mettez-vous à l'écoute de tout ce que je vous envoie par ma très sainte Mère, qui doit être honorée et respectée, tout comme Moi je la respecte et l'honore! Vous êtes en train de vivre la fin des temps!»

23 août 1995, reçu à Andria

Marie: «Qu'il soit loué, le divin Corps de mon Jésus, présent dans l'Eucharistie!

Chère fille, je suis la Mère de l'Olivier béni, la Reine de la Paix. En tant que dispensatrice de la Paix, me voici de nouveau ici au milieu de mes enfants, qui ont besoin des grâces du Seigneur Dieu pour consolider leurs forces en ces heures de ténèbres qui pèsent sur l'humanité entière.

Je suis votre Reine et j'aime me trouver avec vous qui êtes ma Couronne d'Amour vivante. Ma fille, mon Cœur est déchiré de douleur à cause de cette descendance qui a voulu s'identifier à tout prix au cruel Caïn et au terrible Hérode. Je ne peux plus regarder cette terre et en jouir comme d'une création parfaite.

Vous aimez la guerre et semez partout la division. Comment pourrais-je mettre en œuvre la paix en la rétablissant d'une manière particulière dans les peuples les plus martyrisés et les plus affligés, si votre volonté est perverse et ennemie de la Volonté du Père?

Cependant, avec l'aide de ce petit nombre, ce petit nombre d'enfants, j'apporte aujourd'hui la dévotion qui, en renouvelant les cœurs, fera souffler un air nouveau et frais qui renouvellera mes jardins.

Debora: – Mère sainte, quels sont ces jardins?

Marie: – Ma fille, c'est vous. C'est vous! Oh, mon Cœur est désolé et l'Amour de mon Fils est crucifié! Que l'Eglise sache qu'elle est en train de vivre le temps de sa Passion, de sa Crucifixion et qu'elle doit s'engager pour sauver le plus grand nombre d'âmes possible. Il faut que les scandales prennent fin, que l'impureté soit vaincue, sinon vous vivrez des jours à venir encore pires. Mon Cœur immaculé est en train d'exprimer toute sa souffrance; quant à vous, mes enfants, engagez-vous dans la nouvelle Evangélisation, qui aidera cette seconde Pentecôte à se répandre sur vous tous avec puissance. Devenez les soldats de la Milice céleste, guidés par l'archange Michel, mon Général! Soyez des phares de lumière dans l'obscurité qui s'avance de plus en plus vite.

Ma fille, il n'y a plus beaucoup de temps, c'est pourquoi je vous avertis, parce que en tant que votre Mère je suis plongée dans une profonde amertume au sujet de mes enfants.

Je vous bénis: le ciel s'ouvrira et de nouveau je vous donnerai une sainte Purification. Porte mon baiser à tous. J'ai accompagné dans la prière ceux qui sont venus à Moi en ce lieu. D'ici peu je reviendrai. A bientôt, car mon message n'est pas encore fini.»

27 novembre 1995, en la fête de la Médaille miraculeuse

Jésus: «L'Eucharistie est ma catéchèse d'aujourd'hui! Je te bénis, mon âme bien-aimée, servante intime de ma très sainte Présence chez les mystiques et les voiles blancs. Fille de mon peuple, regarde de près ce que mon Amour veut te manifester. *(Ici j'ai vu un prêtre qui, de ses mains élevées, offre l'Eucharistie à la vue de tous les fidèles.)*

Voici l'acte solennel de toute la sainte Messe, le plus grand Sacrifice de Réconciliation! Qui de vous réussirait à expliquer quel immense prodige c'est là? L'Eucharistie, c'est le Soleil, le Cœur saint, la Grâce. C'est mon témoignage. L'Eucharistie concrétise la fidélité à mes Paroles: "Je serai avec vous pour toujours". Je suis dans cette demeure, toute de douceur et d'Amour, pétrie par la divine Charité.

Il n'y a pas de miracle sur terre qui la puisse surpasser! Dans sa petitesse, il y a toute ma Grandeur! Mes prêtres, par qui se répand sur vous mon Esprit, présentent, uni au très saint calice, Celui qui est le "Tout", et ainsi vous participez à ma Passion et en devenez, moment après moment, de "petites Hosties-filles".

O mes prêtres, les anges déchus voudraient détruire cet admirable acte d'amour et de salut, parce qu'ils sont conscients d'une telle grandeur. Mais cela, mes prêtres le comprennent-ils? Oui, certains le comprennent, mais ils sont trop peu nombreux! L'Eucharistie est le feu intérieur au-dedans duquel vit éternellement toute ma substance et brûle sans fin mon Esprit-Saint sanctificateur.

C'est l'Eucharistie qui, à travers les siècles, rend mon Eglise infaillible et victorieuse. Elle accompagne la Miséricorde et la Puissance de cet immense Soleil que je fais luire sur les péchés du monde et qui apporte le repentir! Pourquoi les hommes ne s'émeuvent-ils pas davantage devant une si manifeste splendeur et à l'évocation d'un tel supplice qui s'actualise sans cesse?

Je te le répète, fille de mon Eucharistie, il n'existe pas de sacrifice de réconciliation plus grand que celui-là!

Debora: – Tu es mon Seigneur et mon Dieu! A Toi la gloire, Dieu tout-puissant, qui es le Saint des saints. Comme je t'aime, Jésus-Eucharistie!

Jésus: – Tu es le produit de cette grande puissance, ma Debora, âme rachetée par mon supplice, comme toutes les autres! Oui, lavez-les une par une, après avoir été sauvées, de même qu'à chaque sainte Messe.

O mes brebis, mes brebis, ne vous éloignez pas de Celui qui vous aime tant, ne désespérez pas! Pour vous qui croyez et vous nourrissez de mon Corps, l'Espérance ne passera pas! Heureuses êtes-vous qui comprenez le bonheur de ma Mère, présente à chaque Saint Sacrifice à côté du prêtre qu'elle protège comme le petit enfant dans le giron maternel et qu'elle soutient dans cette sainte purification qui, par lui et avec ma grâce, se réalise au milieu de mon peuple!...

Merci, ô Père, Toi qui aimes tes enfants à travers Moi, ton Fils unique, et à travers la Colombe pure, Marie… C'est ainsi que je désire que vous remerciiez le Père et Lui demandiez l'Esprit de force pour mes consacrés.

Vers vous, mes âmes, est dirigé le cri de douleur qui part de l'arbre de la Croix: priez pour les miens, priez pour ceux qui n'ont pas confiance dans la puissance du ministère sacré, qu'ils retournent aux origines du doux appel qu'ils ont reçu et sachent écouter à nouveau le bruit de mes pas et la douceur de mes caresses dans leur cœur!

Ma fille, tu es mon agneau sacerdotal. Tu dois immoler ton être pour chacun des prêtres de la terre et sentir dans ta chair la douleur de leur reniement, quand, en se détachant de mes enseignements, bien que restant à l'intérieur de ma Maison, ils se séparent de mon Esprit et suivent l'agent de la damnation, qui suscite en eux l'indifférence envers mon Eucharistie que, parfois, avec une si grande irrévérence, ils réussissent à désacraliser.

Mais je suis l'Amour, ma fille. Dieu est Amour et cet amour est plus haut et plus grand qu'une telle incompréhension et une si haute trahison. Ma fille, j'aime mon Eglise, je l'aime au point d'en mourir chaque jour.

Mes ministres, amène-les Moi par ton offrande, serre-les sur le Cœur de ma Mère qui se manifeste à toi en ces temps prophétiques, comme la Mère du Sacrifice perpétuel et la Mère de l'éternel Olivier de paix, dispensatrice d'une huile qui est, pour la majeure partie des sacrements, le Fortifiant médicinal. Je te le dis, bientôt tous vous verrez les signes de mon Eucharistie: au jour que j'ai fixé, de tous les tabernacles et de toutes les mains consacrées voleront vers le ciel les divines Hosties pour le triomphe de ce sacrement, le plus pur, le plus sublime!

Ma fille bénie, maintenant repose-toi. Nous continuerons plus tard.» *(En fait, je suis aussi heureuse qu'épuisée.)*

Jésus: «La puissance réconciliatrice de l'Eucharistie est en train de se communiquer à toi… ma Paix…» *(Il est 19 h 45.)*

Debora: «Oui, Seigneur, je viens *(j'étais en train de finir de dîner)*. Comme je suis contente que tu sois toujours avec moi, surtout quand il pleut, c'est plus intime.» *(Il pleuvait à verse.)*

Jésus: «Que ma bénédiction descende sur le monde entier!» *(Debora: ici je vois la Sainte Vierge qui tient le monde entre ses mains et l'offre à son Fils. Je vois que le Seigneur bénit d'une façon particulière l'Italie et Rome.)* «Ma fille, je suis l'Amour profané!

Debora: – Seigneur, au sens eucharistique?

Jésus: – Oui, je désire t'en parler. Je te parlerai de la communion reçue dans les mains.

Debora: – Je suis contente. Jésus, beaucoup de prêtres disent à ce sujet que la langue est moins propre que les mains, donc...

Jésus: – Donc dans leur tête il y a plus d'ignorance que de matière grise!

Ma fille, lorsque Moi, le Très-Saint, j'entre en vous, vous êtes totalement consacrés, mais je ne discute pas quelle partie de votre corps est la plus sainte pour me recevoir. Avant tout je veux faire comprendre aux hommes que j'ai horreur de ces changements continuels des normes que j'ai établies. D'autre part, si à une époque les miens avaient coutume de recevoir ma Chair sacrée par la fraction du pain, aujourd'hui je ne le désire plus. Combien de fois l'apôtre Paul a-t-il dû modifier les choses à cause de sacrilèges continuels! Lui-même s'efforçait de tout accomplir avec respect et adoration, car il savait bien la grandeur que donnait ma communion.

Aujourd'hui, l'homme est plus délicat et le Malin ne sait plus quoi inventer pour attenter à un tel sacrement.

La première arme dont il se sert est de faire croire à une plus grande hygiène. Attention à son astuce! On ne sait plus distinguer ce qui est immensité de ce qui est abîme! Combien de profanations ne suis-je pas obligé de subir puisque les miens ont permis qu'on me vole par la communion dans la main! Combien et combien de fois m'ont-ils sacrifié au mal par ces concessions!

Satan examine les hommes et il a bien scruté les cœurs, afin de pouvoir les façonner à son bon plaisir pour en arriver à éliminer l'Amour sacrement. Il faut briser cette chaîne de mort!

Recevez-Moi dignement des mains de mon ministre, directement dans la bouche, avec tous les honneurs qui me sont dus, et puis donnez-Moi un accueil convenable dans votre cœur. Je veux être parmi vous, mais n'oubliez pas que je ne suis pas l'un de vous.

Je suis le Dieu incarné et pas un homme qui s'est divinisé. Rappelez-vous qu'un grand nombre de mes Amis ont été jusqu'à donner leur vie pour Moi, inaccessible et intouchable, insondable Eucharistie.

Il est inévitable que l'Ennemi, en faisant cela, ne perde pas toutes ses batailles contre Moi. En ces temps les miens vous diront: "Tout cela n'est pas important!" Et je devrai subir encore des profanations.

Je chercherai donc davantage de consolateurs. Il y a des moyens pour arrêter la Bête et Moi, le Sacré-Cœur, je vous permets de les approfondir et de les utiliser pour ma Gloire qui, d'ici peu, s'étendra d'une extrémité à l'autre de la terre. Toi, au moins, ma douce fille, fais ce que je te dis.

Je poursuivrai sur ce thème en considérant qu'il y a encore quelqu'un qui parmi vous vit, écoute et met en pratique!»

28 novembre 1995, à 9 h 35

Jésus: «Allons, ma fille, viens écrire. C'est le temps du triomphe de l'Eucharistie, mon Corps véritable, ma véritable Chair!

Debora: – Oui, Seigneur, je viens. De quoi parlerons-nous aujourd'hui en relation à l'Eucharistie?

Jésus: – Le thème est le respect qui lui est dû et avec lequel je désire être accueilli: comment s'approcher du banquet céleste?

La première chose que je désire est que votre cœur soit propre des souillures du péché, et cela n'est possible qu'avec le sacrement de la confession. Il faut une contrition sincère de tous les péchés commis et de ceux qui se commettront: l'intention du cœur de ne plus les commettre à nouveau et, pour finir, il faut se sentir pardonné par ma Miséricorde.

La deuxième chose avant de communier, c'est une prière intime pour offrir un tel Sacrifice d'Amour pour la guérison des âmes.

La troisième chose, c'est de me recevoir à genoux...[1]

Debora: – Mais, Seigneur, une fois je l'ai fait chez les Passionistes de Manduria et le célébrant s'est mis à crier comme s'il y avait le feu.

Jésus: – Oui, il en est bien ainsi: c'est Satan qui se déchaîne, puisque c'est lui qui a donné de telles indications aux hommes pour pouvoir détruire le Sacrement des sacrements. Moi, je te dis qu'aucun d'entre vous ne doit recevoir la Majesté divine debout; vous devez au moins faire une génuflexion comme signe que vous m'adorez comme Roi et Sauveur. Toi au moins, toi, donne cet exemple d'élève parfaite.»

29 décembre 1995, à 3 h 25

Marie: «Que le nom du Seigneur soit glorifié.

Aujourd'hui, ma fille, je désire que tu regardes le Bourgeon, attendu depuis longtemps et annoncé par les prophètes de Dieu, comme modèle de Vie, comme source pure et transparente qui produit le salut.

Ici-bas, pour chacun de nous, est né mon Tout-Petit et, dans l'obscurité, gît le Soleil qui resplendit dans les ténèbres de la plus grande confusion. Adore ce Verbe en Moi, très pure Incarnation, en qui est engendrée la Gloire du Tout-Puissant et qui l'apporte jusqu'à vous avec le très saint Nom de Jésus, mon Seigneur et Fils. Adore et contemple sa docilité ainsi que son doux et aimable visage qui, par une faveur divine, se laisse découvrir par l'œil humain indiscret.

Il est né et je vous l'offre pour ces temps qui vont devenir de plus en plus sombres et de moins en moins remplis de Dieu. C'est un don qui part de mon Cœur pour que vous, peuples de la terre, soyez forts et victorieux, vous qui êtes désormais viciés par la haine et la vengeance. En ces jours de divine Miséricorde, laissez-vous bercer par la suavité des regards du petit Enfant, la très haute Créature de Dieu, à qui toute l'Eglise triomphante adresse la prière: "Sauveur, viens dans le monde!"

Chère fille, c'est avec ce Noël que vous ouvrez les temps que j'ai déjà prédits et c'est à partir de ces jours que vous commencerez

---

1. Toutefois, après une objection de Debora, le Seigneur a précisé: «Vous devez au moins faire une génuflexion comme signe que vous M'adorez comme Roi et Sauveur.»
Cette génuflexion peut se faire dans l'allée avant d'arriver à la hauteur du prêtre ou dans son banc avant de partir communier. On peut aussi se mettre à genoux dans son banc durant la prière «Seigneur, je ne suis pas digne...» A n'en pas douter, Jésus veut davantage de respect envers l'Eucharistie, mais cela doit se faire dans l'ordre, sans perturber le silence et la dignité qui s'imposent dans la Maison de Dieu. Que chacun y contribue dans la mesure du possible et dans le respect du sacrement, du ministre et du lieu.

sérieusement à vous consacrer à mon Amour maternel, unique salut pour surmonter les graves événements. Je suis ici, à la porte de votre cœur et j'attends celui qui, avec Moi, voudra essuyer les larmes de Jésus. Devenez le linge qui essuie mes larmes amères et cruelles! Redécouvrez mes messages et, comme de braves enfants, persévérez sur le chemin que je vous ai plusieurs fois indiqué: reconstruisons ensemble la dignité de l'homme! Courage, avec un travail plein d'amour et de bonne volonté.

Je suis Marie, votre Maman, et je vous bénis. A bientôt, *Shalom, Shalom, Shalom*!»

8 mars 1996

Le matin, nous montons au mont des Béatitudes. Après la sainte Messe, célébrée dans la partie inférieure de l'église, je m'isole un moment dans le jardin, d'où on domine le lac, et là je m'arrête un peu pour le contempler. J'ai la sensation très nette d'être assise sur une des pierres des Apôtres et, je ne sais pas pourquoi, j'ai la sensation qu'au temps du Seigneur il n'y avait pas d'arbres ou, tout au moins, pas comme maintenant. Dans mon cœur, c'est comme si je voyais spirituellement ce lieu solitaire et pierreux ou, mieux, plein de grosses pierres de lave. J'en prends une avec foi pour l'apporter à mes frères, et à ce moment Jésus me dit:

«Prends-en, oui, prends-en! Ces pierres ont entendu mes saintes Paroles, lorsque les foules se rassemblaient ici et dans la vallée pour écouter la Parole du Royaume de Dieu, que prononçaient mes lèvres.

Debora: – Seigneur, ils devaient être impatients de comprendre!

Jésus: – Oui, ils l'étaient et ils fatiguaient beaucoup les miens *(mes disciples)* pour qu'ils viennent leur rapporter mes demandes exigeantes, s'adressant de l'un à l'autre pour réussir à en sauver un grand nombre.

Debora: – Je le crois.

Jésus: – Ceux-là assumaient vraiment leur rôle de bons pasteurs, non pas comme aujourd'hui, époque caractérisée par votre grande méchanceté, où on se réjouit présomptueusement, non seulement de désorienter, mais aussi d'anéantir mes brebis déjà blessées dans leur esprit!

Rien ne pouvait arrêter les bras et les jambes des Miens qui, s'empressant ici et là, ressemblaient à des infirmiers prêts à soigner. Ah, comme ces exemples aujourd'hui vous manquent! Et comment pourriez-vous comprendre si vous ne réussissez pas à en apercevoir à votre horizon tout souillé de passions humaines et d'amour-propre? L'individualisme, l'égoïsme, la jouissance personnelle sont la loi qui règle votre vie. Je te dis cela pour que tu puisses avoir une vision précise du travail désintéressé que mes disciples accomplissaient, pour que tu puisses l'imaginer et être proche avec ton cœur. Mais continuons…

Debora: – Seigneur, ici tu as proclamé comment on peut devenir bienheureux et aimés de ton Père. Je sens encore dans l'air tes paroles de Miséricorde.

Jésus: – Oui, ici j'ai inauguré avec force ma prédication sur la "Maison de mon Père". Ici, j'ai révélé tout ce que Dieu, fontaine d'Amour, dépose dans le cœur de l'homme et tout ce qu'Il attend de lui pour qu'il puisse réellement être appelé "fils"! Le Père Lui-même était avec Moi et son Amour émanait de ma Parole qui ricochait sur les pierres et sur les cœurs, comme des pierres jetées sur le lac au ras de l'eau.

Là où elle entrait et pénétrait, ma Parole ne laissait même pas de trace. J'étais, Moi, la suprême Béatitude: ma Parole, donnée même sur un ton placide, suscitait la décision qui était Vérité profonde.

J'ai dit et je redis: "Bienheureux celui qui saura être pauvre en esprit, détaché de ce qui est du monde, car avec son cœur proche du ciel il réussira à en voir la splendeur et la gloire qui ne périt pas!"

Ici j'ai dit et je redis: "Bienheureux celui qui saura être docile dans les difficultés de la vie" en comprenant que la véritable victoire ne se trouve pas dans l'agitation, la colère, l'arrogance, ni dans la domination du cœur de l'autre pour satisfaire sa propre volonté, ou pour l'emporter sur lui et se procurer de vains acquiescements. Bienheureux, oui, car sa douceur lui permettra d'accueillir ma Sagesse et elle vivra en lui comme un petit enfant dans le sein de sa mère, et il aura en héritage la terre et tout ce qui en elle a une forme vivante, pour glorifier mon Père céleste de tout ce qu'il a voulu créer, en la rendant plus belle qu'avant la désobéissance *(le péché originel)*.

Bienheureux celui qui, affligé et désespéré, espère seulement en l'aide de Dieu et saura attendre patiemment de recevoir sa juste consolation. Je vous dis que je suis le Crucifié par amour et non par exagération et qui, ayant souffert, peut tout comprendre de vous, même si ce tout est limité à votre petitesse. Donc celui-là, en devenant l'ami de Dieu, le souverain Bien, recevra paix et consolation. Je vous parle à vous qui refusez la moindre miette de souffrance. Commencez à dire: "Toi, mon Seigneur et mon Dieu, au jour d'angoisse, j'élève mon cri vers Toi, et tu m'exauceras!" Quand vos yeux se rempliront de larmes amères, regardez avec espérance vers Moi et vers mon Père et votre Père, et bientôt vous serez délivrés. Et je parle d'une libération définitive et éternelle!

Bienheureux celui qui aura davantage faim et soif de la Justice divine que de la nourriture quotidienne, parce que c'est la Justice du Père Lui-même qui le rassasiera en temps voulu. La Justice, non pas comme la donne le monde, limitée et pas entièrement donnée, mais la Justice immortelle et désaltérante selon votre véritable exigence, pour l'âme et non pour le corps. Elle sera grande, multipliée par cent, et procurera à ceux qui remettront leur cause entre les mains de Celui qui est la souveraine Justice une couronne de gloire à l'égal de celles des martyrs. Ne craignez jamais les jugements humains et, si le cas se présente, accusez ceux qui diffament continuellement leur prochain, oui, accusez, mais tendus vers Celui qui est la Sagesse et sait bien comment vous accueillir et il vous rendra vraiment ce qui est à vous *(ce qui vous appartient)*. Pour Lui, soyez de bons enfants, dignes de Celui qui est votre Père, qui sait ce dont vous avez besoin avant même que vous gémissiez.

Bienheureux ceux qui seront miséricordieux envers leur prochain, prêts à donner ce dont tous ont besoin, mais trois fois bienheureux ceux qui se tourneront avec miséricorde vers ceux qui sont durs de cœur, ceux qui sont loin de Dieu, vers ceux qui par manque d'amour sont desséchés comme les plantes du désert. Bienheureux, oui bienheureux, car ils seront recouverts de la Miséricorde même, tel un baume sur le corps d'un mort.

Bienheureux celui qui ayant reçu davantage saura en faire profiter les autres. Bienheureux, car le regard de Dieu le protégera dans l'épreuve, je vous le répète, enfants de cette société égarée et sans pitié, car souvent vous vous lamentez de moissonner des fruits de désolation. Cherchez à faire ce que je vous ai dit, et tous vos péchés seront brûlés dans le feu dévorant de la Miséricorde. Faites miséricorde envers tous, spécialement vos voisins, et il vous sera fait Miséricorde.

Bienheureux celui qui gardera son cœur en état de pureté, cœur pur dans une chair pure. Je fais allusion à une chair pure, mais je ne désire pas que vous compreniez que la finalité de ce que je vous dis se situe exclusivement dans la chair. Avoir le cœur pur, c'est être déjà avec Dieu. Celui qui garde une telle pureté ne peut pas ne pas être remarqué: il sait voir chaque chose sous un éclairage différent parce que c'est le Pardon qui éclaire ses choix et ses attitudes. Puisqu'en vous il existe une grande confusion à ce propos, je désire souligner que le fait d'avoir le cœur exempt de méchantes pensées et de mauvais désirs est une "conquête" de ceux qui sont doux. Que personne donc n'ose se proclamer tel, si sa vie ne s'en fait pas l'écho et si les autres ne s'en aperçoivent pas. Dieu se fera voir au cœur sans corruption et fera connaître déjà sur la terre sa volonté, sans les entraves provoquées par le péché.

Bienheureux celui qui, comblé de paix, opère dans la paix et pour la paix. Le Père est Paix et quiconque sera au service de la paix pourra donc être appelé enfant de Dieu, du Dieu de la Paix. *(Ici Jésus se tait… puis à voix basse Il continue.)*

Bienheureuse la créature qui avalera des larmes de persécution à cause de la Justice, car elle sera témoin au tribunal de la gloire. Ici, ma fille, comme je te l'ai déjà dit je te rappelle la belle fleur dans les broussailles qui la déforment et la font disparaître. Je t'ai parlé de tribunal (de la gloire) pour dire le Royaume des cieux, et comment une telle créature, clouée ou persécutée au Nom de Très-Haut ou de tout bien ramené à Lui, ne sera-t-elle pas recouverte du parfum de la sainteté? Comprends donc!

Bienheureux serez-vous quand on vous méprisera, qu'on couvrira votre visage et votre nom d'insultes, qu'on vous calomniera, qu'on vous donnera en nourriture aux vautours pour l'amour de mon Nom, car, je vous le dis, du gibet de ma Croix je vous élèverai tellement que personne ne pourra jamais réussir à comprendre ce qui vous arrive et pourquoi vous êtes comblés de mes faveurs spéciales. Quand ils vous accuseront faussement, avec des témoins à leur solde, n'ouvrez même pas la bouche, attendez qu'en temps utile j'ouvre la mienne et que je prononce une parole, une seule mais définitive. Laissez-Moi vous dire que vous avez de la chance, si vous êtes au nombre de ceux-là, car votre nom sera grand sur la terre comme au ciel. Demeurez forts, affermis par ces paroles. Alors vous comprendrez mieux.

De cette colline *(du Sermon sur la montagne)* je répands ma Paix sur le monde entier.»

23 juin 1996, à 21 h 40

La Dame est vêtue de blanc et porte sur les épaules un manteau bleu ciel. Ses pieds sont ornés de roses rouges parfumées. Elle est accompagnée par un jeune enfant vêtu de blanc, comme Fidemile, mon ange gardien. La Dame dit que celui-ci s'appelle l'archange Uriel: il combat contre la colère et protège les endroits de ses manifestations célestes.

Marie: «Que le divin Cœur de mon cher Fils Jésus soit loué!

Debora: – Qu'il soit toujours loué!

Marie: – Ma fille, c'est l'archange Uriel. Je désire que tu le connaisses et que tu le pries. Invite les autres à en faire autant. Très chers enfants bien-aimés, aujourd'hui j'ai laissé descendre sur vous comme une pluie de grâces et sur mon Image les gouttes de l'huile de mon Amour, afin que vous ayez une force spirituelle contre les attaques de Satan, mon ennemi et le vôtre. Je suis la Vierge de l'Eucharistie et, en ce mois consacré au Cœur de mon Fils Jésus, je désire qu'elle soit davantage adorée et visitée.

Mes enfants, il est très important que vous compreniez le sens de l'Eucharistie que beaucoup, aujourd'hui, hélas, considèrent comme un simple petit morceau de pain. Je veux aussi vous parler de mes apparitions, motifs de discorde dans l'Eglise. Elles sont importantes pour les brebis égarées. En tous les lieux où je me présente, je dépoussière les âmes et je les renouvelle par la rencontre avec mon Fils.

Mes enfants, ne permettez pas que le Malin vous éloigne de mes bénédictions, dont je comble non seulement mes enfants, parfois persécutés et maltraités à cause de Moi, mais aussi tous ceux qui en ont leur part. Que personne ne vous empêche de venir dans les endroits où Jésus, mon Fils et le Fils de l'Eternel, m'envoie. Priez maintenant avec Moi pour les besoins des pèlerins qui, pour me rendre un hommage agréable, sont venus de pays lointains.»

Je récite un Notre Père et trois Gloria.

La Dame ajoute: «Que la sainte et divine Eucharistie soit louée, glorifiée et adorée.»

15 août 1996, reçu à Garabandal (Espagne)

Nous arrivons à Garabandal la veille de la fête de l'Assomption. Ici je connais un prêtre, à qui la Madone a confié ce lieu saint et la mission de fonder un ordre religieux (prêtres et religieuses) appelé "Foyer de la Mère". La nuit je participe avec ces religieux, avec quelques pèlerins et de nombreux laïcs consacrés à Notre-Dame du Mont-Carmel à une marche nocturne de 45 km en l'honneur de Marie. La journée du 15 s'écoule tranquillement, mais le soir nous montons de nouveau aux "pins" parce que mon cœur me dit que Marie va se communiquer à moi. Au quatrième mystère glorieux, Marie me dit:

«Que le Nom de mon divin Fils Jésus-Christ soit loué!»

Debora: – Qu'il soit toujours loué!

Marie: – Ma fille, en ce lieu j'ai manifesté avec surabondance toute ma Maternité. C'est de ce lieu, perdu entre les montagnes, que par des petits cœurs j'ai annoncé le jour du début des douleurs, mais aussi de la joie que mon Fils apportera en imprimant son Signe, qui restera. Et aussi, sans les toucher, il apportera dans les cœurs joie et consolation.

Je n'ai pas dissimulé mon chagrin et, bien que connaissant la gravité du moment, les cœurs restent froids. En ce jour solennel, où l'Eglise m'exalte comme Celle qui a été élevée au ciel, toute joyeuse, dans la Gloire du paradis, je remercie les jeunes qui ont offert à mon Cœur de Mère blessée la pénitence du cheminement et la prière du cœur. Je suis heureuse et je vous invite à le faire encore, et pas seulement ici.

Le jour du Miracle sera un grand événement: beaucoup retrouveront la santé du corps et de l'âme. Ce miracle marquera un véritable renouveau pour tout. *Tu es la servante de Gethsémani* et je t'ai exhortée à prier chaque jeudi pour l'humanité en agonie et je te dis:

Continue à répandre la veillée de ce saint jour où mon Fils a souffert dans toute son âme et comme homme. Ma fille, parle donc de ce lieu et confirme-le comme un lieu visité par Moi. A cet effet, consacre-toi à mon Cœur, par le *scapulaire* que je veux que tu portes dans le jardin où nous nous rencontrons.

En me manifestant à toi, c'est la dernière des grandes manifestations publiques par lesquelles j'appelle les foules à une vraie conversion. Je te parlerai encore. Je bénis ceux qui sont présents; et toi, ma fille, parle de ma nouvelle dévotion.

Au revoir et à bientôt. Que Jésus-Christ soit loué!»

14 septembre 1996

Jésus: Ma fille, la Croix de ce mont (Jérusalem) est entrée à partir de maintenant dans celle que tu as fait élever pour accomplir mon ordre précis. Moi, maintenant, je te promets solennellement qu'à ceux qui pardonneront et qui demanderont pardon, je remettrai chaque péché et que je leur ferai le don d'une conversion cohérente. Je veux que l'on établisse ici la pratique du Chemin de Croix, chaque premier vendredi du mois et que votre cœur soit purifié par la confession et que vous alliez communier.

L'humanité est sur le point de voir de près ce que ma Mère vous a déjà annoncé.

Tu dois te distinguer à pardonner. J'attends de toi cet exemple. J'ai déjà déposé en toi mes nombreux dons, mais je n'ai pas encore fini. Toutefois je n'en désire pas trop pour le moment: ce n'est pas le temps.

Ma main qui bénit s'ouvre sur le monde. Je te guéris, ô mon peuple. Que ma paix demeure en toi! O mon feuillage, ô ma Jérusalem, demeurez en moi comme je suis dans le Père...

23 septembre 1996

Après la prière du Chemin de Croix, pendant l'invocation de l'Esprit-Saint, la Dame apparaît, très souriante et, en me regardant, elle me dit:

«Tu rends gloire au Nom de mon Fils. Sais-tu ce que je dois te montrer?

Debora: «– Oh non, je ne sais vraiment pas.

Marie: – Et où je dois te conduire ce soir?

Debora: – Non, je ne sais pas.

Marie: – Je te montrerai où Jésus désire que tu fasses édifier une vasque.

Debora: – Une vasque, ma Dame?

Marie: – Mon Fils veut qu'en ce lieu saint, avant de parvenir à la Croix, on fasse un acte de purification afin de réparer pour toutes les fois que vos cœurs se sont donnés au péché. Prie avec Moi. Je te donne ces paroles; toi, répète-les:

> O terre pure, ô terre digne,
> purifie mon cœur,
> ô terre bénie,
> embellis mon âme.»

Debora: *Je récite une dizaine, mais elle répond seulement au Gloria. Elle porte un chapelet très long avec, je pense, les quinze mystères, et elle le tient d'une main à l'autre. Maintenant, elle lève le bras et je vois les trois lumières habituelles qui avancent. Je les suis et je parviens là où elles se posent. Mais je ne vois pas l'endroit, je ne perçois pas le champ.*

Marie: «C'est ici que Jésus veut la vasque de la purification. Qu'ici les gens portent cette terre à leur visage et se signent avec une croix, qu'ils demandent pardon de leurs péchés. Si le cœur des hommes devient bon et bien disposé, du sol jaillira l'eau qui, mélangée à la terre, fera la boue.

Cela se fera par votre foi. Aujourd'hui, j'ai accueilli les larmes de douleur de mes enfants, que tu m'as présentés, mais quelques-uns encore doivent s'incliner; ils doivent plier leurs genoux et apprendre à prier. Dis-leur que je les aiderai.

Ma chère petite fille, fais ce que je te dis et n'oublie pas de dresser un signe de la Présence et de la Volonté de mon Fils. Que cela soit fait d'ici peu: beaucoup doivent bénéficier de cette terre et là où tu la porteras j'accomplirai Moi-même de grandes choses! Je ne désire rien d'autre de toi. Je vous enveloppe dans mon manteau et vous bénis tendrement au nom du Père, du Fils et du Saint-Esprit.

Si beaucoup de cœurs ne s'ouvrent pas à Moi à cause de leur manque de foi, il ne pourra rien se réaliser dans leur vie de ce que le Seigneur a décidé à l'avance.

A bientôt. Je vous remercie d'avoir répondu à mon invitation. Pour le moment, au revoir, mes enfants. Que Jésus-Christ soit loué!

Debora: – Que Dieu soit toujours loué!»

23 novembre 1996

Marie: «Ma fille, c'est pour Lui (mon Fils) une souffrance de voir son désir de pauvreté se réduire de plus en plus.

Fille très chère, Moi, la Mère de la Paix, ce soir je désire recommander la prière comme pain de vie quotidien. Le monde est en train de se perdre et il fonce sans retenue vers son autodestruction. Satan entraîne de plus en plus d'étoiles avec la queue de son astuce et de sa perfidie.

Le monde sous-évalue son action et, ainsi, beaucoup ne croient pas à son existence, pas plus qu'ils ne croient à l'existence de mon Fils. Mon Jésus vous aime et, dans sa Miséricorde, il m'envoie aujourd'hui vous dire, conformément à ma mission de Mère, dont il m'a revêtue lorsqu'il habitait dans mon sein, que le secret de novembre (1er novembre 1994) peut maintenant être dévoilé. Que les hommes reconnaissent le malheur qui menace la terre, comme un orage violent qui éclatera bientôt.

Je vous appelle à immoler vos cœurs, vous les jeunes, pour la paix: dans mon projet, il y aura des fleurs mystiques du jardin du Seigneur. Mais priez, mes enfants, priez et adorez le très saint Corps de mon Fils, sans penser aux problèmes ou aux obstacles de la vie. Je suis votre Mère et je désire votre salut.

Si vous ne priez pas, beaucoup se perdront, et d'autres abandonneront même leur vie en se suicidant. Votre prière, jointe à celles d'autres que j'ai préparés depuis longtemps, sauvera le monde.

Mais il est nécessaire que vous compreniez l'importance de vous mettre en prière et de sauver les âmes, surtout celles que vous ne connaissez pas. Que ce soit une prière faite avec le cœur et je vous promets d'intercéder plus rapidement. Ma fille, baise mon pied, Jésus le permet. Je t'aime, je suis dans ton cœur!

Je vous embrasse tous et je vous salue avec l'Amour du Père, du Fils et de l'Esprit-Saint. Au revoir et à bientôt. Le jour de ton anniversaire, je te fêterai avec toute mon affection. Que le Cœur de Jésus soit loué. Préparez-vous pour le saint jour de Noël: que sa présence de Tout-Petit vous sanctifie!»

Lundi 17 novembre 1997

Pendant la nuit, une lumière d'une clarté resplendissante envahit la pièce et les fibres intimes de mon cœur qui, à cause d'une souffrance physique et morale, n'a pas pu trouver la paix. Tout à coup, sans que je m'y attende, mon Seigneur arrive, comme s'il parcourait un sentier lumineux. Sa main droite est levée et, en s'arrêtant un peu avant l'endroit où je me trouve, il me bénit en traçant lentement un Signe de Croix.

«Ma fille, confiance en Moi! Je te montre comment tu peux déposer tes désillusions et tes angoisses dans le plus adorable des cœurs, celui de ma et votre très sainte Mère. L'union de nos deux saints Cœurs constitue votre salut! Notre vigilance sur vous n'a ni fin ni bornes.

Moi, aujourd'hui je franchis avec toi les seuils de toutes les villes pour détruire le rationalisme intellectuel et remettre sur pieds la vraie pensée, laquelle est en tout semblable à celle d'un petit enfant. Mais que de rébellion se dresse encore, tel un lion rugissant, devant ma très sainte Présence! Mon saint Chemin est remplacé par des imitations qui ne portent pas de fruit et qui n'apportent pas la vérité. Malgré cela, par toi, mon inutile épouse et servante, Je prodigue un enseignement unique.

Si Je t'ai choisie pour une si grande mission, oses-tu sonder ma Volonté?

Debora: – Oh non, Seigneur!

Jésus: – Tu ne dois t'attribuer aucun mérite, car seul mon esprit pouvait concevoir un tel événement dans ton pays. Je viens appeler le monde au repentir. Malheur à ceux qui s'obstinent à me refuser! Sois docile! Tu m'es précieuse! L'Amour est auprès de toi.»

23 novembre 1997, 18 h, apparition de la Madone

A la fin d'un après-midi de chants et de prières, Notre-Dame accueille notre invitation. Elle parle d'une voix persuasive:

«Que Jésus-Christ mon Fils bien-aimé soit loué!

Mes enfants, exultez avec Moi en cette heure merveilleuse de grâce divine obtenue par ma présence parmi vous.

Chers enfants, mon Cœur ardent a plusieurs fois demandé au Cœur de mon Fils de vous accorder grâce sur grâce. Certes, mon bien-aimé Jésus est proclamé Roi du monde, mais par trop peu d'âmes. C'est la cause d'une immense douleur et cela retarde l'heure de son Retour. Moi, comme Médiatrice entre l'homme et Dieu et entre vous, je vous invite aujourd'hui avec affliction à vous donner tout à Jésus, qui attend la réparation des outrages commis envers Lui.

Mes enfants, il y a besoin de beaucoup de prières et de sacrifices. Il y a tant de souffrances qui attendent l'homme s'il ne retrouve pas le Seigneur dans sa propre existence...

Debora: – O Notre-Dame...

Marie: – ...mais maintenant, le Cœur douloureux, je vous suggère de revenir à la prière et de redécouvrir l'Amour de Dieu dans les autres.

Debora: – Notre-Dame, que désires-tu encore de nous?

Marie: – Que vous m'honoriez et m'offriez une neuvaine de sacrifices et d'espérance. Je le désire de tout mon Cœur. Vous réjouirez ainsi mon Fils bien-aimé qui désire ardemment que je sois aimée dignement.

Debora: – Oui, Notre-Dame, je te le promets: nous prierons.

Marie: – En ce jour j'accorderai des grâces particulières...

A bientôt. Au revoir.»

Mardi 23 décembre 1997

La Mère céleste est apparue avec saint Joseph, son époux, et sainte Thérèse de l'Enfant-Jésus. Le petit Jésus était posé sur le bras replié de

Marie, comme pour le soutenir. Elle a souri plusieurs fois en regardant les personnes qui m'entouraient; puis elle annonça:

«Jésus, le Sauveur du monde arrive!

Debora: – Notre-Dame, je veux l'adorer: permets-le moi!

Marie: – Mes enfants, en ces heures terribles, la lumière du Christ Seigneur arrive dans le monde. Il vient pour dissiper les ténèbres que la méchanceté et la malhonnêteté ont laissé filtrer. Aujourd'hui, il vous dit à vous, ainsi qu'à toute l'humanité: faites en sorte que la joie de l'attente entre dans tous les cœurs et, en y pénétrant, qu'elle en imprègne toutes les couches.

Mes enfants, de la lointaine maison de Nazareth, simple et pauvre, monte pour chacun de vous une prière de salut.

Produisez des parfums de vertu et d'espérance!

Je suis la Souveraine Mère du très saint Aliment, et je vous demande d'être de fervents adorateurs de mon Fils.

Mes enfants, apprenez à accepter la volonté de Dieu. Tant d'hommes demandent à recevoir, mais ils ne donnent rien en échange. La jeune qui est avec Moi *(sainte Thérèse de l'Enfant-Jésus)* bénit les personnes présentes et je voudrais vous l'indiquer comme la sainte de la prière humble.

Mes enfants, à Noël qui est tout proche, apportez votre offrande avec un cœur sincère. Je vous le dis: "Soyez vrais! Soyez vrais!" Je viendrai encore, mais pas aussi souvent. C'est pourquoi je vous demande de comprendre avec une ferme volonté, puisque le temps arrive où la "Vigne" est mûre.

Mes enfants, je veux vous faire confiance. Donnez des fruits dignes de la glorieuse Incarnation rédemptrice de mon Fils.

Allons! ma fille, j'accueille tes demandes. Je bénis les objets comme marque de l'Amour filial envers le Père. Maintenant, je vous bénis en vous demandant encore la prière. Tout le reste a été révélé. Considérez les actions et les œuvres et tout sera plus clair.

Pour tous arrive un temps meilleur, mais il y aura une purification des cœurs… Espérez avec confiance et abandonnez-vous dans l'obéissance aux paroles que je vous apporte. Je vous bénis encore dans mon Fils unique.

A bientôt. Au revoir!»

25 décembre 1997, Naissance du Seigneur

Aux premières lueurs de l'aube...

Jésus: «Réveille-toi! C'est Moi, le Dieu incarné, le Verbe enseignant.

Je te parlerai de Marie, la Pleine de Grâce, et de Joseph, mon père choisi *(virginal)* de la terre.

Debora: «Seigneur, je cours prendre mon cahier. Attends-moi!

Jésus: – Je t'instruirai d'elle, afin que tout homme vivant puisse connaître la Vérité tout entière qui n'est pas complète sans l'accueil du Mystère qui a enveloppé la "Très Sainte".

Je t'ai dit que Marie est mon Second Cœur ardent dans lequel je déverse mes douceurs et où je puise la réparation et la tendresse que les hommes me refusent avec tant d'ingratitude. Aujourd'hui je te dirai qu'elle, sein qui a contenu la grâce pour en être comblée, peut être appelée, invoquée comme le sein du Père, puisqu'elle a donné au monde le Fils de Dieu, Fils de la même substance que le Père.

Je vous dis: elle peut vraiment être considérée comme le sein maternel de Dieu, puisque créée par l'Amour du Père, pensée par la Grâce dans la Grâce.

Eve, créature humaine et privilégiée par l'Amour divin, fut la cause d'un grand péché.

Marie, créature humaine mais divinisée, puisqu'elle fut la cause du salut et de la réparation de l'antique désobéissance.

Ma fille, tu peux le dire à ceux que tu rencontreras de différentes obédiences religieuses: la Trinité est parfaite en ses trois Personnes, mais Celle qui a engendré Dieu est aimée d'un amour semblable dont le Père s'aime Lui-même et aime son Fils bien-aimé.

Le Père très saint l'a pensée comme elle est: "candeur très pure", et après il l'a attirée à Lui en l'immortalisant dans la Gloire du Royaume, pour qu'elle règne sur celui-ci. Comme la terre reprend en elle ce qu'elle a fait fleurir, mon Père a élevé à Lui l'œuvre magnifique de son Cœur très parfait, qui crée encore pour qu'une telle perfection se renouvelle sans fin.

Que dire ensuite de mon père terrestre, Joseph, l'homme le plus cher à mon Sacré Cœur? Il fut mon père adoptif et celui de l'humanité, en m'éduquant, Moi qui rendis la dignité royale à l'homme, et en me tenant serré dans un embrassement continuel sur le chemin de la vie, hérissé (d'embûches) et fatigant.

J'étais le Fils du Très-Haut, mais humainement je fus le sien et je l'aimais au point de pleurer lors de sa dernière heure, et aussi parce que je savais l'importance de sa présence auprès de ma sainte Mère qui allait se préparer à un veuvage d'autant plus grand et plus douloureux.

Homme juste parmi les justes, travailleur, patient, doucement prévenant dans ses silences, à l'esprit sage et prévoyant. Il fut choisi pour coopérer à l'œuvre de la Sainte Rénovation, prédite par les prophètes de tous les temps. Personne ne fut plus digne que lui d'assister le Fruit de Dieu chez Marie, ma Mère. Si elle fut pleine de Grâce, Joseph était rempli de la force de l'Esprit-Saint, par qui il se laissait docilement guider, sans objection ni réticence, et qui le conduisit à une haute sainteté.

Ainsi donc, je vous le donne comme modèle, parents d'aujourd'hui, si vous croyez à la sainteté du mariage et à l'indissolubilité de ce sacrement!

Voici que je vous ai présenté mes saints Parents.

Entrez maintenant dans l'intimité de notre Maison et méditez. La vôtre également pourra devenir heureuse et porteuse de lumière, comme une comète dans le ciel.»

Nuit du 5 au 6 janvier 1998

Je me reposais, mais mon cœur était dans un état de trouble profond. Le démon ne m'avait pas un seul instant laissée en paix. Son action terrifiante m'avilissait et m'emprisonnait dans des sentiments humains contre lesquels je combattais dans une impressionnante lutte spirituelle, qui, en ces derniers temps, devient de plus en plus ardue. Puis, après cela, mon Bien-Aimé se fit entendre:

«Lève-toi, ma fille! Ecoute ma voix!»

Mon cœur sursaute et, dans l'étourdissement produit par le sommeil, je reconnais le commandement divin auquel aucun autre ne peut ressembler. L'âme le perçoit et le communique au corps.

Debora: «Seigneur, quelle joie de recevoir ta Divine Majesté!

Jésus: – Mon cœur, que d'angoisse dans ton cœur déchiré!

Debora : – Maître, les continuels assauts furieux de Satan m'humilient au point que je me sens tout impure. Ses paroles méchantes à mon oreille me tourmentent tellement qu'il me semble parfois que j'étouffe au plus profond de l'enfer.

Jésus : – Ma fille, la tentation n'est pas un péché; mais la partager, en l'acceptant et en la laissant faire son œuvre, cela devient une chute mortelle pour l'homme. Le combat que tu soutiens de toute ton âme, au contraire, te purifie et te régénère des tendances humaines qui étouffent l'esprit. Voici comment tu appelleras une telle lutte : fruit de l'Amour très pur pour la conquête des âmes et l'acquisition de la Vie éternelle !

Garde présentes les paroles de mon Cœur, qui pourront rendre à beaucoup leur cheminement plus utile et plus facile. C'est avec l'ardeur et la volonté de vaincre les assauts du monde, de la chair et du démon que se sauvent les âmes qui courent vers les obscures ténèbres. Rappelle-les et, par ta réparation, purifie leurs profanations.

Ma fille, catéchise le païen et ramène-le Moi. Secoue le tiède et fais en sorte de lui redonner la force de la foi. Voici que ma Voix t'a parlé, pour que sortent à la lumière les évangélisateurs cachés mais puissants, et qu'eux aussi soient bénis, parce qu'ils se laisseront circoncire le cœur par le sceau de ma sainte Croix.

Maintenant, repose-toi et que ma paix soit avec toi !

Debora : – Amen ! »

Nuit du 17 au 18 janvier 1998

C'est toujours Jésus qui vient me trouver pour apporter du réconfort à ma pauvre âme qui souvent se trouble.

« Fille, sœur, épouse, lève-toi de ton sommeil. En ces heures, Moi, le Très-Saint, je révélerai à mon peuple à quel point tu es importante pour Moi et pour mon Eglise. Toi, ma Debora, qui reçois mes tendresses les plus cachées, tu seras bientôt amenée au sommet de mon Message. Je t'enverrai, parce que par toi je m'adresse au monde ; je t'ouvrirai la voie par mon incessante prière au Père.

Debora : – Seigneur, mon Bien-Aimé !

Jésus: – Oui, ce que tu as compris arrivera parce que la dévotion à ma sainte Mère, qui l'exalte comme source de l'Huile sainte de l'Onction pérenne, est un joyau que je lui ai donné, et je désire qu'elle soit diffusée pour la consolation de ses saintes larmes. Aime-la, ma fille, aime-la! Tu es sa petite fille!

Debora: – Oh, je l'aime, Seigneur, et tellement!

Jésus: – Avec elle, tu frapperas les cibles qui font obstacle à mon passage, parce qu'elle parcourra les sentiers du monde. Honore-la, cette très belle Epouse, comme je l'honore Moi-même, et je la regarde avec admiration comme mon plus sublime Trésor. Moi, j'aime ma très sainte Mère. Aime-la de tout ton petit cœur. Considère l'œuvre que j'accomplis en toi, afin que la Paix du Cœur très aimant de Marie descende en plénitude sur chaque créature...»

Vendredi 23 janvier 1998, 20 h

La Mère de Dieu vient, comme promis, pour apporter un nouvel appel du Seigneur. Elle est enveloppée dans un manteau orné de broderies d'or. Sa robe est blanche. Son visage très doux est légèrement incliné à droite.

«Loué soit Jésus-Christ!

Mes enfants, aujourd'hui, en cette première apparition de l'année, on commémore mon saint et chaste mariage avec mon époux Joseph, fils de David et gardien de mon Eglise.

Mes enfants, l'enseignement est maintenant complet: toutes les Vérités révélées ont été enseignées et ouvertes dans toutes leurs dimensions à l'intention des foules. Un grand nombre de nations, parmi les plus grandes, ont été visitées, et d'autres recevront d'ici peu le sceau de la Croix de mon Fils.

Très chers enfants, je désire que vous priiez pour ce diocèse et plus particulièrement pour tous les prêtres et évêques qui ont la mission de réaliser le triomphe de mon Cœur.

Debora: – Ma Dame, que désires-tu encore?

Marie: – Que l'on fasse un acte très spécial de consécration à nos deux Cœurs triomphants et unis.

Debora: – Dans quelles paroisses?

Marie: – Dans tous les lieux et par tous les cœurs où qu'ils soient.

Ma fille, travaille à ce que ces actes de consécration parviennent jusqu'aux extrémités de la terre et puissent servir à un très grand nombre d'âmes.

Fais en sorte que mon Image se répande rapidement: quiconque "regardera l'Eucharistie que je porte en mon sein, sera à cet instant même envahi de paix et recevra de grands dons".

Je demande que l'on achève les projets que je t'ai fait connaître. A cet effet, mon œuvre se réalisera puissamment. Ma fille, prononcez cet acte très solennel d'appartenance, afin que vous puissiez opérer pleinement dans le monde... Mais maintenant...

Je vous salue, en vous bénissant et en vous remerciant d'avoir répondu à mon appel.

Que la volonté de Dieu soit faite en vous, comme je m'y attends.»

Vendredi 30 janvier 1998

Il est tard et un fort mal de tête fait vibrer mon cœur. Ce n'est pas la peur, mais un amour très tendre pour Celui qui m'a épousée mystiquement dans la souffrance joyeuse. Rien ne me tiendrait attachée à Lui, si ce n'était un amour très pur et la volonté de donner ma vie à son action sanctificatrice.

Non, la rencontre quotidienne avec l'Ami céleste et Epoux n'est pas de l'imagination ni l'œuvre des anges noirs! Ma pauvre personne est soutenue par le divin Consolateur, et non par la lecture de livres qui, à moi plus qu'à n'importe qui, paraissent des murs d'écriture incompréhensible, compte tenu de mon ignorance en la matière.

Je me mets à réciter mon chapelet. Peu après... le premier petit ruisseau de sang coule vers le bas, mouillant mes joues puis ma bouche, me faisant goûter le cruel martyre du bien-aimé et adorable Jésus abandonné par le grand nombre et rejeté par les détenteurs de la foi ou du pouvoir qu'ils se donnent. Puis il me dit:

Jésus: «Par le sacrifice de ta vie, honore le Cœur qui t'aime tant. Offre ton martyre de jeune à ta sainte Mère et répète-le avec ma voix de Fils tout uni à elle: "Je suis à toi pour toujours! Ton Fils me demande de te le dire".

Tu seras une pierre d'achoppement et objet de terreur pour les ouvriers de la Bête!

Mes saintes paroles ne pourront ni ne devront être oubliées par ceux qui, grâce à toi, seront disposés à me suivre.

Pourquoi, ô hommes stupides, n'avez-vous pas accueilli notre Mission que Moi, le très saint Amour non aimé, j'accomplissais et accomplis encore par ma servante et épouse? Je l'ai placée au cœur de mon peuple assoiffé et affamé de ma connaissance. Je lui ai ordonné d'aller guérir avec l'onguent de la Très Sainte *(l'huile prodigieuse qui suinte du manteau de la statue de la Madone)* les plaies des brebis chassées, tournées en dérision, volées, et j'ai parlé à son petit cœur pour en faire la mère et la sœur de tous ceux qui viendront à la connaître.

Dépose en elle mes saints trésors pour que le peuple ressuscité puisse de nouveau m'aimer et m'honorer, m'appelant avec force et avec la joie du fils prodigue: "Abba, Père!" Mais vous, vous ne mettez pas encore fin à vos préjugés et, comme enfermés dans une cage tournante, vous rugissez tels des lions furieux et enragés à cause des grâces accordées à autrui.

Si vous saviez vraiment écouter mes paroles, vous ne trouveriez pas indigestes les délices qui ont jailli dans cette modeste créature. Ce sont des paroles qui, bien que rendues fertiles par l'acceptation du martyre innocent, vous sembleront de mauvais goût, car le rationalisme a supplanté en vous l'abandon total à Dieu. Mais vous, avez-vous un Dieu?

Je vous le demande encore, si vous travaillez pour la gloire de Dieu, pourquoi cette "voix" torture-t-elle les consciences et est-elle si tristement victime de la rage d'un grand nombre? En vérité, je vous le dis: ce n'est pas contre elle que vous luttez, mais contre la Lumière et, telles des vipères, vous vous débusquez au passage du Soleil.

Ah, ma Debora, quelle Miséricorde il y a en Moi, malgré leurs attaques et leurs mépris! Demande-Moi de t'offrir comme victime, et tu banderas mon Cœur humilié et cloué par d'innombrables blessures. Ne repousse pas tes frères, mais aime-les et renouvelle-les par le saint pardon!

Il a été dit et écrit que je venais dans le monde comme "signe de contradiction", comme Celui qui diviserait les âmes. Je vous dis: "Bénies les âmes qui goûteront mes paroles de vérité et se confieront pleinement à la Voix de l'Esprit-Saint et à son œuvre magnifique!"

Ne crains pas, petite victime, et abandonne-Moi tous les événements. Ma paix soit avec toi!"

Lundi 2 février 1998, Présentation de Jésus au Temple

Debora: «Seigneur, je désire t'entendre. O mon très doux Amour, tu m'as dit que nous serions unis par le lien de la souffrance. Oh, je me sens unie à Toi par un amour très pur qui me fait tout oublier, et les blessures, ouvertes en moi par ceux qui me persécutent, deviennent salutaires, comme si elles étaient pour moi cause du "savoir" et de la "connaissance"! Je t'aime, Seigneur, et si jamais tu daignais accueillir un tel spasme d'amour, je... (comme un éclair)

Jésus: – Sois persuadée, ma fille, qu'aucune créature ne pourrait t'aimer comme mon Cœur d'Epoux mystique t'aime et te garde.

Dis-toi bien que porter mes Plaies et ma Croix ne constituent pas des fardeaux comparables à ceux que l'homme se procure en tombant dans les filets du péché ni dans les gouffres du monde. Les miens sont d'aimables souffrances qui, en s'imprimant dans les cœurs et les âmes qui s'offrent comme victimes d'amour pour l'Amour, font fleurir force, courage, fidélité et sagesse.

Les souffrances et les blessures de l'homme portent en elles l'âpreté sanglante de la paresse, de l'envie, de la haine qui font encore plus de mal à l'âme qu'à la chair vendue au rabais et humiliée pour obtenir, comme vous dites, "du pain pour subsister et vivre".

A quoi servira de vivre si c'est pour mourir ensuite à la vraie Vie, la Vie éternelle et unique qui existe après la mort du corps?

Non, mon cœur, mes plaies n'ont pas besoin d'être adoucies ni guéries! Qui saura t'aimer plus que Moi? Qui t'aimera, mon Epouse, avec l'ardeur avec laquelle je remplis ta pauvre existence, en faisant de toi une éternelle amoureuse de Moi et une infatigable mère pour les enfants "échappés de la Maison"? Toi, tu le sais, et tu attestes par ta vie que ce que je dis n'est pas prononcé à la légère!

Allons, parlons donc encore et prépare-toi à instruire les hommes, puisque je rendrai ta langue effilée comme une épée à deux tranchants (Is 49,2) pour que les créatures commencent à cheminer vers ma sainte Présence. Dis-toi que tu n'es jamais seule!...»

Vendredi 13 février 1998, 8 h 30

Debora: «Seigneur, je voudrais t'offrir ma petitesse pour toutes les âmes consacrées qui se trouvent en de sérieuses difficultés. Je ne sais pas quoi d'autre te dire qui te soit agréable. Indique-moi, Jésus, ta volonté...» *(Suivent des prières spontanées.)*

Jésus: «Toujours, à chaque battement de cœur, je te ferai don d'une fidèle réponse à ma sainte Volonté.

Ma fille, je reviendrai pour mon reste saint *(ceux qui n'ont pas cédé à l'esprit du monde et n'ont pas tourné leur cœur vers le paganisme)* qui m'attend avec confiance. Aujourd'hui je regarde du ciel mon consacré, ma victime d'Amour, et, de même que le vent souffle et donne la vie, de même j'envoie, à lui ou à elle, la fraîcheur renouvelée du premier «oui». Ma compassion est grande pour chacun d'eux.

Considère combien mon Cœur de Grand Prêtre est blessé par le grand nombre de ceux qui sont tièdes et indifférents au Ministère sacré ou à mon Mariage mystique!

Ma fille, malgré ta prière, je ne puis m'empêcher d'en repousser quelques-uns. Oh, mes "étoiles sacrées" splendides et rayonnantes, revêtues de ma gloire, comme elles sont tombées, parce que séduites par des illusions caduques!

Offre-Moi ta vie, Deby, petite brebis de mon troupeau, de sorte qu'ils ne puissent plus douter de mon Amour éternel qui les a choisis.

Voici l'heure de Satan, mais elle passera bientôt et je rétablirai mon Trône au centre de ma Maison et, avec lui, je ramènerai ma création à la fidélité pure d'autrefois, quand les choses n'étaient pas encore dans une telle décadence.

Tout a été rongé par le ver du changement, pour que le ciel n'éclaire plus comme lorsque c'était le "printemps" *(la primeur de la foi toute fraîche)* sur la terre.

A chaque époque, l'obscurantisme a séduit les hommes, mais jamais comme aujourd'hui l'obscurité de la fausse science, de la fausse religion, de la fausse paix, n'a dirigé et triomphé!

Levez-vous et élevez vos regards, puisque les saints et les prophètes ont voulu voir, et n'ont pas vu, autant de grâce qu'en a montré la "Femme vêtue de Lumière", la Lumière du Fils de Dieu avec sa sainte Croix. Vous serez visités encore des milliers de fois, mais il ne vous sera pas donné beaucoup de temps pour vous décider.

Je triompherai et, avec Moi triomphera le consacré qui saura attendre, comme les vierges sages de la parabole (Mt 25, 1-13.). Il sera invité au banquet du Cœur inséparable.

Va, ma fille, et arrête l'envahissement du modernisme dans les corridors de mes palais *(couvents, instituts, paroisses en général)*! Parle, et calme les malades avec la force de mes enseignements et de la Tradition.

Ma fille, sœur, épouse, ne perds jamais le courage de m'annoncer et de porter haut mon drapeau victorieux que je ferai flotter parmi les peuples. Que ma Paix soit avec toi. Tu m'appartiens!»

Lundi 23 février 1998, 19 h 55

La Mère de Dieu arrive avec une Cour angélique innombrable. Sa robe est resplendissante. Sur la poitrine elle porte l'Eucharistie rayonnante qui, cette fois, laisse couler des gouttes de sang. J'en reste impressionnée.

Marie: «Loué soit le saint Cœur de Jésus, l'Eucharistie.

Très chers enfants, aujourd'hui toute ma Cour angélique a soulevé le "voile" du Trône du Très-Haut et a fait parvenir jusqu'à vous la joyeuse nouvelle de ma Présence et de mes paroles, comme faisant suite à la Voix de mon Fils bien-aimé. Tous mes anges se sont prosternés devant cette reproduction *(la statue arrivée du Trentin qui représente son apparition à Manduria)* qui me représente et je la bénis pour qu'elle répande des grâces sur toutes les brebis du divin Pâturage qui ici trouvera sa pâture.

Je promets que mes images parviendront jusqu'aux confins les plus reculés et qu'un grand nombre d'hommes seront ramenés à la "Maison du Père".

Je désire que cette dévotion envers moi soit accessible aux âmes, surtout à celles qui en ont le plus besoin. Beaucoup trouveront en elle la vraie Vie dans le Seigneur.

Mes enfants, n'interrompez pas la pratique de la procession le long de ces étendues *(il s'agit de la voie pénitentielle qui se déroule le long des routes dans la campagne d'alentour)* puisque je veux vous y donner, dans les prochains mois, des signes qui vous dirigeront vers le chemin de la Vie.

Mais maintenant, ma fille, avec l'Huile qui descend du Temple de Dieu, je fais une onction sur les consacrés ici présents et je désire que tu leur dises que je les regarde avec une confiance toute particulière. Eux non plus ne trahissent pas le mariage mystique avec mon Fils, qui les a choisis parmi beaucoup.

Que les gens sachent que j'interviens avec toute ma puissance de Médiatrice, afin que la "nacelle de Pierre de mes Pâturages" (l'Eglise) parvienne au port du grand triomphe.

N'arrête pas, ma fille, de diffuser mon message, puisque le monde attend cette annonce. Je te…

Laisse-moi baiser cette rose *(celle qui lui est offerte au cours de la céleste rencontre)*. Offres-en à chacun des consacrés: dans les moments d'affliction, cela leur apportera du réconfort.

Je vous serre sur mon Cœur et vous attends le mois prochain.

Dis à mes fils de cette Œuvre que j'ai béni leurs efforts et que pour cela je viendrai les récompenser en apparaissant plusieurs fois au cours de ces mois, et aussi pendant l'offrande de réparation *(la veillée de réparation)*, parce qu'ils me sont très chers. Je vous aime, mes enfants, c'est pourquoi je vous demande encore une fois de m'offrir votre vie comme sacrifice vivant et saint. Qu'ils prient et ils seront exaucés: Dieu est patient et miséricordieux. Il ne décevra pas la fidélité de ses serviteurs. A bientôt.

Loué soit le Cœur du Père!»

25 février 1998, Mercredi des Cendres

Il fait nuit noire et je suis en prière devant le Saint Sacrement. (Il s'agit de l'hostie que la Vierge a apportée à Debora et qui reste visible pour tous. Lors de colloques, elle a expliqué que l'hostie a été prélevée dans des tabernacles de la terre, où Jésus est abandonné.) Jésus me parle d'une voix chaude et douce:

«Vois-tu, ma fille, la mort (de l'âme) ne peut plus t'effleurer!

Debora: – C'est Toi, mon très doux?

Jésus: – C'est Moi, mon épouse. Ma puissance t'enveloppe et te retrempe. Je suis le Visiteur très saint et je viens à toi pour t'embellir de nouveau. Viens: confie-toi à Moi, qui suis le Conseiller parfait. Je suis transpercé par ton immolation; ensemble nous vivons en glorifiant l'Eternel!

Debora: – Jésus, je t'aime tant!

Jésus: – Alors, demeure-Moi obéissante! La vipère veut mordre tes chairs, inondées et sanctifiées par mon Sang qui se diffuse en toi, afin de t'empoisonner et supprimer l'effort que tu accomplis pour me rester fidèle. Tu es mon Sacrifice *(c'est-à-dire: tu es appelée à t'unir à mon Sacrifice, qui se renouvelle sous forme non sanglante pendant la sainte Messe)*, mon agneau sacerdotal. Le Tout-Puissant voit ta noble souffrance.

Debora: – Jésus, dis au Père bien-aimé, Yahvé, que je suis très heureuse de le servir en Toi, mon Epoux immaculé. Je ne pleurerai pas.

Jésus: – Oh, oui! Ne donne pas prise au Malin, ce chacal qui singe mes dons. Tu n'es pas une pierre perdue dans un torrent, mais une pierre angulaire (1 P 2, 6-8) et ma petite âme servante. Tu es le fruit de mes trésors, de mes offrandes sanglantes. Aime ma Mère et fais-la aimer, puisque c'est elle qui t'a conduite aux noces de l'Agneau. Je t'aime et me cache en toi. Ne me laisse pas errer d'un endroit à l'autre et dis-Moi tendrement: Repose-Toi maintenant, car la maison que tu as visitée est un lieu de restauration pour le saint Pèlerin.

Debora: – Oui, c'est ce que je te dirai et tu fermeras tes yeux fatigués, et tu te reposeras sur ma poitrine comme si j'étais ta mère. Viens, mon Jésus, Père, Frère, Epoux et Fils.

Jésus: – Voici l'hymne d'Amour que j'attends de la créature qui, en imitant ma très sainte et divine Mère, me procure une réparation maternelle! Trop de mères m'ont tué dans leur sein! Je te dévoile ma grande souffrance. Laisse-Moi alourdir ton épaule, car ton âme bien que misérable est aimée du Cœur trinitaire.

Debora: – Ne t'en va pas errer, je te la donne, moi, mon épaule.

Jésus: – Tu m'attendris, ma petite fille. Reste toujours aussi simple, car c'est par toi que je réconforterai mes enfants. L'Amour non aimé a parlé.»

Vendredi soir 27 février 1998

Jésus vient dans ma chambre pour me consoler.

«Ma chère fille, réveille-toi et écoute-Moi.»

J'avais pleuré longuement et m'étais endormie de fatigue. Le mépris continuel de mes compatriotes m'avait profondément abattue. Pendant ces sept longues années, jour après jour je n'ai pas vu autre chose qu'hostilité et fermeture, mépris et invectives pénibles. Je me demande parfois comment devrait se présenter une âme qui reçoit des messages célestes. De la manière dont je suis reçue par beaucoup, je ne corresponds peut-être pas à leurs schémas.

Jésus: «Tu es aimée de mon Cœur et cela doit te suffire. Comment ne comprends-tu pas qu'en ces jours ceux qui blasphèment mon Esprit, les faux prophètes, sont accueillis par des chants de gloire et que leur pied ne trébuche sur aucun obstacle? Tu es vraie parce que tu es à Moi! Tu es tellement unie à Moi que le mépris qu'ils nourrissent (envers toi) est le vrai signe que je vis en toi. Tu représentes ma Voix, ma Vérité, mon Décret très saint (Aime ton prochain comme toi-même), c'est pourquoi ils veulent te réduire au silence, comme c'est écrit au livre des Psaumes: "Ils m'ont poussé violemment pour me faire tomber." (Ps 118,13)

Je te déclare solennellement que Satan est furieux pour le lien d'Amour qui t'a été offert et que tu as accueilli avec un cri d'espérance! Voici le temps des grands malheurs prédit par le prophète (Dn 9,27): l'abomination est arrivée!

Aujourd'hui, je te regarde avec tendresse, ma petite fille, mon épouse!»

Je fonds en larmes.

Jésus: «Oui, oh oui, n'aie pas peur: je suis prêt à intervenir avec ta précieuse collaboration, pour que le monde soit submergé dans l'Amour de ma Miséricorde. Comme elles me sont chères ces larmes, mon cœur, victime sacerdotale! Entre dans les profondeurs de mes saintes Plaies et console-toi en pensant que mon Message n'aura pas d'héritiers aussi dignes. *(Il n'y aura pas à Manduria d'autres voyants, mais des fils spirituels qui le continueront)* Avec toi, cela s'arrêtera!

Quand, au terme de ta vie, tu arriveras dans la Maison céleste du Père, tu continueras à prier pour que cette mission soit comprise!

Beaucoup ne comprendront pas, jusqu'à ce que la Nouvelle Pentecôte, en soufflant à nouveau, ouvre les cœurs et les esprits, car ils seront purifiés.

Je suis heureux quand tu t'abandonnes entre mes mains et te retrouves, petite comme tu es, au milieu de mes grâces les plus inaccessibles.

Repose-toi! Ma paix soit avec toi!»

Lundi 23 mars 1998

Notre-Dame arrive pendant la récitation du chapelet. Elle manifeste une grande tendresse et pose son regard sur chacune des personnes présentes.

«Loué soit Jésus-Christ!

Chers enfants, dans mes messages je vous ai plusieurs fois demandé de faire l'offrande de votre cœur et de votre amour à mon fils Jésus. Ce n'est qu'en vous donnant entièrement à l'Amour que vous trouverez la force de témoigner de l'amour à vos frères dans le besoin, la souffrance. C'est en vous offrant entièrement au Cœur de mon Fils que vous vivrez l'Evangile.

Aujourd'hui, je m'adresse à tous ceux qui m'aiment d'une manière particulière et désirent promouvoir dans le monde le Mouvement marial du salut. A toutes ces âmes je dis: "Par votre amour, faites l'offrande à l'Amour". Ainsi votre âme soignera les blessures et les plaies les plus cachées.

Si vous acceptez ce sacrifice vous aurez compris le chemin que je vous ai plusieurs fois indiqué: faire réparation au Saint Sacrement et agir de telle sorte qu'il reprenne sa place centrale dans le cœur de tous mes enfants. Je vous ai parlé plusieurs fois du Triomphe, mais sans mes enfants je ne pourrai pas triompher. Si vous acceptez et vous vous offrez, vous serez les apôtres et les témoins de cet événement sans précédent.

Je désire que vous vous prépariez avec un cœur contrit à la Semaine sainte et que dans les paroisses vous viviez le grand mystère de la Mort et de la Résurrection de Jésus. Je suis près de vous et de ceux qui ne croient plus à cause de la souffrance et d'un manque d'amour.

Mes enfants, Moi, la Vierge de l'Eucharistie, je vous prépare à une grande fête lors de laquelle chacun "refleurira", mais j'ai besoin de vos pénitences et de vos sacrifices.

Je vous le répète: Offrez-vous à l'Amour!

Debora: – Ma Dame, que désires-tu encore?

Marie: – Que chacun de mes enfants se sente aimé de Moi, car Jésus m'a envoyée plusieurs fois sur la terre pour cette grande mission. Tu leur diras de ne plus séparer le Fils de sa Mère.

Debora: – Vierge sainte, je ne comprends pas.

Marie: – Tu leur diras que le Seigneur veut que je sois associée à sa Rédemption comme Corédemptrice et, à la fin de chaque prière, vous direz:

> Très saints Cœurs unis et triomphants
> De Jésus et de Marie
> Nous vous louons et vous bénissons.
> Faites brûler la flamme de Votre Amour
> Dans nos cœurs!

Maintenant je vous bénis… La T. S. Trinité fera ici de grandes œuvres. Ayez confiance. Je vous serre sur mon Cœur et vous remercie d'avoir répondu à mon appel.

A bientôt. Au revoir!»

10 avril 1998, Vendredi saint

Jésus: «Ma fille, Moi, l'Amour mystique non aimé, je te donne ma sainte Paix. Je te chante les paroles qui suivent comme une hymne. Toi, accueille-les avec un cœur exultant de joie: "Réjouis-toi, ma bien-aimée, dans la persécution que l'on t'inflige: c'est la leçon la plus belle et la plus rapide qui te permette de monter et de t'asseoir auprès de mon Trône, à la place déjà préparée!"

Moi, le Véridique, je t'ai suscitée dans mon peuple pour te donner à lui, renouvelée et purifiée, pour remplir leurs esprits de ma Présence et, en te choisissant, je t'ai placée dans mes mains pour insuffler en toi une force suffisante pour que la bannière de nos deux Cœurs unis soit levée jusqu'au soleil. J'ai bandé mon arc et t'ai placée sur lui comme une flèche robuste et sûre. Puis je t'ai lancée dans l'obscurité de mes créatures actuellement si éloignées de Moi, si insensibles à mon Amour et Moi, le Seigneur, j'en ai été ému!

Debora: – Seigneur, mon Amour, pourquoi as-tu été ému?

Jésus: – Mes yeux voyaient déjà la gloire que tu m'offrais comme un encens d'agréable odeur, quand les morts se relevaient sur ton passage et renouaient l'amitié avec Moi! Ils revenaient dans mon étreinte de père, heureux du retour de son propre fils qui s'était éloigné. Ecoute-Moi: Jusqu'à maintenant personne n'a pu te réduire au silence ni te détruire. Que la pensée que cette œuvre n'est pas de Moi n'effleure jamais plus ton esprit. Cela me fait beaucoup de peine et cela m'offense! N'oublie pas ce que je te dis, je te le rappellerai toujours. Je suis en toi!»

19 avril 1998, fête de la divine Miséricorde

Aux premières lumières de l'aube arrive l'adorable Maître, qui me dit:

«Ma bien-aimée, lève-toi! La Miséricorde du Cœur de Dieu déborde en ces jours de ta vie. Chère fille, il est dans l'essence de ton Seigneur de *"faire miséricorde"* éternellement.

Ecoute-Moi, petite abeille messagère, couronnée de mes précieuses épines et clouée au puissant bois de gloire. Je permettrai, encore et seulement par amour, que l'on te persécute et que l'on te traite sans pitié et, par les mérites que tu acquerras, je ferai tomber sur ce monde d'iniquité ma *"suprême miséricorde"*! Petit cœur, sois toujours plus un néant, afin de pouvoir être un calice de sacrifice uni au mien. Mes paroles, les ineffables douceurs dont je t'ai comblée, ont été refusées par le plus grand nombre; mais la sagesse de ceux qui se diront sages sera dissipée par la force véridique des révélations que je t'ai confiées.

Ma fille, en ce moment je révèle à mon Eglise la Miséricorde de l'Amour qui n'est pas aimé, et ma bouche a dit: "La Bête a dressé ses plans et les expose sur la table des siens". Ils comprendront que, par l'intermédiaire de mon Esprit qui t'a suscitée, je désire les délivrer du poison de Satan, en reconstituant la fidélité et en détruisant toutes les hérésies qui circulent dans mon Corps mystique.

Ma Mère bénie en sera le chef et elle tentera encore, avec ses petits *(ceux qui décideront de s'humilier et de la suivre)* d'inciter le pécheur au repentir. Et je déclare: "Non seulement celui qui est devenu blasphémateur sera invité par elle à remonter dans la grâce, mais aussi les traîtres et les arrogants. Les jours de l'empire du Malin seront comptés car, comme je te l'ai fait entendre, le temps que tu vis est plongé dans l'océan de la Miséricorde."

Homme, lève les yeux vers le ciel! Tu ne peux pas ne pas voir le manteau de la Reine, terreur des démons, flotter toujours plus vigoureusement, comme un drapeau qui proclame: "Victoire!"

Homme, tourne ensuite ton cœur vers la terre et colle ton oreille au sol! Tu ne peux pas ne pas entendre le bruit de mes pas humbles, mais puissants, qui font trembler les profondeurs des profondeurs des abîmes!

Je vous envoie mon Esprit-Saint!

Préparez-vous à la "Seconde Pentecôte" qui vous fera refleurir.

Ma fille, avertis le monde entier que ma Miséricorde sera suivie de la Justice impartiale. Je te bénis...»

Jeudi 23 avril 1998

Notre-Dame apparaît au milieu des cantiques et des prières qui montent de sa petite chapelle édifiée parmi les oliviers.

«Bénissez Dieu, mes enfants.

Aujourd'hui je voudrais vous exhorter à vivre les expériences de la vie chrétienne d'une manière plus vivante et harmonieuse.

Mes enfants, je désire que chacun de vous se mette à cheminer dans le juste sentier. Je voudrais que vous accueilliez ma présence avec un plus grand intérêt. Ne vous découragez pas si les épreuves de la vie vous font voir le présent obscur et voilé. Ainsi, vous sentez Jésus plus près de vous; offrez-Lui tout, en remettant toute souffrance entre ses mains.

Chers enfants, invoquez-Moi dans vos besoins de chaque jour. Ce n'est qu'avec votre adhésion à la prière que je peux intervenir et changer toutes ces situations instables. Le Seigneur, qui siège dans les cieux, vous aime tous et, si vous obéissez à ses saints décrets, en échange il vous donne son Amour.

Debora: – Ma Dame, que désires-tu?

Marie: – Le monde doit savoir que la Dame de l'Huile sainte et Vierge Mère de l'Amour Eucharistique se communique et voudrait que l'on y réponde.

Debora: – Oui, je le dirai, je te le promets.

Marie: – Mes enfants, serez-vous pour moi témoins de la grâce dont vous êtes comblés?

Debora: – Oui!

Marie: – Je veux croire en vous, et votre prière m'aidera à vaincre le mal. Priez! Priez! Ce n'est qu'avec la prière que Dieu peut être avec vous et occuper la première place dans votre vie.

Suivez l'exemple du pape et n'oubliez jamais de demander aux consacrés de prier pour leur "pasteur".

Ma fille, je vous accompagnerai dans ce voyage d'apostolat, pour que ma promesse puisse s'accomplir. Puis j'apparaîtrai plusieurs fois au mois de mai, où je vous attends avec une grande joie.

Debora: – Je t'offre cette rose. *(J'aime beaucoup offrir des fleurs et je sais qu'elle aime beaucoup les roses.)*

Marie: – J'aime beaucoup ta simplicité, petite fille. Ne crains pas de suivre les pas de Jésus, ton époux et Bien-Aimé.

Au revoir et à bientôt!»

Samedi 2 mai 1998

Jésus: «Lève les yeux vers ton Seigneur qui se cache sous les apparences eucharistiques. Je ne suis pas loin, pourtant un grand nombre disent: "Il n'est pas là, il est perdu dans son ciel, il n'intervient pas pour nous…"

Oh, je voudrais tant vous employer à ma gloire et vous montrer que ce que vous dites n'est qu'une illusion diabolique qui va vous faire perdre la grande joie de vous sentir les humbles serviteurs de mon saint Pardon!

Ne remarquez-vous pas combien mon âme va, sans trêve ni repos, à la recherche des brebis les plus malades, les plus abandonnées? Très bientôt je triompherai sur les pensées ignobles de l'homme et je sanctifierai le juste, en lui faisant le don de ma sainte Mère, Médiatrice et Avocate des âmes.

Debora: – Seigneur, ils te traitent durement et je peux ainsi comprendre pourquoi je suis l'objet de la haine de beaucoup.

Certains autres voudraient que je me sente toujours en faute et ils souhaitent me pousser au désespoir. Oh, mon Jésus, comme il est méchant et pénible ce monde que tu veux sauver!

Jésus: – Oui, mon cœur, il l'est! Mais, des hauteurs du ciel, mon Esprit nettoiera le monde et le rendra vraiment pur.

Debora: – Seigneur, je te crois, car ce sont vraiment tes paroles que j'entends.

Jésus: – Belle de mon Cœur crucifié, je montrerai des prodiges à mon peuple. Mais toi, travaille comme je te l'ai enseigné, en tenant compte que tu es importante et que tes actions accomplies pour Moi montreront l'exhortation que j'adresse à l'humanité. Mon but est et sera la connaissance de la Vérité.

Debora: – Jésus, bon Maître, mais qu'est-ce que la Vérité? Comment puis-je comprendre ce que cela veut dire?

Jésus: – Mon élève, je t'ai parlé de connaissance de la Vérité, parce que la Vérité est l'essence même de Dieu, et connaître la Vérité veut dire avoir conscience de ce que Dieu a mis dans le cœur de l'homme, prolongement de son tendre Amour. Ainsi, en vous approchant de la vraie Connaissance, vous vivrez la Vérité, et l'Esprit-Saint vous éclairera sur elle; puis, connaître la Vérité sera connaître le Père et ses attentions. Je te le dis: "Un trop grand nombre s'est écarté de mes chemins de vérité!"

Debora: – Au fond de mon cœur, j'éprouve une profonde amertume!

Jésus: – C'est à cause de cela qu'est arrivé le scandale, la perte de la fidélité, l'abomination!

Un trop grand nombre d'hommes ont dévié de la foi authentique, attirés principalement par des discours *sur* Dieu, et non pas *de* Dieu Lui-même.

Ma petite enfant, voilà ma grande peine! Voilà la douleur de la Mère qui, auprès de Moi, continue à réparer les révoltes! Ma Mère est le chef-d'œuvre des mains du Père, la Sainte revêtue du Fils-Soleil.

Debora: – J'aimerai et honorerai la Madone! Tu sais que je ne saurais plus me passer de ses tendresses amoureuses!

Jésus: – Ma bienheureuse Mère que j'aime tant!

Debora: – La Madone est la toute-belle et la toute-pure.

Jésus: – Elle t'aime, ne l'oublie pas! Ne t'en sépare jamais!
Debora: – Je deviendrais folle!
Jésus: – Reçois ma Paix!
Debora: – Amen.»

Jésus s'apprêtait à s'en aller, lorsqu'il s'est arrêté et s'est retourné vers moi. Son regard ressemblait à celui de quelqu'un qui quémandait un partage.

Samedi 9 mai 1998, à la Céleste Verdure

Durant la veillée de prières et d'offrande au Cœur de Jésus, la Belle Dame apparaît avec un habit tout en or et les pieds recouverts de roses qui émettent un enivrant parfum qui émeut profondément le cœur.

Elle se tourne vers nous tous, en disant:

Marie: «Glorifiez Celui qui vous a donné la vie et la renouvelle à chaque battement de son Cœur très saint.

Mes chers enfants, je vous bénis et vous envoie une pluie de grâces particulières. Je vous avais promis d'être parmi vous et, maintenant, vous me voyez et me sentez avec les yeux de votre foi.

Moi la Mère, un jour je vous ai appelés en ce "lieu saint" *(la Céleste Verdure)* et vous ai fait grandir en vous éduquant à la grâce de Dieu. Pour vous, le temps actuel est l'or *(au sens spirituel)* que je vous avais promis. Beaucoup déjà exaltent mon Nom avec les titres que je vous ai révélés. Soyez dans la joie et ayez dans vos cœurs une certitude: je serai toujours avec vous.

Mes enfants, donnez votre cœur au Père éternel avec les mêmes sentiments que ceux de Jésus, lorsque, en s'incarnant dans mon sein virginal, il vous a fait le don de son Esprit ainsi que de son Corps et de son Sang.

Enfants bien-aimés, lorsque après de grands efforts la fatigue et l'inconfort anéantissent votre vivacité et votre joie, souvenez-vous que je suis parmi vous pour vous soutenir et vous redonner la joie immense de supporter le poids de mon Œuvre.

Que de fois, en retournant dans ma Maison, le cœur exulte et oublie les choses pénibles, et toutes ces fois-là de ma main j'effleurerai votre tête.

Debora: – Ma Dame, bénis ce matériel d'apostolat et de prière!
Marie: – Oui, je l'irradie d'une lumière d'Amour.

Debora: – Nous, nous t'aimons. Augmente notre foi!

Marie: – Ma fille, je vous aiderai, mais vous, ne cédez pas aux flatteries de l'Ennemi. Résistez-lui, fermes dans la foi et forts de l'espérance. Maintenant il faut que je m'en aille: mon Jésus sourit en vous voyant. N'ayez pas peur de prendre sa défense! Il sera votre défenseur.

Je t'attends encore. A bientôt. Au revoir!»

Samedi 23 mai 1998

Notre-Dame arrive toute joyeuse et porte un manteau long s'étendant jusqu'aux pays lointains. Elle est heureuse, mais par la suite, son visage changera d'expression à cause du contenu de son message. Voici ses paroles:

«Glorifiez le saint Nom de mon fils bien-aimé, Jésus!

Mes chers enfants, aujourd'hui, en la solennité de ma fête, je vous prends sous mon manteau.

Le Seigneur a voulu, chers enfants, que vous m'invoquiez sous les titres que je vous ai révélés, car de grands événements se préparent dans votre histoire.

Je désire vous inviter à faire de grandes pénitences. Les peuples doivent s'amender et demander pardon pour leurs comportements iniques.

Chers enfants, j'ai versé des larmes sur vous, pour purifier vos âmes, afin que vous compreniez la signification de mes visites sur la terre.

Debora: – Ma céleste Dame, je suis contente de te revoir.

Marie: – Je vous aime.

Debora: – Nous aussi, nous t'aimons et nous désirons faire ce que tu nous commandes.

Marie: – Le monde doit se rénover et changer de comportement, sinon il sera lourdement puni.

Chers enfants, Moi, la Vierge et Mère de Jésus Eucharistie, l'Amour profané, je veux vous exhorter à aimer plus intensément la vie sacramentelle.

Beaucoup parmi vous vivent une foi de facilité et perdent ainsi la beauté du rapport avec Jésus qui appelle à tout instant.

Debora: – Comme tu es belle ce soir!

Marie: – Aujourd'hui, c'est ma fête, et je voudrais que chaque année vous me consacriez votre attention.

Mes enfants, pour percevoir l'Amour du Père et ses desseins sur vous, vous devez invoquer l'Esprit-Saint, afin que votre esprit entre plus rapidement en contact avec Lui. Je vous donne cette prière:

> Viens, doux Esprit qui sanctifie
> Et purifie nos cœurs.
> Accompagnant ton Feu, envoie dans le monde
> Marie, la Source de l'Huile sainte.
> Que tous les peuples se protègent sous son manteau!

Je bénis ces âmes consacrées, et toi, fais-leur savoir que j'ai de grands desseins pour leur permettre de bien terminer leur vie.»

Debora: – Ma Dame, ne t'en va pas!

Marie: – Mais je reste avec toi, puisque je t'ai déjà dit que cette Maison est mienne et que chaque coin a été dignement visité par ma Présence. Mon Message n'est pas encore terminé. Je vous attends encore. Offrez à Jésus un beau mois de veillées.

Au revoir, à bientôt!

Debora: – Au revoir!»

24 mai 1998, dimanche de l'Ascension

La Madone apparaît chez moi le matin de bonne heure.

«La Paix soit avec toi, ma chère fille.

Aujourd'hui, je désire t'annoncer les grands événements qui sont sur le point d'arriver à la lumière de cette apparition et de ces vocables merveilleux et puissants que tu connais bien.

Quand je t'ai dit, au sujet de son contenu, que cette apparition sera la plus grande, je la désignais comme celle qui va le plus en profondeur, comme l'apparition qui aura à guérir dans ma Sainte Eglise la plaie de l'irrévérence envers l'Eucharistie!

Le Seigneur, dans son grand dessein de salut préparé pour vous en ces derniers temps de purification, désire abréger vos tribulations, en donnant à l'homme les moyens d'oublier les horreurs et de reconstituer votre santé *(spirituelle)* à l'aide de la "grande Réparation eucharistique" qui aura à opposer son efficacité divine au vide énorme et incalculable créé par le refus de se soumettre à Dieu.

Cette apparition, férocement détestée par Satan et ses milices, préparera le triomphe que je t'ai annoncé. Le Règne de Jésus dans sa gloire viendra et s'établira définitivement dans le cœur de ses enfants.

Chère fille, dans le cœur des petits du monde je suis en train de préparer ma grande victoire sur les puissances et les dominations du mal. Par les larmes des humbles, le monde sera ramené vers l'Esprit du Seigneur. Par l'immolation de saints croyants, l'autel de l'Agneau sera purifié des souillures et des profanations "infligées" au bon Dieu.

C'est pour cela que je suis venue de si nombreuses fois vous parler d'offrande à l'Amour, car l'Amour de l'Eternel a été injustement offensé et cela attire la suprême Justice, qui a pour tâche de soumettre le mal.

Je serai pour vous, mes enfants, le Temple du refuge. Comme l'épreuve se fera encore plus terrible, en ces heures-là comme en celles-ci, votre Maman céleste descendra du ciel pour protéger son Œuvre et ses apôtres-ouvriers!

Ainsi, ma fille, ma main t'a conduite en de nombreuses parties du monde, afin que mon Œuvre se propage, tel un grand Foyer de Réparation et d'Adoration eucharistique, à l'intérieur duquel la Mère puisse agir avec sa puissance, et pour que le désert et l'abomination s'arrêtent devant mon Œuvre, au profit de laquelle tu es appelée à une mission publique. Que le "froid" du péché ne vous décourage pas. Je suis le Soleil de Dieu *(la Femme revêtue de soleil)*, la Mère de Jésus immolé, la Vierge de l'Eucharistie. De mes mains vous parviendront les dons que j'ai déjà préparés pour chacun de ceux qui œuvreront au rayonnement de cet appel.

Manduria constitue l'étape fondamentale qui va clore mes apparitions et laisser la place aux grands événements qui se succéderont au ciel et sur la terre, en vue de l'avènement "des cieux nouveaux et de la terre nouvelle".

Je suis en train de vous former dans mon Cœur immaculé. Aucune guerre ne pourra menacer quiconque se confiera à moi comme un petit enfant!

Cette heure est celle de ma bataille. Moi et vous tous, venus de partout, préparés et unis par la Lumière trinitaire, nous vaincrons!

Chère fille, invoque les archanges, pour qu'ils t'apportent beaucoup de force et de courage! J'ai déjà placé à tes côtés mes saints, parmi lesquels saint François, le *Poverello*, qui, par sa pureté, a engendré à Jésus beaucoup de fils.

Mes larmes que je vous offrirai seront un don d'espérance et de consolation. Ne craignez pas: très bientôt vous serez délivrés des oppressions qui aujourd'hui étouffent jusqu'à l'action de l'Esprit-Saint. Considérez qu'au psaume 68 (verset 12), il est écrit: "Le Seigneur profère une parole: les messagers de bonne nouvelle sont légion".

Offrez à Jésus le Calice du réconfort sans vous poser de questions.

Faites revivre Jésus en vos cœurs et dites: "Viens, Seigneur Jésus! Viens, notre Epoux mystique! Viens avec ta Mère!"

Mes enfants, répétez souvent ces paroles, pour que Jésus ne soit pas abandonné au seul réconfort que je lui procure.

Au revoir, enfants de la nouvelle ère d'Amour.»

5 juin 1998, 1ᵉʳ vendredi du mois, 16 h 30

Je suis en prière devant la sainte Hostie que la Madone a apportée il y a trois ans et je me tourne vers Jésus en lui disant:

Debora: «Mon Souverain éternel de Gloire et d'Amour, les anges approchent ta divine Majesté, alternant douceurs et tendresses pour suppléer à la carence des hommes et pour t'offrir des louanges en réparation des horribles blasphèmes. Moi, ta servante pécheresse, la dernière de tes enfants, je m'unis à eux avec l'esprit d'adoration de la très puissante Vierge de l'Eucharistie, Mère de l'Olivier béni, Mère de ton divin Fils Jésus.

Jésus: – Le Père éternel parle à travers son Fils en qui il se complaît. Bénis toujours le saint Nom de mon Père, Yahvé. Tourne-toi vers Moi, vers mon Cœur qui palpite pour tes sacrifices, pour tes angoisses, pour tes désirs, qui sont les miens. Ton Dieu d'Amour te parle, t'aime, t'élève, t'embrasse et t'insuffle son Esprit ardent et odorant. Oh, accueille-le comme la terre sèche qui s'entrouvre pour recevoir l'eau!

Je laverai le monde avec les larmes de nos deux Cœurs unis et très saints, et je dirai à ma Mère bien-aimée: "Inonde-les de l'Amour précieux de ton Cœur très pur et donne-leur le réconfort que tu m'as donné, quand je suis venu prendre votre humanité et que, nu et affamé, tu m'as consolé."

Voilà l'hymne qu'entendra ma création du haut des cieux et des profondeurs de la mer.

Ici le Seigneur s'interrompt, puis:

Tu sais que je me suis levé de mon Trône pour faire de toi une sauvée, une bien-aimée, une épouse, une mère, une image vivante de mes souffrances! Je te demande encore: "Veux-tu porter avec toi mes souffrances et ma grâce pour réveiller les morts? Veux-tu, petite fille, élever mon Calice dans la partie la plus élevée des cœurs au sein de mon Eglise?"

Debora: – Mon Bien-Aimé, je n'oublie pas tes bienfaits, le travail que tu as fait pour que je revienne vivre dans tes verts pâturages, auprès de Toi qui es le Vivant! Permets-tu que moi aussi je puisse te chanter les louanges des psaumes?

Jésus: – Tu es mon argile, mon Œuvre. Charme-Moi!

Debora: – "Béni soit le Seigneur; le Dieu du salut se soucie toujours de nous." (Ps 68,20). "Venez, écoutez, vous tous qui craignez Dieu, et je vous raconterai tout ce qu'il a fait pour moi." (Ps 66,16).

Hier, pendant que je priais, j'ai recopié ces citations sur une petite feuille. Ces paroles bénies d'autrefois ont réveillé en moi le désir de te les offrir dès que je te verrais et t'entendrais. J'espère qu'elles te plaisent, Maître.

Jésus: – Mes yeux regardent satisfaits: mon appel n'a pas été vain! L'Œuvre de la blanche Colombe *(la Vierge Marie)* n'a pas été inutile, elle qui déverse ses larmes jaillies de mon Cœur dans les endroits où je suis venu me reposer *(La Céleste Verdure)*! Je te regarde et je pense, tout en gardant mon silence sacré: quelle immensité ferait ce peuple, si ma création, œuvre de ma Sagesse, t'avait écoutée! Mais je t'enverrai au loin, puisque ces peuples *(il s'agit peut-être des gens qui sont autour du lieu de l'apparition)* se sont dressés contre Moi et m'ont durement défié, tandis que Moi, par un excès de ma Miséricorde, je ne les ai pas frappés.

Tiens-toi prête, car tu partiras souvent comme mon ambassadrice de paix et beaucoup te feront confiance, parce que mon Message fera triompher ma Mère. Mon Esprit viendra en aide à ta faiblesse en soutenant ton infirmité, en comblant ta nullité! Tu es précieuse pour le cœur de mon Eglise qui attend l'Epoux, Amour eucharistique, pour qu'il parle.

Mais maintenant mon langage n'est pas compris, pas plus qu'au temps qui précédait la Pentecôte. J'ai donc dit: "Je vous enverrai la seconde Pentecôte qui clarifiera mes Paroles et il n'y aura pas de difficulté à comprendre les œuvres spirituelles que j'édifierai." Je te le redis: "Malheur à qui se dressera contre toi!"

Prie, prie beaucoup afin que leur poison mortel diminue! Quand tu t'offres par la prière, cela apaise ma sainte colère. Mon Vouloir et mon Pouvoir renverseront la situation actuelle de laxisme tragique et de philosophies erronées, et la Vérité tout entière sera annoncée par mon enfant bien-aimé et ami de mon Cœur, mon Vicaire!

Annonce, puisque beaucoup de régions écouteront ta prédication et que les nations liront mes œuvres d'Amour.

Tu te tiendras à ma droite, alors que beaucoup te croiront en dehors de mon Eglise, et tu en représenteras le cœur, en combattant pour ma Présence vivante qui reviendra à son ancienne beauté, pendant la restauration des autels, par les mains de mes anges et de ceux qui me sont restés fidèles grâce à un ministère sans défaillances en paroles, actions ou omissions. Oui, je permettrai que tu te retournes vers Moi avec tes larmes, parce que j'ai trop saigné; de même je permettrai encore que l'on te persécute, pour que tu t'élèves comme une tour dans le ciel.

Debora: – Et moi, je t'aimerai chaque jour davantage.

Jésus: – Ainsi soit-il! Viens dans mes bras. Je te cacherai dans les tendresses de la Vierge Mère. Sois en paix ainsi que ceux qui t'accueillent! L'Amen te bénit.»

22 juin 1998, veille de l'apparition

Debora : «Seigneur, mon âme gémit.»
(Je pleurais vraiment comme une petite fille.)

Jésus : «Ma fille, "Je suis" arrive dans l'excès de son éternel Amour. Je viens de l'"agonie du Tabernacle", de l'abandon total dans lequel, ignoré, je meurs d'indifférence et de solitude. Oui, je viens pour créer de nouveaux tabernacles, de nouveaux palais qui soient vivants, chauds, pleins d'attentions pour Moi, le "pauvre" à la recherche d'âmes qui gardent mes Vérités dans un esprit de partage.

Je t'ai perçue comme en un deuil, toi mon prophète, languir et te replier sur toi-même à cause de la souffrance de ton âme. Mais ne t'ai-je pas dit : "La Sagesse t'instruira directement et nul jugement humain ne devra entamer la confiance envers Moi ?" Laisse-les mijoter dans leurs vains discours et leurs déductions erronées. En temps voulu, la Vérité éclora comme une fleur inattendue.

Debora : – Mon Maître, ils me pressurent chaque jour davantage. Ils ont jeté de la boue sur ce que tu m'as dit, disant qu'il n'est pas possible que tu m'aies appelée "Esprit de Vérité"… Ce n'est pas possible que le Père et l'Esprit soient une seule et même chose… que la statue de la Madone suinte de l'huile, parce que, selon eux, cela n'a pas de sens !

Jésus : – Mon cœur, souviens-toi que "sur les lèvres du sage se trouve la Sagesse ! Pour le dos de ceux qui sont dépourvus de sagesse, le bâton… Quand on parle beaucoup, les fautes ne manquent pas. Celui qui contrôle ses lèvres est prudent !" (Pr 10, 13 et 19)

Debora : – Mon cher et doux Jésus…

Jésus : – C'est bien pour toi ! "Ainsi seront dévoilés les secrets d'un grand nombre de cœurs, et les cœurs dépravés sont une abomination pour le Seigneur…" (Pr 11, 20)

Ma fille, toutes les bouches qui parlent n'expriment pas les pensées d'un esprit droit ; elles sont en proie à de fausses interprétations, aidées en cela par un manque de logique et des extrapolations trop faciles.

Je te garantis que tu as représenté et que tu représenteras l'action de mon Esprit, qui est Vérité, puisque je t'ai suscitée pour servir la Vérité et agir dans sa splendeur.

Tu es mon Œuvre qui, de toute ta pauvre et misérable force humaine, aspire à la Vérité, pour que la Justice soit proclamée, et aussi tu es le sang de mon Sang, comme je te l'ai déjà dit, non par privilège, mais par la passion mystique que tu vis en union avec ton divin Epoux! *(C'est la réponse au message du 3 octobre 1997.)*

J'encourage donc la seconde affirmation que je renforcerai ainsi: "Non seulement le Père et l'Esprit sont Un, mais le Père et Moi sommes Un! (Jn 10,30). Celui qui aimera et honorera l'Un, Nous aimera et Nous honorera tous les Trois, parce qu'il n'existe pas trois Dieux, mais un seul Dieu de nature divine et indivisible, unique dans l'unité des trois Personnes."

Qu'ils comprennent donc la triple manifestation de Dieu, que tu pourras exposer ainsi:

– il est Puissance, parce que l'esprit de mon Père est esprit créateur;

– il est Rédemption, parce que le Fils a partagé la souffrance et la nature humaine, à l'exception du péché, pour une création libre et rénovée;

– l'Esprit est l'Amour très pur qui, par son feu ardent aux sept formes, donne: la Sagesse, l'Intelligence, le Conseil, la Force, la Science, la Piété et la Crainte de Dieu!

Debora: – Je désire tes Paroles, Seigneur! J'ai besoin de ta Sagesse divine! Je ne veux pas tomber dans mes propres idées.

Jésus: – La Sagesse te dit que, depuis que le cœur de l'homme a rejeté mon Esprit et mes Vérités, ma Volonté a été jusqu'à utiliser des pierres, des animaux, des astres pour manifester le salut. N'a-t-on pas noté la phrase: "S'ils se taisent, les pierres parleront?" (Lc 19,40)

Mais l'image de la T. S. Reine du ciel ne saurait être comparée à une pierre! C'est une vraie Présence, puisque c'est l'idée qui rend vivante et opérante ce qui n'est pas, sur le moment, représenté corporellement devant vous…

Je t'offre ma paix, et toi, reste en Moi sans trouble.»

Mardi 23 juin 1998, apparition de la Mère de Dieu

La Reine du ciel se tourne aujourd'hui vers nous avec un visage particulièrement triste. Elle porte sa robe habituelle. Ses pieds ravissants sont posés sur des nuages couleur de soleil couchant. Voici ce qu'elle dit:

«Mes chers enfants, bénissez le Seigneur Dieu.

Vivez cette journée d'aujourd'hui avec moi! Accueillez les épreuves par lesquelles Dieu vous apporte en ce jour joie et espérance!

Ces heures sont celles que je vous avais annoncées, et au cours desquelles mon Eglise doit être persécutée.

Tout le peuple est secoué par des troubles graves et beaucoup de prêtres souffrent de grandes tribulations.

C'est le moment où ceux qui m'accueillent sont opprimés.

Mes enfants, demeurez avec moi dans ces souffrances et surmontez-les avec une grande confiance.

Mon Cœur immaculé triomphera des puissances du mal!

Chers enfants, aujourd'hui vous souffrez aussi à cause des nombreuses oppositions que vous rencontrez, même de la part de ceux que vous aimez et à qui vous avez fait du bien, et vous souffrez des graves affirmations qui vous font beaucoup de peine. Ne perdez pas le courage du témoignage, et unissez-vous aux souffrances de mon Cœur maternel et à la force de mon Fils bien-aimé, appelé à souffrir et à mourir sur la Croix.

Ne vous laissez par écraser par la tristesse et l'angoisse, lorsque même ceux qui vous sont proches se sont éloignés. Venez, rapprochez-vous de Moi, faisant halte dans la prière:

– prière du cœur,

– prière pleine de foi,

– prière continuelle.

Les temps actuels sont ceux de votre immolation, que vous offrirez à Jésus! Demeurez avec Lui en ce lieu que j'ai rebaptisé *le saint Gethsémani*, et ne pleurez pas pour avoir été abandonnés par l'indifférence.

Jésus veut revivre en vous les moments atroces de son agonie qui conduira à l'aube de son nouveau Règne. Détachez-vous des pensées du monde et ne suivez pas le pouvoir qui a mené de nombreux membres de la franc-maçonnerie au désastre, à l'écroulement de leur propre existence.

Aujourd'hui, un grand nombre d'entre eux menacent mon Eglise, recouvrant de fumée et de boue les lieux où je manifeste ma maternelle direction, pour un projet bien établi.

Je vous invite encore à ne pas avoir peur et à vivre avec Moi la fin de cette heure de ténèbres. Je vous bénis; approchez-vous toujours davantage de la Volonté de Dieu.

Au revoir et à bientôt, car mon Œuvre doit continuer pour le triomphe de l'Eglise, dont je suis la Mère.»

Dimanche 12 juillet 1998

Après un long moment de silence, dans l'après-midi de ce jour très chaud, la douce voix du Seigneur me parle. J'étais en train de lui répondre comme je le fais habituellement, au pied du tabernacle où est conservée la sainte Hostie apportée par Notre-Dame.

Jésus: «Mon élève, sors de ton sommeil et tourne ton attention vers ton Epoux qui t'appelle. N'entends-tu pas la voix de ton Bien-Aimé?

Debora: – Mon doux Seigneur, je viens! Je t'écoute, instruis mon âme!

Jésus: – Oui, "Je suis" imprimera dans ton cœur la Sagesse et donnera à ta misérable âme un abri contre les bêtes méchantes.

Debora: – Seigneur, comme je suis lasse! J'ai faim de ta Parole et je me sens fortement peinée de voir comment le monde t'a fermé la porte!

Jésus: – Ma petite, viens te reposer sur ma poitrine, rassasie-toi des douceurs que je t'ai réservées, pour que tu puisses respirer après tant de difficultés et de durs sacrifices.

Debora: – Mais pour moi il est doux de souffrir pour Toi et avec Toi.

Jésus: – Tu es la servante intime qui d'une manière cachée reçoit mes confidences et partage mes souffrances. Va, repose-toi en me laissant pour un instant le poids des souffrances intérieures qui sanctifient. Je désire t'approuver à propos de ce que tu as voulu écrire pendant la fête de nos Deux Cœurs.»

Debora: – Seigneur, me parles-tu de la "maison-foyer"?

Jésus: – Je désire pour toi de longs repos, puisque j'ai dit que je voulais t'envoyer en de nombreux endroits. Mon Message est terrible: je ne permettrai à rien ni personne de retarder l'Œuvre que mon Esprit a voulu offrir au monde par ton immolation de jeune. Malgré ta misère, tu m'es précieuse et tu dois t'employer à ce que mon commandement — ramener les âmes à la Source de la Vérité — ne perde pas sa première place!

Je te donnerai quelques indications, mais ce que tu as écrit sera pris en considération.

Je veux que les jeunes satisfassent à ma demande exclusivement par une consécration vécue dans le monde laïc! Ils devront obéir à mes Décrets et surtout à ma sainte Mère qui est en train de se communiquer et aura la charge d'accueillir leur "oui".

La maison *(partout où Debora se trouve)* où tu vis est ma tente, donc c'est le foyer de l'Amour où les âmes qui auront fait le choix de te suivre devront vivre comme les servantes d'une famille qui donne à Dieu sa propre existence.

Des épouses qui vivent pour elles-mêmes, j'en ai beaucoup trop! Je serai bienveillant si elles me donnent leur cœur, mais je serai ému si elles se tiennent auprès de toi uniquement pour adoucir tes blessures.

Je ne t'ai jamais demandé autre chose que ce que je t'ai déjà communiqué. Ces petites âmes vivent dans l'humilité, cachées auprès de toi, comme *l'humus* qui rend un terrain fertile. Un jour je ferai grandir mes fleurs! Qu'elles sachent que ta mission n'est pas facile, et que celles qui se tiendront auprès de toi ne recevront pas des louanges, mais des crachats et des insultes servies dans le coffret de mes richesses, qui sont les clous, la couronne d'épines et le bois de la Croix.

Ces âmes vivront de longues périodes d'humiliation, semées d'hostilité et de paroles dures, comme tu en vis toi-même, mais si elles se décident, elles ne devront jamais retourner en arrière. Je leur ferai voir mes cieux qu'habitent mes amis "béatifiés" par ma Sainteté.

S'il y a de la nourriture, elles mangeront; s'il n'y en a pas, qu'elles prient et offrent sans se lamenter, car je n'aime pas les cœurs humiliés par leurs faiblesses, mais les doux rendus forts par la foi.

Qu'elles aient foi en Moi et en la Reine qui ne les fera jamais manquer du nécessaire. Qu'elles se rendent dignes de cette "maison" et soient toujours joyeuses, animées de charité, d'amour, de fidélité et d'espérance, toutes choses nécessaires pour ne pas perdre mon amitié, que je leur accorderai sans délai.

En tout cela je me cacherai, parce qu'elles devront se sanctifier auprès de toi, en me voyant en tous et en les secourant tous dans leurs divers besoins. Ainsi seront les âmes qui suivront mon appel auprès de ma servante intime! Je t'étonne?

Debora: – Oh non, Seigneur! Je te remercie pour le don que tu me feras de ces âmes! Je prierai pour elles, afin qu'elles correspondent pleinement à ta Volonté.

Jésus: – Je leur ferai un don.

Debora: – Doux Seigneur, tu es trop bon!

Jésus: – Le temps est venu où tu ne seras plus seule à souffrir!

Debora: – Je serai toujours seule avec Toi. Tu sais que je ne voudrais jamais donner une part de ma douleur aux autres! Tu me gâtes en me donnant ces souffrances et je suis heureuse de les prendre sur moi.

Jésus: – Qu'il en soit comme tu veux! Permets-Moi de rechercher d'autres créatures qui s'engagent dans mes voies.

Debora: – De tout mon cœur et de toutes mes forces.

Jésus: – Je t'ai dit que tu serais une mère pour mes petits enfants!

Debora: – Je le serai pour ces âmes.

Jésus: – Je leur enseignerai à être mères à leur tour.

Debora: – Si tu le veux!

Jésus: – Appelle-les et dis-leur que le bien-aimé Epoux et Frère, le Bon Pasteur les veut pour Lui, cachées dans la vie de chaque jour, proches de ta mission.

Debora: – Je le ferai.

Jésus: – Fais-le vite! Mon Cœur tremble et a soif d'oblation.

Debora: – Si elles acceptent, elles s'offriront dans toute leur pureté.

Jésus: – La pureté est sainte à mes yeux! Qu'elles suivent l'exemple de ma sainte Mère. Je te bénis, et toi donne-leur cette bénédiction. *(Le message s'adresse aux jeunes filles qui ont fait le choix de vivre avec Debora.)* Reçois ma Paix!

Debora: – Je t'aime.»

Jeudi 16 juillet 1998, fête de Notre-Dame du Mont-Carmel

Tard dans la soirée, la très douce voix de Jésus, le Maître, me dit:

Jésus: «Mon épouse, approche-toi du Cœur de ton Epoux mystique. Permets que Moi, le Sacré-Cœur, j'instruise ton âme. Ne désires-tu pas que le Roi de la Révélation révèle ses secrets à sa petite servante?

Debora: – Oh si, Seigneur, je le veux.

Jésus: – Ouvre ton esprit en l'élevant! Tourne ton regard vers ton Amour non aimé et mets-toi rapidement à l'écoute, afin qu'un grand nombre de créatures puissent "revivre" grâce aux écrits qu'une nouvelle fois je te confie.

Ma Voix arrive des cieux pour surgir dans le désert de la terre que je dois sillonner pour y jeter la nouvelle semence, celle qui est incorruptible! Je regarderai partout, et là où je serai accueilli, je visiterai les lieux de mon repos et j'y habiterai avec toute ma bienveillance.

La Reine des cieux prendra encore soin de vous en pansant vos blessures et en adoucissant vos douleurs. C'est à ma sainte Mère que s'applique la phrase: "… et j'ai vu la Jérusalem sainte descendre du ciel et s'établir parmi les demeures des hommes…" (Ap 21, 2,3)

Elle est la Cité sainte de Dieu, qui habitera les maisons vides d'harmonie et d'équilibre.

Elle sera la joie de vos foyers domestiques.

C'est elle que notre Amour trinitaire a choisi pour que l'homme puisse se réconcilier avec Dieu.

Tous les anges du ciel connaissent cet événement; c'est pourquoi je désire que vous aussi, les petits de mon Amour miséricordieux, vous connaissiez la mission corédemptrice de la Toute-Sainte.

Debora: – Nous aimons la Madone.

Jésus: – Il faut l'honorer! Il y en a trop qui l'offensent et l'humilient!

Debora: – Oui, Seigneur, je sais. Dis-moi comment je pourrais faire réparation?

Jésus: – En la mettant au centre de toutes les pensées et partout. C'est le jour de la rencontre du Fils avec la Mère et, dans ses mains très saintes a été déposée "l'économie du Salut"! Vous devez accueillir son invitation à la prière. Elle ne pourra pas indéfiniment adoucir la sainte colère de mon Père! D'ici peu elle terminera son Epiphanie.

Debora: – Quand, Seigneur? Que je puisse me préparer!

Jésus: – Ne perds pas cette heure pour te préparer! Elle terminera son Message quand le dernier de ses enfants se sera signé *(avec le signe de la croix)*!

Cours dans le monde pour y offrir l'onguent qui jaillit de son Cœur immaculé et transpercé par la dégénérescence de ses enfants inconscients.

Oh, l'Huile pure de la confirmation, l'Huile sainte de la consécration, l'Huile réparatrice contre les assauts de l'enfer, l'Huile source des larmes qui guérissent ceux qui sont éloignés de la grâce.

S'ils savaient, tes frères, quel don je leur ai offert, en faisant de l'Huile une dévotion qui vous conduira à l'endroit que je vous ai Moi-même préparé, en ressuscitant et en montant aux cieux de mon Père et de l'Esprit consolateur!

Si un jour ma Mère vous a donné les sources de l'eau, c'est parce que l'homme devait retrouver sa mission de baptisé, de "re-né" à la grâce. Aujourd'hui, elle vous envoie l'Huile pour vous permettre de découvrir la puissance de l'Esprit-Saint dans chacune de vos bonnes actions. L'Huile vous confirmera dans le feu ardent de la grâce de l'Esprit-Saint et vous rendra témoins de la nouvelle Evangélisation.

Je suis en train de préparer un nouvel Eden, où vous pourrez tous vous fortifier, car nourris du Pain descendu du ciel. Marie, ma Mère, vous a apporté le Pain de la Vie et le breuvage du salut, en se plaçant sur l'arbre de la Vie, qui me représente *(l'olivier de la Céleste Verdure)*. Maintenant, je vous invite pour que vous ayez cette nourriture spirituelle qui prépare et préfigure la fête de la Cène à laquelle je vous attends tous les jours *(la sainte Messe)*.

Venez, venez au pied de l'Olivier bénit par mon Cœur dans le "saint Jardin" où, par un excès de mon amour, par l'intermédiaire de ma servante, j'ai perpétué *(rendues vivantes dans le temps)* les heures de ma Passion rédemptrice! Venez, puisque le Cœur très saint du Père a placé là ses délices et a donné au monde entier l'Epouse toute belle, en l'ornant de titres qui mettront en évidence la puissance de son action en vue de l'événement glorieux de mon Retour. Elle est la Vierge pure, qui a porté dans son sein le Verbe fait chair, réparant désormais pour tous les Sacrifices mal célébrés comme, par ses silences, elle préparait l'humanité à sa rencontre avec Dieu.

Aujourd'hui, elle prépare les hommes à la nouvelle rencontre, en travaillant pour la seconde Pentecôte, œuvre du renouvellement de toutes choses.

Elle est la fontaine unique, source du véritable œcuménisme, la Femme vêtue du Dieu-Soleil, qui vaincra l'antique ennemi, en réunissant tous les hommes et tous les peuples sous son regard maternel.

C'est Myriam, la pure Colombe de l'authentique Paix, l'Olivier feuillu du Père, Mère de mon Cœur pacifique.

Comprends-tu quelle ineffable grandeur est cachée dans la terre aride et amère de l'éternelle et Céleste Verdure?

Satan, à chaque instant, en se présentant à l'Eternel, demande d'éprouver votre foi et c'est le crible de votre réelle conversion.

Debora: – Seigneur, je ne pouvais pas imaginer cela!

Jésus: – Bénissez-Moi!

Debora: – Je te bénis.

Jésus: – Diffuse ma Parole que je t'ai révélée, et amène-Moi les peuples.

Debora: – Seigneur, si tu m'aides, je… *(Il m'interrompt)*

Jésus: – En réalité, ce sera mon ordre et pas ton mérite, mais toi, tu m'accompagneras dignement! Je vous aime malgré votre obstination à me chasser de votre vie quotidienne.

En faisant un effort maximum, laissez-vous docilement ramener par la "Dame" que vous représenterez telle qu'elle se manifeste.

Je demande que l'on reproduise statues et images par milliers et qu'elles soient répandues, telles les semences que le vent transporte.

Sur les montagnes, dans les vallées, que son image à elle, Prophète du Père, Source de la confirmation, soit exposée à l'ombre des arbres.

N'aie pas peur, annonce tout ce que je t'ai indiqué! Tu seras aidée par celles qui sont mes brebis. Pense d'une manière juste, car je me servirai d'âmes misérables et inutiles!

Debora: – Je m'en remettrai à elle.

Jésus: – Reçois ma sainte Paix.»

Samedi 1ᵉʳ août 1998

Notre-Dame porte une robe blanche avec des reflets gris. Elle montre un visage préoccupé, comme une maman qui craint pour le sort de ses enfants.

La Madone m'invite à prier et je commence avec elle la récitation du rosaire. Comme d'habitude, Notre-Dame ne répond pas aux Ave Maria. La prière terminée, elle dit:

«Ma fille, tu sais que l'avènement de ce que je t'ai révélé est proche. Il te faut prier et offrir davantage! Un grand nombre ne se sauveront pas, et mon Cœur de Mère en est profondément triste!

Debora: – Ma Dame et Reine, ne t'attriste pas puisque moi, ta petite fille et la servante de tes servantes, je combattrai à côté de Toi pour gagner des âmes au Christ.

Marie: – Oh, mon âme est triste: tout le paradis gémit! L'obscurité est sur le point de descendre, épaisse, jusqu'au commencement des "trois jours". Le monde est sur le point de recevoir l'Avertissement. Jésus permettra que les âmes soient éprouvées comme l'or dans le creuset. Les familles auront en elles de nombreuses plaies ouvertes, dont beaucoup seront insupportables. Je voudrais que ce pauvre monde m'écoute! Je vous confie à l'archange Raphaël qui aura la charge d'avertir les hommes et les peuples.

Debora: – Ma Dame, garde-nous, garde tous les groupes de prière.

Marie: – Dans quelques-uns Satan a déjà tout emporté, dans d'autres il est à l'œuvre en se servant de l'orgueil, de la vanité et de la fausse modestie. Si les créatures se réfugient sous mon manteau, le vent du faux œcuménisme et du syncrétisme n'éloignera pas la foi de leurs cœurs.

Oh, ma fille, ces jours sont très graves. Personne ne se rend compte à quel point les fumées du mal sont partout présentes. Dieu frappera l'homme en l'éprouvant par la faim et la solitude. Seuls ceux qui ont le cœur pur le verront avec une profonde gratitude.

La peste des maladies menace d'une manière pressante. Le Trône du Tout-Puissant a secoué les océans. Mes enfants, il faut changer de conduite! A propos de l'Avertissement, priez afin qu'en ce jour-là tous les hommes croient et qu'ils se préparent au Signe salvifique. Si vous n'êtes pas préparés, le Seigneur ne fera pas usage de clémence. Ne gaspillez pas votre temps ni vos forces en choses qui ne donnent pas de gloire à Dieu!

Toi, ma fille, telle une fourmi, rassemble ce que tu as et ce que tu es pour l'Œuvre que je t'ai confiée. Accueille auprès de toi les âmes qui désirent ardemment s'offrir à Dieu par une sainte et véritable prière de réparation. Ces âmes recevront de grands dons et seront aidées dans toutes leurs difficultés.

Satan tremble à la vue de la grâce qui approche. Son règne est sur le point de prendre fin.

Ne vous laissez pas entraîner, puisque la Lumière qui vous enveloppera sera grande!

Ne vous séparez pas du pape et soyez unis au Sacrifice eucharistique en toutes les circonstances.

Les endroits où Jésus sera adoré deviendront des oasis pour les jours de l'épreuve.

Restez avec Moi; unissez-vous à mes peines en invoquant l'Esprit-Saint comme aux temps des Apôtres.

Debora: – Viens, doux Esprit qui sanctifie, et purifie nos cœurs. Avec ton Feu, envoie Marie, la Source de l'Huile sainte; que tous les peuples soient enveloppés dans son manteau. *(Prière dictée le 23 mai 1998)*

Marie: – Aime mon Fils, qui t'a demandée comme épouse pour un Règne éternel.

Debora: – Oh oui, ma très douce Dame.

Marie: – Tu es appelée à vivre dans la sainteté!

Debora: – J'en suis consciente, je m'y efforcerai.

Marie: – Un jour Jésus t'élèvera. Bénis-le en l'adorant!

Debora: – Mon cœur palpite, je sens qu'il est sur le point d'éclater.

Marie: – Je te confie un grand nombre d'enfants. donne-leur mon salut de Paix.

Debora: – Oui.»

La Dame s'éloigne lentement en me souriant. Comme elle est belle, enveloppée dans cette lumière! Même de ses mains émane une lumière blanche et douce.

Dimanche 23 août, apparition de la T. S. Vierge

La sainte et puissante Dame arrive pendant le quatrième mystère glorieux. Elle est très belle, toute vêtue d'or, et porte un manteau bleu. Voici ses paroles:

«Que Jésus-Christ soit loué!

Mes enfants, Moi, la Reine du ciel, je désire régner dans le cœur de mes enfants. La Lumière vient à vous, parce que l'Eglise est sur le point d'être transformée en une brillance fulgurante, semblable à des millions de soleils réunis. Aujourd'hui vous ne le voyez pas *(ce que je vous indique)* mais le Père est en train de la réédifier dans le cœur des humbles dispersés de par le monde *(projet de réédification dit 'Αποκαταστασισ παντον', c'est-à-dire temps de la restauration, signalé par les prophètes dans l'AT; ce projet est sur le point de se réaliser).*

Mes enfants, le Seigneur, dans l'excès de sa bonté, vous a proposé une nouvelle dévotion, pour que, par la dévotion à mon Cœur, source de l'Onction pérenne, je puisse vous faire revenir, vous confirmer et vous amener au ciel.

Chers enfants, cette Lumière qui arrive vous a montré la route que depuis quelque temps je vous ai invités à parcourir.

Je suis la Dame de l'Eucharistie et, comme je te l'ai déjà dit, par ce titre sera gravie une nouvelle marche au sommet de laquelle on verra le Christ glorieux et puissant dans son Corps et dans son Sang.

Je t'ai dit que cette dévotion pourrait sauver l'Italie, mais aujourd'hui je t'affirme qu'elle sauvera le monde, l'Eglise tout entière!

Debora: – Sainte Mère, je te remercie pour le don de mes sœurs. *(Ce jour-là deux filles majeures ont offert librement leur vie au Seigneur en vivant auprès de Debora, comme il l'avait demandé.)*

Marie: – J'ai ouvert mes mains pour accueillir leur offrande. Tu leur diras que si elles persévèrent, je les élèverai à une sainteté cachée.

Debora: – Merci!

Marie: – Ma fille, je veux encore t'exhorter à venir ici, dans le saint Gethsémani *(la Céleste Verdure)* pour que dans le silence de mes oliviers vous fassiez fleurir le désert qui est en vous. Je te répète qu'ici se trouvera la Source de la Grâce.

Cette couronne *(il s'agit d'une couronne offerte par des pèlerins siciliens et déposée sur la tête de la statue)* que vous m'offrez, je la déposerai sur le Cœur de Jésus, de qui viendra le Salut.

Debora: – Ma Dame, il y a ici quelques malades…

Marie: – Dis-leur que, s'ils se convertissent et croient à tout ce que j'ai révélé par toi, ma servante souffrante unie à la Passion du Christ, quelques-uns guériront dans l'année.

Je te demande de faire (faire) rapidement toutes les traductions des textes. Je préparerai un grand événement.

Maintenant, je vous bénis et vous remercie d'être venus ici. A bientôt!»

Mardi 1ᵉʳ septembre 1998

A mon réveil, je vois dans la chambre un grand nombre d'anges prosternés en adoration devant le Très-Saint que m'a amené Notre-Dame. Un ange s'est avancé et, se tournant vers moi, m'a dit:

«La Paix soit avec toi!»

Debora: – Et avec toi qui viens comme un messager. Quelle annonce m'apportes-tu?

L'ange: – Prépare-toi: il ne reste plus beaucoup de temps. L'heure de l'immolation de ceux qui se sont offerts à la Justice divine arrive. L'erreur et la faute de l'homme seront éloignées à cause de vos sacrifices expiatoires *(ceux des âmes victimes).*

Debora: – L'Eternel a établi dans mon misérable cœur le lieu de son repos, où demeure le Fils élu pour annoncer son Nom aux peuples.

L'ange: – Que la royauté de la T. S. Vierge soit proclamée par tous, afin que l'heure de son triomphe ne soit pas retardée *(la grande évangélisation actuelle, qui amènera la Madone, avec son Fils, à faire triompher l'Eucharistie sur le monde).* Le temps de la paix arrive mais de graves dangers menacent le monde. Cette paix est menacée. La T. S. Trinité souffre pour les blasphèmes adressés à Celle qui "brille comme la lune"!

Ecris sous l'action des anges, car nous pouvons vous aider en ces heures de ténèbres. Notre secours est toujours instantané.

Aucun d'entre nous ne manque d'intervenir, si les hommes nous le demandent. Si de plus ils le demandent avec foi, nous sommes encore plus prodigues pour offrir notre secours. Vos demandes ne seront jamais déçues, si elles sont accompagnées de la confiance et de la pénitence. Aux anges est confiée aujourd'hui une grande tâche. A vous de la prendre en considération! La grande Reine des cieux nous a commandé de vous envoyer ce message, car la Miséricorde de Dieu est insondable.

Debora: – Est-ce que la crise dans l'Eglise de Dieu se produira?

L'ange: – Oui, elle aura lieu.

Debora: – Je t'en prie, ange du Seigneur, dis-le moi: maintenant?

L'ange: – Je t'ai déjà répété que le temps galope, mais l'heure n'est pas encore arrivée, c'est-à-dire le jour.

Debora: – La confusion sera-t-elle éloignée?

L'ange: – Elle disparaîtra complètement.

Debora: – Cette persécution, comment sera-t-elle?

L'ange: – Terrible, car elle vous harcèlera. Mais elle se fera ouverte aussi, même si elle est voilée.

Debora: – Je n'ai pas peur, mais j'ai une grande peine.

L'ange: – Pour cette période, ceux qui soutiennent la milice de la Reine immaculée auront besoin d'une foi forte, car elle sera menacée.

Debora: – Quel est le plan contre la foi?»

L'ange incline la tête, puis dit:

«Le faux œcuménisme *(celui qui n'est pas centré sur les deux Cœurs très saints)* est la vraie plaie! Ceux qui se feront de la vraie religion seulement un siège, pensant pouvoir être puissants et dominer, sont déjà à l'œuvre. Dans le monde, des hommes envoyés par Satan veulent créer une nouvelle Eglise, ouverte à tous, prête à embarquer toute sorte d'eau trouble.

Debora: – J'en suis affligée.

L'ange: – Ne le sois pas, puisque cela fait comprendre que les signes qui précèdent le retour de l'Amour et de la Justice sont en train de se manifester, afin de pouvoir sauver les âmes. Tu dois travailler à ce qu'autour de toi, partout où tu iras, on ne perde pas la foi au vrai Dieu: l'Eucharistie. Qu'ils soient plus respectueux, ou alors malheur!

Debora: – C'est entendu!

L'ange: – Reste en paix!

Debora: – Paix à toi!»

Jeudi 3 septembre 1998, pendant la journée

Le saint Maître de la Vie revient pour m'instruire.

Jésus: «Mon Père qui est aux cieux a ouvert la bouche pour dire aux habitants de la terre: "Cela suffit!" au sujet de l'abomination qui entoure le Saint Sacrement de l'Autel, mais personne ne remarque la sainte fureur qui approche, parce que vous jugez par vous-mêmes.

L'homme ne veut pas comprendre, ma fille, et chaque jour il défie ma bonté, se cachant faussement derrière des lois mensongères qui ne viennent pas de Moi. Je vous ai déjà dit que je ne veux pas qu'on fasse de mon Sanctuaire un lieu d'idolâtrie, de théâtre et d'insulte à ma Sainteté.

Si j'ai consenti à t'envoyer ma Mère pour que tu puisses conserver mon Corps *(il s'agit de l'Eucharistie que la Madone a apportée un jour)*, c'était pour que, par l'offrande de ta jeunesse, tous les laïcs soient pardonnés de leurs profanations, irrévérences, ainsi que pour les concessions abusives.

Si je ne les ai pas frappés, c'est à cause de vos adorations de réparation et grâce aussi à ceux qui, dans une souffrance silencieuse, ont demandé pour eux la pitié et le salut. C'est l'inconscience de beaucoup qui a conduit jusque-là. Les catéchèses vides de vérité, mais remplies d'un contenu pharisaïque m'ont fait me dresser sur mon trône dans une grande indignation!

Debora: – Mon Seigneur et Maître, aujourd'hui tu es très triste!

Jésus: – Oui, ma fille, je le suis au point de venir encore une fois te demander d'offrir au Père tes petits sacrifices avec l'intention d'apaiser sa sainte colère!

Je vous ai dit que lorsque de telles choses arriveraient, le Père cesserait de se montrer clément, et on a blasphémé toujours autant, faisant de Moi un roi de bouffonnerie, un Homme parmi les autres, semblable à un puissant détrôné et humilié, emprisonné, abandonné et soumis à des tortures atroces, parmi lesquelles figurent celles d'écouter des paroles niaises et des demandes inacceptables. Pourrais-je être davantage miséricordieux?

Oh, hommes, qui faites mentir mes saints qui ont versé leur sang pour la défense du Très-Saint, vous êtes imprudents autant que sots, dépourvus de sens et de conscience! Si vous me sentiez en vous, comment pourriez-vous me traiter ainsi sans éprouver la moindre honte? Aurais-je changé? Ne serais-je plus le même qu'hier?»

Debora: – Aie encore une pitié infinie pour tous!

Jésus: – J'ai toujours été disposé (à cela) et, si seulement ils changeaient, j'enverrais l'Esprit de consolation dans beaucoup de cœurs.

Debora: – Jésus, mon amour, je te crois, envoie l'Esprit-Saint!

Jésus: – Je t'ai déjà envoyé le "Baptême de Feu" pour que dans ta mission tu puisses annoncer sans crainte et avec fidélité tout ce que je te révélerais, car c'est de ma part un grand commandement: personne ne devra y opposer d'obstacle, sinon mes anges interviendront.

Debora: – D'ici peu, j'irai au tribunal pour les accusations que tu connais. Je suis un peu abattue.

Jésus: – Si le Vivant est avec toi, tu ne dois pas l'être! Ce serait signe que tu n'as pas confiance en Moi! Je permettrai cela encore pour un peu de temps et tu dois accepter avec obéissance, parce qu'un tel traitement est un motif de liberté intérieure et de sanctification des pensées qui ne sont pas bonnes. Ecoute-Moi, ma petite, mon Père t'a offert *(à toi et à tous)* le Trésor, en t'envoyant la *Sagesse révélée (c'est-à-dire cette révélation)!* Demeure en Moi, je demeurerai en toi: l'Epoux et la petite épouse!

Debora: – Jésus, je t'aime!
Jésus: – Je t'aime, mon cœur. Rappelle-toi que je suis un Dieu jaloux de ses consacrés et de tous ceux qui voudront Lui appartenir.»

23 septembre 1998

La Mère du Seigneur arrive et est suivie de trois soleils qui voltigent en la rendant plus resplendissante. Une fois arrivée, elle incline la tête vers le côté droit. Elle ne parle pas tout de suite.

Debora: «Très douce Dame, pourquoi ne me parles-tu pas aujourd'hui? Désires-tu demander quelque chose de particulier?

La Sainte Vierge: – Paix et Amour à tout mon peuple! Moi, la Mère de l'Eglise, j'intercède aujourd'hui pour mes enfants que j'ai appelés de partout. Mon Cœur est endolori et déchiré à cause des hommes!

Le Seigneur éternel m'a envoyée ici parce que mon antique adversaire, avec ses intentions perverses, est en train de corrompre les cœurs. Vous, les terres du Sud, vous devez abandonner la fausse idéologie du communisme et de l'athéisme pratique! Je viens pour inviter mes consacrés *(les consacrés en général)* à suivre le pape derrière le Christ pauvre! Ne vous laissez pas corrompre par l'ambition du pouvoir! Aimez Jésus et parlez de Lui comme Lui parlera de vous au Père!

Mes enfants, mes tout-petits, je viens pour que vous consoliez le Cœur immaculé et Lui offriez un adoucissement. Faites que mes grâces, une fois reçues et devenues vôtres, puissent être offertes à ceux qui souffrent! Soyez les instruments de mon action! Allez porter le "baume" *(l'Huile sainte)* qui descend de mon Cœur, aux athées, aux désespérés et dites-leur que je suis aussi leur Mère!

Debora: – Ma Dame, tu ne me demandes rien d'autre?

La Sainte Vierge: – Non *(la Madone se tait et me regarde avec des yeux sérieux, mais pleins de pitié).* D'ici peu je terminerai mes apparitions et tu continueras l'Œuvre, puis tu me suivras!

Debora: – Ma Dame, comme tu le désires.

La Sainte Vierge: – Commencez dès maintenant un mois de réparation eucharistique *(avec actes d'amour, prières, sacrifices, pénitences, messes vécues avec une vraie participation, et adorations fréquentes au*

Saint Sacrement). En octobre, j'accorderai un autre signe. Pour le moment, je désire que l'on prie beaucoup! Lorsque personne ne l'attendra, le Miracle arrivera sur le monde! Chère fille, je te bénis. Fais en sorte qu'on loue Jésus dans sa "Présence sacramentelle".

Je n'ai plus rien à te dire. Dieu va bientôt mettre fin au message de salut que je répandrai sur le monde entier. Glorifiez Jésus! A bientôt! Je serai auprès de toi... tu pourras te réfugier dans mon Cœur et y trouver du réconfort pendant que je gravirai le Calvaire.»

1er octobre 1998, fête de sainte Thérèse de l'Enfant-Jésus

Debora: «Est-ce Toi, Jésus?

Jésus: – C'est Moi, veux-tu m'accueillir?

Debora: – Seigneur, pourquoi me le demandes-tu?

Jésus: – L'Amour demande toujours à son petit cœur, en toute liberté, de l'accueillir!

Debora: – Avec moi tu ne dois pas faire cela. Je t'aime: tu es ma famille et je désire que tu me prennes, comme tout ce qui m'appartient, quand et comme tu veux. Es-tu l'Amour?

Jésus: – Oui, je suis l'Amour.

Debora: – Si j'accueille l'Amour, je sais que tout se fond dans la rencontre, comme les fruits de la rencontre d'amour s'appartiennent réciproquement.

Jésus: – Prie aujourd'hui pour ceux qui contestent mon Œuvre, qui veulent briser la Croix que j'ai élevée sur ton cœur de pastourelle. Défends la Vérité en repoussant courageusement leur méchanceté et en faisant monter des hymnes de consécration. La consécration est très importante. Elle vous fait appartenir à nos deux Cœurs unis et triomphants, en procurant l'occasion de sauver d'autres petites âmes.

Moi, le Véridique, j'accueillerai l'offrande que vous ferez à ma Mère et je vous laisserai croître en elle parce que, en son Cœur très saint, vous respirerez générosité, pureté et amour.

Mais il est nécessaire que vous renonciez aux mauvaises habitudes qui ont fait dévier votre esprit! Pour vivre la consécration, vous devez commencer votre cheminement d'abnégation et de prière incessante. Si vous vous laissez former, vous deviendrez ma maison et, comme l'affirme ma petite abeille, vous serez ma Famille: les vrais membres de ma Famille!

Debora: – Doux Jésus, c'est très beau!

Jésus: – Je manifesterai mon Amour à ceux qui m'écouteront et m'appelleront docilement "Maître". Ils ne devront plus craindre aucun mal, parce que tout, par leur permission *(c'est-à-dire par leur libre volonté)*, sera entre mes mains, qui travailleront de telle sorte qu'ils puissent être transformés pour accueillir l'Esprit-Saint.

Debora: – Je veux commencer tout de suite à vous consacrer des âmes.

Jésus: – A partir d'aujourd'hui, j'ouvrirai toutes grandes d'innombrables portes pour vous envoyer les grâces qui descendent de mon côté ouvert.

Debora: – Les prêtres peuvent-ils faire l'acte de consécration?

Jésus: – Eux ont déjà offert leur cœur; il est important qu'ils redécouvrent l'efficacité du don d'eux-mêmes à Moi qui suis l'Agneau de Dieu. Eux aussi doivent accomplir cet acte très solennel et, en plus, le proclamer aux peuples entiers!

Debora: – Je ne sais pas si on pourra obtenir cela.

Jésus: – Je pensais à toi à cause de cela, ma messagère.

Pendant que je te cherchais, je murmurais déjà à ton âme:"Vole; vole, pour ouvrir toutes grandes les portes des cœurs à la Sagesse!"

Debora: – J'espère ne pas t'avoir déçu, Seigneur!

Jésus: – J'attends encore beaucoup de choses de toi, mais sois prudente parce que tu es devenue l'objet de la rage de Satan, mon antique Ennemi. Plus il y aura de personnes à se consacrer, plus grande sera sa fureur! Quelques-uns se dresseront pour te brûler dans le feu du mensonge, en soutenant de faux témoignages contre toi et en me faisant du tort. Aie la foi malgré cela. Je continuerai à mettre en œuvre mon dessein. Es-tu en paix?

Debora: – Oui, je le suis.

Jésus: – Maintenant, prie!

Debora: – Oui.»

14 octobre 1998

Debora: «Seigneur, quelle angoisse j'éprouve dans l'attente que tu viennes dans l'abîme de mon néant. Tu sais sonder toutes les parties de mon cœur et tu sais rendre courage à ta petite abeille, afin qu'elle puisse poursuivre son vol. Où es-tu, mon Bien-Aimé, mon Epoux et Ami? Il est doux pour moi de parler avec Toi...

Jésus: – Moi, l'Alpha et l'Oméga, je viens du ciel pour immerger ton visage dans la fontaine généreuse de mon précieux Sang. Mes plaies sont tout ouvertes pour vous accueillir pendant que vous avez à prendre votre décision... mais pour un trop grand nombre le "retour à la Maison" est encore loin: tel un rêve!»

Jésus est très triste.

Debora: «– Mon très bel époux, je veux te consoler avec mon pauvre amour. Je veux te donner un baiser pour te donner ma tendre affection de consacrée.

Jésus: – Je viendrai dans le monde, si le monde me chante une hymne d'amour, et je serai précédé par le Signe glorieux de ma Sainte Croix qui sera élevée sur le sol de toutes les nations. Toutefois, tandis que je viens, vous devez faire la moitié du chemin. Le temps est venu de la conversion à mes lois, en proclamant de l'Occident à l'Orient que je suis le seul Maître de la Vie!

Debora: – Mon Jésus, je t'attends comme une vierge sage!

Jésus: – Embellis ton attente, en obtenant des guérisons spirituelles pour les âmes qui sont engourdies à cause de péchés de toute sorte! Arrête le développement de la lèpre qui est en train de contaminer terriblement les familles entières! N'oublie jamais de nommer mon saint Nom, car l'Amour ne tardera pas à venir!

Debora: – Que serons-nous sans Toi?

Jésus: – Vois, ma fille, tant que votre existence ne sera pas un écho de mon Message évangélique, personne n'aura reçu en soi la vraie connaissance, celle qui apaise la soif de l'âme perpétuellement tendue vers Dieu. Vous devriez tous me dédier une hymne de louange et de réparation, vraiment vécue dans vos cœurs; c'est alors que refleurirait en vous la certitude d'être toujours auprès de Moi. L'Œuvre immense de "renouveau" est déjà en route, mais vos consciences encore engourdies et empoisonnées doivent être secouées. Elles ont été étouffées, pendant que vous jouiez à vous délecter de fausses doctrines et de théories illusoires. Recommencez à être sensibles à tout ce que notre Providence paternelle a créé pour vous.

O hommes, vous les enfants du Père, vous êtes mes chers frères, aimés et conçus uniquement pour rendre gloire à l'Amour trinitaire.

Vous êtes donc le don immense de Dieu, au point de mériter d'être des créatures au-dessus des anges!

Debora: – Demande-moi ce que tu désires!

Jésus: – A peine serez-vous arrivés au seuil de mon Cœur ardent, que vous commencerez à vous engager pleinement dans le service *(de solidarité envers les plus faibles et les plus pauvres)*. Offrez-Moi silencieusement vos prières et vos actions méritoires. Je les fondrai dans l'Amour divin. Quand d'autres brebis reviendront "à la Maison", pour un seul de vos sacrifices et une seule de vos prières, Moi-même, je vous répéterai: "Je viens pour demeurer éternellement dans la maison de ton pauvre cœur… et là où sera ton trésor, là aussi sera ton cœur et ta volonté généreuse" (Mt 6,21).

J'ai besoin de vous. J'ai besoin de toi qui m'écoutes et m'accueilles. Œuvre dans les œuvres, ma petite fille bien-aimée! Instruis *(les autres)* avec l'instruction dont je t'ai fait cadeau!

Je suis Celui qui vous a permis de crier: "Abba! Notre Père!" (Gal 4,6; Rm 8, 15-16)

Et maintenant salue-Moi avec les plus adorables de mes attributs: "Salut, ô mon Roi! Salut, ô très ardent Cœur qui pardonnes!"»

17 octobre 1998

Je suis en prière et je me sens un peu découragée par la manière dont les hommes considèrent la famille et l'importance du mariage.

Debora: «Mon Seigneur, saint Cœur qui enflammes, allume mon âme avec le feu de ton conseil. Embrase le cœur de ceux qui errent dans de vaines illusions qui ne peuvent conduire qu'à la souffrance, au désespoir et à une profonde cassure. O mon doux Maître, donne-moi ta Lumière!

Jésus: – Si la créature tourne son âme vers l'Intelligence éternelle, peut-elle en rester déçue? Si mes petites brebis mettaient un frein à leurs révoltes et cessaient de se cabrer devant mes commandements, elles obtiendraient certainement ma grâce bienveillante.

Debora: – Je voudrais que chaque homme et chaque femme écoutent tes paroles si douces et si sages, Maître. Je rencontre souvent des personnes qui ont des idées absurdes, tordues, et leur condition de péché est vécue comme si de rien n'était. Beaucoup me demandent ce que tu penses de la grande question du divorce et de la cohabitation.

Je réponds souvent avec les commandements et le catéchisme qu'enseigne l'Eglise, mais cela ne leur suffit pas. Comme c'est triste!

Jésus: – Aujourd'hui, dans les demeures des hommes se vivent des tragédies et surviennent de grandes divisions, parce qu'il n'y a plus de moralité ni de pureté intérieure. Combien de fois, dans le cours de l'Histoire, mon saint regard a dû se détourner à cause des frivolités, des caprices, des hypocrisies de ceux qui, dans mon Sanctuaire, m'avaient promis une fidélité éternelle.

Se moquant de Moi, revêtus de fausse candeur, ils promettaient (en réalité) de s'engager dans une fraude réciproque, pour le plus grand dommage d'une descendance innocente. Combien de fois (oui, combien!) je vous ai envoyé mes anges pour vous faire comprendre que ce ne sont ni l'ambition, ni le pouvoir, ni l'argent, ni l'aspect extérieur qui peuvent vous unir, mais le respect, la fidélité, l'honnêteté, la pureté. Pendant des siècles, vos mariages ont été ma honte et, aveugles comme vous l'étiez, vous attiriez mon jugement, qui n'est jamais venu par surprise.

Et toujours, époux unis par le sceau de mon Sang, vous avez reçu toute la confiance du Très-Haut, appelés à vivre un lien indissoluble, pour former de nouvelles consciences. Quand l'homme et la femme deviennent une seule chair par le mariage, rien au monde ne pourra briser leur union, que j'ai élevée à la gloire de sacrement.

Oh, quelle sainteté j'ai mise dans le mariage! Quels dons de sanctification viendront au monde entier par un tel sacrement!

Debora: – Pardonne-moi, Maître: quelques-uns disent que même le mariage civil est un mariage.

Jésus: – Pour ceux-là, j'userai du mot "alliance", puisque ceux qui n'ont pas été unis par mon Sacrifice perpétuel, devant ma Majesté, ne seront jamais des époux!

Debora: – Et ceux des autres religions?

Jésus: – S'ils obéissent fidèlement à la "loi", leur union devant Dieu sera réelle! Je te rappellerai mon intervention aux noces de Cana, conçue et réalisée pour sanctifier l'union de ces époux, qui expérimentèrent l'action de la grâce d'être avec l'Epoux bien-aimé, en obtenant du "vin nouveau en abondance"! Ainsi, celui qui aujourd'hui se prive de la grandeur infinie de ce sacrement ne verra jamais ses propres enfants se désaltérer aux jarres du "vin nouveau". Dans tout foyer domestique le bien restera toujours les enfants et un jour vos propres enfants vous demanderont, en s'érigeant en juges, le motif de vos divisions et de vos manques d'amour.

La famille, qui est en état de péché mortel, ne fonctionnera pas comme une véritable école et devra se contenter continuellement de petits biens qui ne pourront jamais être la grâce, Bien suprême et condition nécessaire pour la vie de l'esprit.

Ce sont des épines cruelles pour le Cœur pur de la T. S. Vierge et Mère!

Debora: – Je crois déjà savoir ta réponse au sujet du divorce.

Jésus: – Petite fille, un jour, au terme de votre vie, mes Paroles n'auront plus la même consonance miséricordieuse, puisque le divorce est beaucoup plus qu'un misérable acte de perfidie et de malhonnêteté!

En ôtant à l'autre partie le droit de vivre dans le sacrement du mariage qui, je vous le répète, est indissoluble jusqu'au dernier jour, on commet le crime grave de vol.

Malheur à celui ou à celle qui se souille d'un tel crime qui ne laisse pas de trace apparente!

Le purgatoire, nécessaire pour les nombreuses fautes commises, est rempli d'hommes et de femmes qui ont vécu une existence libre à leur manière, mais qui en ce lieu saint ne sont plus aussi heureux des nombreuses imprudences commises! Satan n'a pas réussi à inventer un vol aussi pervers que celui-là, qui, comme un poison mortel, passe inaperçu et manifeste son action seulement à la fin: tel est le divorce!

Pourquoi venz-vous à la rencontre du mal, en vous laissant priver de tout bien et de toute affection conquis parfois au prix de grandes souffrances?

Debora: – Seigneur, est-ce qu'ils pourraient t'écouter?

Jésus: – Je te le dis, pire que des voleurs ont été ces parents assassins qui, à cause de conditions de péché, ont privé du droit à la vie un grand nombre de créatures qui crient devant Moi, avec leur sang innocent: "Rends-nous justice!" Si la conséquence provient d'une cause, alors Dieu donnera à l'homme le fruit de ses semailles! Je vous dis donc: n'ayez pas peur de revenir à Moi. Venez, car le temps de la Réconciliation vient à vous.

Moi, votre Dieu de bonté, je vous bénis.»

23 octobre 1998, apparition à la Céleste Verdure

Un soleil merveilleux sert d'encadrement à une journée tout offerte à la très sainte Reine, qui a choisi ce jour pour apporter au monde son Message d'Amour. Les méditations de Chemin de Croix marial et les prières, traduites en quatre langues, réchauffent les cœurs et les âmes des centaines de personnes venues de toutes les régions d'Italie et du monde pour louer, mais aussi redécouvrir le Père grâce à Marie, son Epouse.

Au terme du Chemin de Croix marial chacun de nous se recueille au "Jardin des visites" tandis que l'on entonne les Ave Maria du rosaire, ces fleurs que l'on offre à Notre-Dame en réparation des blasphèmes. Pendant la récitation du quatrième mystère douloureux, Notre-Dame apparaît dans sa Lumière merveilleuse: elle est souriante et me salue tendrement comme elle le fait souvent, en inclinant la tête en avant, vers la droite.

Marie: «Bénissez et louez Jésus-Christ.

Mes enfants, aujourd'hui, je désire ouvrir le monde à mon Message en vous parlant de l'importance qu'a la consécration à mon Cœur et au divin Cœur de mon Fils. Tout homme qui se décide à se donner totalement à Dieu par nos deux Cœurs unis, est régénéré dans la grâce et devient ainsi un instrument de l'évangélisation, un messager de paix. Quand vous vous confiez à moi, qui suis votre Mère, je vous forme, je vous fais croître pour vous faire parvenir à la sainteté. Tout enfant qui vit cette consécration en total abandon, devient un Tabernacle de Dieu, où il vient déposer ses "trésors".

Chers enfants, je vous offre l'Huile *(la statue de la Madone, offerte par les pèlerins, a commencé à exsuder de l'huile lors de son transport vers la chapelle de Jésus-de-la-Révélation. C'est le signe que la Vierge avait promis au cours de sa précédente apparition)* parce que le Très-Haut a désiré faire de mon Cœur la Source où il est possible de puiser la joie et la liberté intérieure. Le moyen pour être en communion avec Dieu et dialoguer avec Lui reste toujours la prière, qui fait de vous de petits enfants en écoute perpétuelle.

Je vous ai appelés de plusieurs endroits pour que chacun de mes enfants se sente aimé. Je suis la Mère de chacun de vous.

Mes enfants, vous ne devez pas avoir peur, car je protège ceux qui s'abandonnent de toute leur volonté aux projets du Seigneur. Cette Œuvre à Moi, je l'ai couverte de mon manteau royal, pour que beaucoup de mes brebis puissent sentir la Présence réelle de mon Fils dans l'Eucharistie!

Debora: – Ma très douce Dame, nous t'aimons vraiment.

Marie: – Que toute créature loue ainsi le Très-Haut et proclame que Jésus est vraiment présent dans le Sacrement de l'Autel!

Debora: – Embrasse Jésus pour nous.

Marie: – Il vous attend dans sa "Maison" *(toutes les paroisses du monde)* et désire que parmi les peuples il y ait des âmes qui s'offrent en union avec Lui.

Mes chers enfants, les images qui parviennent ici *(statue de bois du Jésus de la Révélation, haute de deux mètres, telle qu'apparue à Debora, avec l'Hostie dans une main et le Calice dans l'autre)* doivent vous faire réfléchir! Jésus ne vous abandonnera pas. Aujourd'hui, dans le monde entier, il a accueilli les petites réparations en les unissant à la mienne, qui est universelle.

Tu souffriras beaucoup, mais sois certaine que le Christ attendra l'accomplissement de ta vie comme une joie à donner! Je veux vous faire sentir à quel point je vous aime et, si vous êtes les enfants de votre Maman immaculée, vous l'honorerez par la prière. La prière vous rendra libres! A bientôt! Le Message doit encore se poursuivre.» *(La Madone s'entretient encore avec moi.)*

23 novembre 1998

La douce Dame apparaît pendant la récitation du chapelet que tous les pèlerins lui dédient avec un amour filial.

«Mes chers enfants, je reviens afin que la Parole de Dieu puisse habiter dans vos cœurs qui, par une intervention spéciale de ma part, sont devenus attentifs et témoins fidèles de mon Amour dans le monde. Le Père céleste est en train de mettre en œuvre le projet de salut. Le temps de la "douloureuse Purification" va se terminer et, grâce à mon action corédemptrice, vous serez préparés à accueillir l'Esprit-Saint qui viendra sur vous pour vous annoncer l'aube du second Avènement!

Mes chers enfants, je vous bénis tendrement pour avoir répondu à mon appel. Aucune des âmes qui viendront rejoindre mon Foyer ne retournera chez elle comme elle y est entrée (pleine de désespoir et de sécheresse profonde).

Mes enfants, Jésus désire vous transformer et que vous proclamiez sa joyeuse "annonce".

La prière que je vous demande de ma Demeure sur la terre, doit briller dans les pièces obscures de votre pensée, parfois inactive. Le sacrifice que je vous ai demandé doit vous aider encore davantage à mieux vivre votre dimension d'âmes-hosties. Immolez, immolez vos passions et je pourrai vous délivrer des maux qui vous oppriment.

Si je vous ai invités plus souvent devant Jésus-Eucharistie-Amour, cela signifie que c'est seulement en Lui que vous trouverez la consolation nécessaire pour cheminer ensemble avec la Croix vers le bonheur éternel.

Debora: – Ma Dame, nous voulons te remercier.

Marie: – Honore-Moi en te signant avec ton chapelet et enseigne à prier et à espérer. La foi est un don immense de Dieu.

Debora: – Veux-tu guérir quelques malades?

Marie: – Je n'ai jamais cessé de distribuer des grâces et je continuerai à en répandre sur le monde; elles sont gagnées par ceux qui se sont engagés pour la gloire de leur Maman du ciel. Je vous transporterai avec mes nuages vers la Sagesse. N'ayez pas peur; je serai toujours avec vous…»

23 décembre, apparition à la Céleste Verdure

La Madone est vêtue d'un habit très lumineux recouvert d'un manteau doré. Elle est accompagnée d'un grand nombre d'anges et elle tient dans ses mains un rameau d'olivier avec lequel elle bénira les personnes présentes à la fin de sa visite. Sur son corps, nous remarquons des signes évidents de sa maternité.

«Que Jésus-Christ soit loué!

Accueillez mon divin Fils par un cantique de louange, tandis qu'il vient se reposer dans la pauvre mangeoire de votre cœur. Jésus vient pour célébrer avec vous la lumière du "jour glorieux" (le retour de l'homme au Christ).

Mes chers enfants, mettez-vous en adoration devant mon petit Enfant, avec tout votre cœur et en esprit.

Toi, ma fille, adore Jésus en Moi…

Debora: – Ma petite Madone, Dame très douce, je bénis le Fruit de ton Sein, mon bien-aimé petit Jésus.

Marie: – L'homme doit se convertir, il doit retourner à Dieu.

Debora: – Ma Dame, le monde ne veut pas accueillir l'invitation au changement.

Marie: – Ma fille, le pécheur doit se repentir; celui qui est contrit doit revenir au Père par mon Cœur; celui qui est déçu doit être rassuré!

Debora: – Ma très douce Reine, je désire faire ce que tu me demandes. Aide-moi à répandre ta parole.

Marie: – Je dirai ceci au monde: le pécheur doit faire revivre la grâce en son cœur, car s'il persiste dans son péché le processus de sa conversion s'arrêtera.

Que ceux qui ont reçu depuis toujours le don de croire ne perdent pas la foi. Que ceux qui sont fervents m'offrent des prières jour après jour et Moi, qui puis les rendre parfaits, je les ferai monter.

Ma chère fille, mon dessein d'Amour est sur le point d'éclore!

Lorsque Satan, mon ennemi et le vôtre, aura lancé son ultime provocation, qui est la subversion totale de la saine doctrine et de toute pensée droite, et que tous les esprits seront complètement enténébrés, Moi, l'Epouse, avec l'Esprit-Saint nous triompherons!

Ne perdez pas le courage de témoigner de la lumière qui a pris naissance en vous! Aujourd'hui la grotte de Bethléem est en train de prendre forme dans ma Maison.

Que mon mouvement agisse sans reculer à la vue de la mauvaise conduite des frères les plus faibles! Je vous promets que grâce à votre sacrifice beaucoup pourront se sauver.

Aujourd'hui Jésus vivra réellement en vous, si votre maison *(c'est-à-dire votre cœur)* correspond à votre don généreux.

Il vous sera accordé d'être avec la Mère encore quelques mois. Ne méprisez pas cette période solennelle de grâce où mon action maternelle est plus proche de vous.

Les ténèbres, en ce temps, deviendront de plus en plus épaisses. Suivez le pape et son appel, lui que j'ai formé par la voix de mon Jésus.

Que Jésus-Christ soit loué!»

23 janvier 1999

Marie: «Chers enfants, serrez-vous autour de Moi, Mère de l'Unité. Priez avec Moi en ce temps où l'appel à l'unité de l'Eglise se fait plus pressant.

Tu vois, ma fille, comme mon message sur l'Eucharistie est en train de se diffuser dans de nombreuses parties du monde. Message par lequel je rappelle les cœurs des hommes à la véritable Unité.

Le chemin parfait de l'Unité est dans l'Eglise; elle le vit par l'action régénératrice des sacrements.

Aujourd'hui, mon pape est vivement contesté et attaqué par beaucoup dans l'Eglise et cela constitue un grand danger. Je vous invite à regarder attentivement le signe que je porte sur mon vêtement (le symbole de la papauté). Je désire que vous compreniez combien m'est cher ce successeur de Pierre. Je continue de pérégriner dans le monde pour qu'il soit écouté et suivi au moyen de la dévotion à mon Cœur immaculé.

Mes enfants, Jésus veut l'unité dans vos familles. Devenez les hérauts de la paix et reconstruisez ce qui a été brisé. Le centre, la base de vos prières doivent être le Très Saint Corps de mon Fils. Retrouvez les gestes éternels de la liturgie en sorte que tous les hommes puissent reconnaître Jésus réellement présent dans l'Eucharistie. Sur le chemin de votre vie, je vous guiderai avec empressement et chacun de vous saura retrouver l'espérance et la force d'aimer le Christ dans l'hostie consacrée.

Debora: – Notre Dame, viens encore nous confier tes messages! Aide les pécheurs! Guéris les infirmes!

Marie: – Je multiplierai l'Huile, telle une source intarissable. Beaucoup d'âmes retourneront à la vie nouvelle. Je désire remercier mes consacrés qui diffusent le baume de mes larmes. Par leurs onctions, mes grâces se répandront. Que les malades aient foi et qu'ils acceptent la croix comme signe d'amour et de fidélité.

Celui qui accueillera mon message comme un don, recevra par les mérites des souffrances de mon Fils la libération et la guérison!

Je bénis mes chers fils. Puissent-ils aimer Jésus comme Jésus les aime. Je vous embrasse. A bientôt. Glorifiez mon Fils bien-aimé, Jésus.»

23 février 1999

La Vierge est vêtue en gris et porte des sandales de cuir. Elle est très lumineuse mais son attitude est particulièrement pénitentielle.

Marie: «Que le Saint Nom de Jésus soit loué!

Mes chers enfants, venez à la rencontre de Dieu par mon Cœur. Il est en train de réaliser le dessein de salut que je vous avais annoncé voilà de nombreuses années: maintenant, nous y sommes.

Je vous ai conduit dans mon Jardin pour vous enseigner la voie de la lumière, vous révélant les mystères de l'Amour de Dieu dans votre existence. Je viens pour tant de pauvres fils pécheurs qui se sont dispersés loin de mon appel maternel. Je veux parler de mes visites sur la terre. Avec l'aide du Saint-Esprit, j'ai fait sourdre ici une Source de grâce et de dons particuliers. Maintenant le temps est venu où mon message eucharistique doit tous vous rassembler pour une renaissance dans l'Esprit.

Debora: – Ma Mère, je renouvelle ma consécration afin que tu puisses me guider jusqu'à la fin.

Marie: – J'accueille l'offrande de ton cœur comme un hommage, et je t'exhorte à poursuivre l'Œuvre d'Amour, en faisant fleurir de nombreuses petites oasis qui rappelleront au monde quel amour la Vierge de l'Eucharistie porte à chacun. Je voudrais que vous priiez en sorte que vous puissiez obtenir une vraie communion avec vos frères.

Les obstacles arrêtent les cœurs les plus fervents. Qu'il n'en soit pas ainsi pour vous! Je vous exhorte à devenir mes messagers de paix! Mais maintenant commencez à vous préparer, durant les heures précieuses de ce temps de carême, en laissant croître en vous la Volonté du Père céleste qui se manifeste à travers ces interventions extraordinaires. Gardez en vos âmes "les dons sacramentels" que Jésus vous offre pour vous libérer de l'esclavage du péché, cause d'immenses souffrances. Recueillez-vous longuement dans le temple de votre cœur et, prenant force dans la Passion du Christ, renversez la domination que Satan a prise sur vous.

Mes enfants, si vous vous confiez à Moi qui suis votre Avocate, je vous indiquerai constamment le "chemin" pour que personne ne puisse plus se perdre. Par la pénitence que je vous indique, vous pourrez redécouvrir Dieu et changer votre cœur et votre vie. *Vous me retrouverez près du Calvaire.*

Je vous bénis au nom du Père, du Fils et du Saint-Esprit. *Redécouvrez votre innocence!* A bientôt, au revoir!»

23 mars 1999 à Céleste Verdure

La Vierge apparaît durant la prière du rosaire des larmes. Près d'elle, il y a saint Michel archange et saint Uriel archange, les protecteurs de ce lieu béni.

Marie: «Loué soit Jésus Christ! Mes enfants, vous êtes venus à nouveau pour répondre à mon Message. Je vous en remercie immensément. L'accueil que mon Cœur trouve en vous me console du manque de charité qu'il y a souvent dans le Corps mystique du Christ. Je désire vous faire sentir la présence de mon Fils en vous faisant la grâce de connaître ses souffrances. Lui, Dieu, Homme des douleurs, a été trahi par son propre peuple, torturé, humilié, flagellé pour que le monde retourne au salut. Lui, le Dieu incarné, est venu pour vous rendre la lumière par son Sacrifice de Réconciliation, vous ouvrant les Portes du Règne. Mes enfants, il n'est pas encore trop tard pour retrouver Celui qui a été transpercé. Faites-vous conduire par vos anges devant sa Présence, réalisation de notre Paix.

Chers enfants, ne perdez pas l'espérance! Remettez-vous à Jésus à travers sa Croix embellie de précieux Sang. Moi, la Vierge de l'Eucharistie, je viens avec la Croix pour qu'elle puisse se planter au milieu de vous. Sur la Croix, vous recevrez la libération. De la Croix, vous verrez Jésus resplendissant avec ses cinq plaies lumineuses qui d'ici peu embrasseront toute l'humanité, avant mon Triomphe.

Mes enfants, donnez généreusement comme Moi, votre Mère, je vous donne. Vous, non seulement vous êtes le grand Projet de Dieu qui va se dérouler, mais vous êtes aussi les fils de mes Temps, les Temps mariaux de la grande victoire. Signe-toi, ma fille, comme je te l'ai déjà enseigné plusieurs fois *(Avec la croix du chapelet, le front, la bouche, le cœur et l'intérieur des mains)*. Je vous invite à porter mon appel maternel aux âmes égarées et de façon particulière aux prêtres que je garde avec une grande prédilection.

Debora: – Ma Dame, je veux te recommander tous ceux que tu m'as confiés.

Marie: – Je ne manquerai pas d'offrir à mes enfants les bienfaits qui jaillissent des promesses que je vous ai faites ici.

Ma dévotion[1] est "un événement"; il précédera l'Avent du Retour glorieux de Jésus[2]. Mais avant, préparez encore une fois votre cœur pour vivre le vendredi des vendredis; en ce jour, grâce aux prières, je te promets de libérer cinquante âmes du purgatoire.

Je veux bénir mon Eglise pèlerine. A bientôt. Ma maternelle attention va à mes fils les plus faibles.

Debora: – A bientôt, ma très douce Dame et Mère.»

25 mars 1999, fête de l'Annonciation

Chaque 25 mars, Debora reçoit soit un message important, soit un secret du ciel.

Ce jeudi 25 mars 1999, fête de l'Annonciation, aux premières lueurs de l'aube, la Mère céleste apparaît dans un halo de lumière. Toutefois, son visage est triste.

---

1. Se réfère aux dévotions spécifiques demandées à Céleste Verdure.
2. Des messages nous comprenons que ce Retour de Jésus doit venir par le Cœur de Marie qui réalisera ce que tous attendent. (Ap 12.)

L'orage qui sévit dans les Balcans semble offusquer sa beauté. Les larmes sont sur le point de couler de ses yeux. Levant le bras gauche dans la direction du Kosovo, elle dit à voix basse:

«Le conflit qui exterminera nombre de mes enfants progresse!

Ma fille, tes frères voisins souffriront beaucoup, au point que cette purification ressemblera à celle du "grand holocauste".

Le mal du communisme laissera son empreinte pour des siècles, mais je te dis que mon Cœur immaculé s'est interposé et que Satan sera anéanti. Malheureusement, des centaines et des centaines d'hommes périront durant le temps de la Passion.

Faites vite, le monde a besoin de prières, de paix et de tolérance!

Vous n'avez pas voulu m'écouter et tant de sang coulera!

L'appel que je t'envoie aujourd'hui part de mon Cœur d'où l'Eucharistie est suspendue et doucement le surmonte. De là on peut voir les épines que j'aurais voulu vous épargner. Elevez sur le monde la piété eucharistique-mariale que la *Sagesse révélée du Dieu vivant* vous a communiquée, sinon le pire adviendra.

Le Père éternel, grâce à la grande réparation demandée à Manduria sur mon intervention spéciale, peut mitiger le châtiment du fléau de la guerre. Je vous ai avertis que mon apparition avec les glorieux titres de Vierge de l'Eucharistie, Source de l'Huile sainte de l'Onction pérenne, Mère de l'Olivier Béni, pouvait vous libérer de peines-châtiments particuliers, mais vous n'avez pas voulu y prêter attention!

Maintenant, je reviens pour vous rendre l'espérance! Il n'est pas encore trop tard pour créer des oasis de réparation portant les noms des vocables que j'ai voulus ici.

Que l'on retourne à l'Eucharistie, pour qu'elle soit adorée, aimée et réparée!

Je suis la Mère de tous les peuples et en eux aujourd'hui plus que jamais je désire la paix.

Ma maternelle et puissante bénédiction va aux prêtres qui, s'étant mis sous mon manteau, vivent pour se consumer dans l'amour de Jésus-Eucharistie non-aimé».

23 avril 1999 à Céleste Verdure

L'après-midi, tandis que l'on commençait la prière sur la Voie Douloureuse mariale et que Debora appelait les pèlerins à offrir à Dieu le plus de réparation possible à cause des blasphèmes et des trahisons envers Jésus, y compris de la part de ceux qui se croient le plus fidèles et plus proches de lui, un violent orage de grêlons plus gros que des olives, a éclaté. Tous les gens ont été ébranlés. Comme un fouet, il a flagellé ceux qui ont voulu rester prier. Un moment les gens semblaient pris de panique: certains pleuraient et imploraient la Miséricorde de Dieu pour que cesse ce supplice. La Vierge voulait peut-être donner un message clair, vu qu'à hauteur du Sépulcre, au terme de la Voie Douloureuse, la tempête de grêle a fait place à une pluie légère qui tombait lentement. Les rosiers que la Vierge avait demandé de planter le long de la voie n'ont subi aucun dommage.

Vers 20 h la Mère de Dieu arrive particulièrement souriante, dans une beauté éblouissante. Elle incline la tête en avant sur la droite et salue.

Marie: «Loué soit Jésus Christ!

Mes enfants, je désire que vous vous approchiez de Moi par la prière. La prière, mes chers, vous aide à comprendre les desseins que Dieu a sur chacun de vous.

Chers enfants, les foyers[1] que je vous ai demandé de faire vous montreront le vrai chemin qui vous conduira à la sainteté, où Dieu créateur vous attend les bras ouverts. La réponse à mon appel donne de la joie à mon Cœur de Mère, affligé par la perte incalculable de fils.

Debora: – Notre Dame, les peuples qui sont flagellés par la gerre retrouveront-ils la paix?

Marie: – Ma Fille, je suis à côté de vous chaque jour et dans une anxieuse attente, j'intercède pour que tous les peuples puissent retrouver la paix. Jésus est la Paix. En Lui, Source de consolation, vous trouverez votre vraie liberté.

Aujourd'hui, le monde est inquiet et je vous invite pour cette raison à offrir des sacrifices pour qu'arrive le temps de la paix. Le Père éternel désire à cette fin, vous faire savoir que mon Image[2]

---

1. Fait référence aux familles réunies dans les foyers de prières consacrés à la Vierge de l'Eucharistie, Source de l'Huile sainte de l'Onction pérenne, Mère de l'Olivier béni.
2. L'image qui la représente dans cette apparition, avec l'Eucharistie sur le Cœur et les armes du pape sur le bas de son habit blanc, sans ceinture.

doit être portée jusqu'aux confins de la terre. Je promets que les familles recevront des grâces nécessaires et de façon particulière, les familles religieuses auront une bénédiction spéciale.

L'Huile de la confirmation que je continue de vous donner devra être multipliée! J'interviendrai pour qu'elle puisse entrer dans les lieux les plus impossibles. Je désire que l'on glorifie mon Fils en accueillant mon image en chaque lieu.

Toi, ma fille, continue de diffuser mes messages et dis à mes enfants que pour chaque âme qui se sauvera, grâce à mes messages, mon Cœur offrira de nouvelles grâces, et plus nombreuses.

Chers enfants, vivez mes messages et commencez à les mettre en pratique. L'heure[1] est grave...

Je bénis tous ceux qui, sur toute la terre, m'ont honorée en cette heure[2].

Je vous embrasse et vous attends le mois prochain. J'y donnerai de nouvelles grâces, par les mérites de vos réparations.

A bientôt, bénissez et remerciez Jésus!»

23 juin 1999

La Mère du Seigneur arrive au rendez-vous dans une beauté éclatante. Voilà ses paroles:

Loué soit Jésus-Christ!

Chers enfants bien-aimés, approchez-vous de mon Cœur immaculé, en ce temps de grâce. Mes enfants, je viens à vous pour que, d'heure en heure, vous puissiez changer de vie, en retirant à mon adversaire la possibilité de vous dominer.

Oh, mes enfants, l'Eglise doit redevenir resplendissante; aussi votre mission lui est liée, parce qu'en tous lieux de la terre vous êtes l'Eglise. Chacun est un cœur qui bat dans le Corps mystique du Christ.

Je suis votre Maman Co-rédemptrice, Cœur du repos de Jésus, Vierge de l'Eucharistie, et aujourd'hui je vous invite à vous tourner vers Dieu le Père, par le Cœur très aimant et très doux de son Fils: priez et faites pénitence pour votre nation. Chers enfants, ne vous

---

1. La période que nous sommes en train de vivre.
2. A l'heure où elle apparaît.

éloignez pas du Sanctuaire de Jésus (son Eglise dans laquelle il habite et opère, avec l'Esprit qui sanctifie).

Je confie mon Pape, «mon martyr blanc» à vos sacrifices.

Debora: Mère, je te prie de donner à toutes ces âmes les grâces qu'elles sollicitent, elles t'appellent et te cherchent.

Marie: Chère fille, mes yeux miséricordieux se sont posés sur elles et sur les autres âmes qui à cette heure m'ont invoquée par le titre que je t'ai révélé.

Fils très aimés, voyez comme Jésus verse d'innombrables larmes de sang à cause de l'expansion du mal dans le monde et dans les familles.

Enfants de mon Cœur, comme je voudrais que votre existence soit toute de lumière! Je reviens pour rappeler les brebis et leur parler en vérité. Puissent mes paroles être entendues et donner vie à mes messages. Vous avez été appelés par la voix du Saint Esprit qui vous emploie pour de grandes choses. C'est pourquoi, mes enfants, modelez-vous toujours plus sur le Cœur doux et humble de Jésus, pour que l'on puisse dire que vous êtes l'œuvre de mes mains.

Mes enfants, je suis près de vous et à chaque fois que vous m'invoquerez, je vous guérirai sans tarder. Mais il faut que ce que je vous transmets soit fécondé par l'amour et la volonté.

Debora: Mère, où désires-tu que nous mettions la statue de sainte Jeanne d'Arc que le peuple français nous a donnée. (A Paris, Debora a reçu une statue de Jeanne d'Arc qui l'assiste et la protège.)

Marie: Mettez-la à côté de la statue qui me représente. La France témoignera de mon apparition qui sera connue partout. Que mon hommage leur soit rendu par cette réponse.

Maintenant, je désire vous bénir et vous inviter à nouveau pour que Jésus Eucharistie puisse être adoré dans vos paroisses. Je te parlerai encore. A bientôt, au revoir.

23 juillet 1999

La Mère de Notre-Seigneur apparaît comme toujours enveloppée d'une grande lumière qui ravit l'âme et la remplit de douceur. Un intense parfum de fleurs flotte autour de son corps glorieux. Voici ses paroles:

«Très chers enfants, loué soit Jésus-Christ!

Je suis la Source de l'Huile sainte de l'Onction pérenne et je viens du ciel pour vous offrir mon baiser maternel. Je vous invite aujourd'hui d'une façon particulière à imiter les premières «agapes» chrétiennes.

Sur cette terre aussi, beaucoup de saints et de martyrs n'ont pas hésité à offrir leur vie pour donner le Christ à leurs frères. Cette lumière de mon Amour peut rayonner aussi pour vous, mes enfants, pour être un exemple tangible de mon Œuvre co-rédemptrice. Comme ça, vous me sentirez plus proche de vous, moi qui vous ai guidés directement par mon conseil. Chaque lieu peut devenir une oasis de mon Cœur d'où je peux sauver les âmes et les tenir loin de l'erreur. Ils sont arrivés, les temps où l'action de la Vierge de l'Eucharistie doit être connue, conjointement aux grâces que l'on pourra amplement constater.

Pas un peuple ne doit être privé de la consolation de mon image. Tous sont appelés à élever les prières qui ont été dictées ici.»

Debora: Sainte Mère, pourquoi dis-tu que cette apparition revêt une importance spéciale? Je voudrais mieux comprendre.

Marie: «Parce que cette apparition vous donne la possibilité de méditer la double importance qui ressort des messages. Votre vie intérieure peut progresser au moyen de deux choses essentielles:

— le retour des cœurs à Jésus-Eucharistie qui fait naître l'intériorité;

— la fidélité et l'unité au Saint-Père qui la fait croître et fructifier.[1] Je désire éloigner de vous la tentation de tomber dans des pensées hérétiques, aujourd'hui répandues. Bénissez et rendez grâce à Jésus-Christ qui de cet olivier invite le monde à la conversion. De ce coin de terre je bénis l'Italie et à travers l'Italie, toutes mes créatures!

Chers enfants, souvenez-vous que le 5 août prochain est le jour de ma naissance. Je vous promets des grâces spéciales. Incline la tête et signe-toi![2] Va, je t'attends encore, ma petite servante. A bientôt.»

---

1. D'où la manière dont la Vierge de l'Eucharistie apparaît à Debora, avec l'Eucharistie exposée sur sa poitrine et les armes du Saint-Père au bas de son vêtement. Son image présente ainsi en elle-même les trois blancheurs.
2. La Vierge invite Debora à se signer trois fois avec le petit crucifix de son chapelet.

23 septembre 1999

La Mère du Seigneur est accompagnée de deux glorieux archanges: Michel et Uriel. Je les reconnais immédiatement et ils me saluent d'un signe de tête différent de celui de Notre-Dame. Elle est très tendre et doucement me susurre ses paroles qui frappent mon pauvre cœur comme des flèches d'amour. De l'Eucharistie qui est au centre de son Cœur immaculé, émane une lumière étincelante.

Que le très saint nom de Jésus-Christ soit loué!

Mes chers enfants, je vous remercie d'avoir invoqué les anges qui sont restés à vos côtés pendant neuf jours.

Aujourd'hui je désire vous inviter au jeûne et au sacrifice pour que beaucoup d'âmes puissent s'approcher de Jésus et être guéries de la terrible maladie de la rancœur.

Chers enfants, ne cessez jamais de prier et de mettre toute votre confiance en Dieu: en vous montrant la Croix de son Fils dans votre existence, il vous permettra de comprendre sa sainte Volonté.

Vous n'acceptez pas encore le chemin de la conversion intérieure que je vous offre chaque mois à travers mes visites. Tant que vous laisserez à Satan la liberté d'agir, les fruits de mon intervention arriveront avec retard dans vos familles. Je continue d'intervenir par mes messages parce que je désire vous offrir mon étreinte. Je désire qu'à travers moi vous rencontriez l'Amour eucharistique, crucifié par une multitude de méfaits, sacrilèges, profanations.

Mes enfants, le Seigneur vous aime immensément et il m'envoie parmi vous pour que vous puissiez percevoir son amour. Si vous agissez en suivant mes conseils et répondez avec courage aux appels que je vous ai adressés maternellement, un grand temps de paix descendra sur l'Eglise, sur l'humanité entière.

Je cherche la conversion de vos familles et quand vous aurez compris le but et la grandeur de votre existence, beaucoup d'entre vous pleureront d'émotion. Collaborez avec moi pour la grande armée de réparation eucharistique que je dois susciter, parce que je veux vous aider à reconnaître les erreurs pour pouvoir vous sauver. A ce sujet je reviendrai d'ici peu en octobre pour vous parler.

Je vous rappelle la méditation de la Parole de Dieu, en communion avec vos proches, afin que vous puissiez vivre l'appel que le Seigneur vous a transmis, dans la joie et l'authentique sérénité.

Je vous bénis et vous recommande de prier pour la santé du pape, mon martyr blanc, le préféré de mes fils. Laissez refleurir le printemps qui est en vous et qui vous conduira à la vie éternelle.

23 octobre 1999

Notre-Dame apparaît en remplissant de trésors nos cœurs tournés vers elle. Elle nous donne un message plus bref que d'habitude, en échange de ces moments de silence où je remarque que ses yeux compatissants errent comme pour chercher. Plusieurs fois, de sa poitrine où resplendit tel un bijou l'Eucharistie, partent des rayons de lumière étincelante qui vont toucher les créatures qui m'entourent mais que je ne vois plus. Les rayons sont comme des fils d'or très fins.

«Loué soit Jésus-Christ!» *(Ici, comme à l'accoutumée, elle incline légèrement la tête en avant vers la droite.)*

Debora: Qu'il soit toujours loué!

«Chers enfants, je désire vous remercier d'avoir répondu nombreux à mon invitation. A travers vous, le Seigneur étend sa bénédiction sur les nations.

Ce soir je vous invite à devenir missionnaires de mes messages dans le monde pour le salut des âmes.

Quand vous devenez obéissants et que vous mettez mes conseils en pratique, le chemin de chacun d'entre vous avance dans la vérité et l'humanité entière devient plus fervente.

Le Cœur de mon Jésus souffre encore à cause de vous; je vous invite à la conversion du cœur! Je vous en prie, convertissez-vous! Chers enfants, la conversion naît du repentir et c'est seulement devant le tabernacle que vous pourrez obtenir la force nécessaire pour changer de vie.

Je suis au milieu de vous et avec vous je répare, j'intercède, je supplie la Miséricorde de Dieu pour que vous puissiez vous renouveler intérieurement.

Mes petits enfants, le monde ne peut vivre sans le Seigneur, et c'est pourquoi de mon Gethsémani, par privilège spécial, j'exhorte toutes les paroisses et les communautés à rendre honneur, amour et adoration à Jésus Eucharistie, Amour abandonné. L'Eucharistie doit retrouver sa place centrale. Je vous demande d'offrir vos prières pour mon intention. Jésus sera glorifié par la réparation de vos cœurs.»

Debora : Comment pouvons nous être plus proches de toi ?

Marie : «En offrant mon image à tous. Je vous bénis. A bientôt!»

23 novembre 1999

Notre-Dame esquisse un sourire voilé qui me réconforte. Mais je comprends à l'expression de ses yeux qu'une grande tristesse habite son Cœur. Elle me salue d'un petit mouvement de la tête.

Marie : «Chers enfants, aujourd'hui, de tout mon Cœur de Mère, je vous invite à réaliser l'amour et la paix dans vos familles et dans la société. Je désire que vous vous ouvriez en faisant pleinement confiance à l'œuvre de l'Esprit Saint qui vous manifestera d'ici peu le nouveau visage de l'humanité purifiée et réconciliée avec Dieu.»

Debora : Je suis heureuse que tu sois là, parce que beaucoup de personnes m'ont demandé de te présenter leurs requêtes.

Marie : «Je viens pour mes fils qui veulent accueillir mon appel de tout leur cœur et je vous bénis parce que votre aide, dans mes mains, est un invincible instrument pour obtenir libération et salut.»

Debora : Ici, Notre-Dame porte son regard alentour... puis elle me dit :

Marie : «Mais priez, mes enfants, pour que sans répit je touche les cœurs des créatures qui n'ont déjà plus d'espérance. Je cherche d'une manière particulière ces fils qui se sont adonnés au mal : courage, recommencez avec moi et abandonnez Satan en rejetant le péché.»

Debora : Alors Notre-Dame devient plus grave. Son regard en se reportant sur moi se fait compatissant.

Marie : «Ma fille, la décision de me suivre en pratiquant la pénitence et la réparation que j'ai demandées en ce lieu fut un don du Seigneur et ainsi d'autres aussi en seront capables, parce que je ne m'arrêterai pas de donner chaque jour des grâces au pied de mon "arbre" et partout où ma Dévotion sera accueillie.

D'ici peu tu recevras encore deux secrets qui signeront le temps de la fin des apparitions publiques, mais tu ne dois pas être triste, parce que Jésus te laissera le don du dialogue intérieur pour témoigner de son Amour. Après, je viendrai de nouveau pour annoncer une nouvelle apparition. Elle vous indiquera le temps où la terre sera enveloppée de diverses souffrances, en sorte que la justice, la fidélité et la foi puissent triompher.

Je vous invite tous encore à donner vie aux Foyers de prière que je protégerai moi-même de ma présence.

Mes chers enfants, des jours tristes s'annoncent et c'est pourquoi je viens vous inviter à vous décider pour Dieu. N'ayez pas peur parce que j'intercède pour vous qui vous confiez à moi dans la prière. J'ai besoin de votre collaboration pour que l'heure de l'angoisse puisse passer en un temps le plus court possible.

Maintenant, je vous demande d'offrir votre sincère amitié au Seigneur. Je désire que vous retrouviez Jésus au tabernacle. Parlez à tous de l'importance que revêt le ministère sacerdotal. Pardonnez et priez pour mes fils prêtres. Soyez-leur proches comme je suis proche de vous. Je viendrai bientôt, très bientôt; attendez-moi! La paix soit avec vous!»

23 décembre 1999

Debora: La Vierge Marie apparaît avec l'Enfant Jésus tout enveloppé dans son manteau. Pour cet anniversaire, il est particulièrement resplendissant et doré. Jésus dort béatement comme tous les petits de son âge, serein dans ses bras maternels. Il ne prend pas part à l'entretien. L'immense tendresse avec laquelle la Vierge Marie le porte contre elle me touche beaucoup.

Marie: «Chers enfants, je suis avec vous pour vous apporter mon petit Enfant! Ce soir encore, le Bon Père vous a accordé la grâce que je sois ici pour vous montrer le chemin de l'amour.

Mes petits, vous n'avez pas encore compris de quelle faveur le Seigneur vous a comblés, c'est pourquoi je vous demande de ne pas regretter le temps, avec ses plaisirs que vous avez laissés pour moi, parce qu'un temps de grâce sans égal vient enrichir cette pauvre humanité!

Je vous en prie, mes enfants, libérez votre cœur de l'ingratitude!

Je vous en prie, mes enfants, faites cesser toute médisance et critique, parce que mon Fils et moi avons un dessein à accomplir.

Pour cela, je vous appelle en premier, vous qui avez été conduits à mon Cœur avec le langage de l'amour. Je viens pour mes pauvres, ces enfants que je garde avec une affection particulière; mon message est pour les plus pauvres d'entre les pauvres.»

Debora: «Qui sont-ils, douce Mère?»

Marie: «Ce sont ceux qui répandent les erreurs, les mauvaises mœurs et les courants d'opinion néfastes!

Mes enfants, arrêtez-vous un peu plus sur les paroles de réparation et de conversion que je vous ai dictées durant ces années, et vous comprendrez ce qui m'a été le plus cher: vous porter Jésus en vous parlant en vérité.

Vous êtes venus pour me parler de vos angoisses, de vos souffrances, de vos difficultés; n'ayez pas peur de m'ouvrir votre cœur, parce que, surtout dans la prière, je vous aide.

Quand vous revenez vers moi en ce lieu où mon Cœur sera lié même après la fin des apparitions — et je veillerai toujours sur lui — je serai ici pour vous embrasser.

Je vous encourage à manifester votre foi par l'amour que vous montrerez. Je vous embrasse; continuons à prier ensemble!»

23 janvier 2000

Notre-Dame apparaît le visage particulièrement triste. Ses yeux semblent briller à travers un voile de larmes.

« Loué soit Jésus-Christ!

Chers enfants, je vous remercie de votre présence. Aujourd'hui, première apparition de la nouvelle année, je vous invite à prier pour la sainteté des familles. Savez-vous qu'en ce jour eut lieu mon mariage saint et chaste[1] avec le juste Joseph!

Je désire que vous priiez davantage, parce qu'actuellement de nombreuses âmes ne réussissent pas à se soustraire à l'influence de Satan qui les tient liées par ses séductions.

Mes enfants, je vous ai tous appelés et je continue de le faire pour ceux qui veulent se laisser guider par Dieu, mais je ne peux pas agir là où il y a refus. C'est pourquoi, chers enfants, je vous ai

---

1. Dans le sens virginal. La liturgie ambrosienne, dans la préface pour la fête de la Sainte Famille prie ainsi: «Dans la maison de Nazareth règne un intense et chaste amour conjugal...»

offert la possibilité de comprendre la valeur des Foyers de Prière[1]. Ils sont une arme puissante qui neutralise le mal.

Vous ne pouvez pas comprendre combien le Père aime ses créatures et quels projets il a en vue pour permettre à chaque homme d'être témoin de son amour! Beaucoup d'entre vous ont passé ce temps de grâce en continuant de commettre les mêmes erreurs et à ne pas considérer mes messages qui guérissent le cœur. Cela meurtrit mon Cœur de Mère, parce que vous empêchez ainsi la conversion.

Le fait que je sois encore restée avec vous est le signe qui vous permet de comprendre que je désire vous accompagner jusqu'au seuil de la sainteté. Votre témoignage quotidien et celui de l'Eglise dans le monde aideront les familles à reconstruire leur unité.

Je vous offre ma bénédiction maternelle, mais si vous décidez de ne pas l'accepter, je la retirerai.

Chers enfants, faites un choix sérieux et mon Fils Jésus changera vos cœurs. Je vous aime et vous protège.»

23 février 2000

Les trois lumières annoncent la venue de Notre-Dame. Dans mon cœur je sens une flamme d'amour qui grandit. La Vierge est souriante et salue:

«Loué soit Jésus Christ!

Debora: Qu'il soit toujours loué!

En prenant le crucifix de son rosaire la Madone me fait comprendre que je dois me signer comme elle me l'a souvent enseigné.

Marie: Mes chers enfants, aujourd'hui, je désire prier avec vous d'une façon toute spéciale pour une intention qui me tient particulièrement à cœur: la diffusion de mon message de réparation eucharistique.

Ces derniers jours, à cause de votre paresse et de votre indolence, Satan travaille et déploie toutes ses forces contre ce lieu et contre tous mes enfants que j'ai appelés pour réaliser mon projet. Ce prince du mensonge et de l'illusion veut vous conduire au désespoir.

---

1. Voir la revue mensuelle «Stella Maris» nr. 438, juin 99, p. 9.

Mes enfants, je désire vous exhorter à être plus persévérants dans la prière; le reste, mon Fils et moi, nous le ferons. Je vous invite encore à vous renouveler et à accepter le chemin que le Père a tracé pour chacun de vous.

Ici la Vierge étend les mains vers moi. Elle baisse les yeux et elle prie. Son attitude en prière est indescriptible. Pendant quelques instants, je reste à la regarder, tout émue.

Marie: Sois sereine! Même s'ils te demandaient de t'éloigner de ce lieu, je t'apporterais toujours mon message, où que tu sois, jusqu'au temps prescrit!

Voici un temps spécial de grâce: le carême! Ne me dites pas qu'il vous sera impossible de trouver du temps! Pour beaucoup d'entre vous ce pourrait être le dernier! Retrouvez le sourire de l'âme! Purifiez-vous avec joie, mes enfants!

Allez dans la paix de Dieu en rappelant qu'ici j'accomplis de grandes choses.»

23 mars 2000

Loué soit Jésus-Christ!

Chers enfants, Je vous remercie d'avoir répondu à mon appel! En cette période particulière, Je vous demande d'offrir votre jeûne à Dieu, parce que le monde en a besoin. Le jeûne est capable d'éloigner le mal, tant spirituel que physique. Chers enfants, je me contenterai maintenant de douze heures d'abstinence joyeuse à la place des deux jours que Je vous ai indiqués dans le passé. Ce faisant, vous vous souviendrez de la couronne de douze étoiles que Je porte sur ma tête.

Chers enfants, Je voudrais que vous compreniez l'aide précieuse que le sacrifice de jeûner vous procure. Ce n'est pas seulement le jeûne au pain et à l'eau que Je vous demande! Tous mes enfants qui souffrent pourront offrir leur souffrance à mon Fils Jésus, en signe d'acceptation de Sa Volonté. En outre, Je demande qu'il soit accordé plus d'espace à la prière, mais ceci se réalisera seulement quand vous aimerez le silence et que vous résisterez à la tentation de porter sur votre prochain des jugements téméraires.

Je viens vous rappeler de cheminer à la lumière de la foi, sans laquelle tout acte humain est privé d'efficacité. Unissez vos sacrifices à mes larmes et au Précieux Sang de Jésus-Christ, ainsi qu'à la souffrance de «Mon Martyr Blanc» pour tous mes enfants qui n'ont plus la foi. Vivre sans foi signifie être déjà immergé dans les flammes de l'enfer. Soyez conscients que mon Cœur est peiné quand vous oubliez que Je triompherai.

Je vous bénis de ma tendre bénédiction de Mère pour que chaque jour, renonçant à vous-mêmes, vous deveniez un signe de ma Présence.

Je ferai connaître le Mouvement de la Réparation Eucharistique qui s'est confié à Moi et qui, de partout, se confiera s'il me reste fidèle comme maintenant.

Soyez des constructeurs de paix! A bientôt! Je vous attends le 23 du mois, jour qui m'est consacré.

23 avril 2000

La Mère de Jésus apparaît entourée d'une lumière très blanche.
Marie: Loué soit Jésus-Christ!

Mes chers enfants, aujourd'hui je vous invite d'une manière tout à fait particulière à vous relever de l'état de péché dans lequel vous vous trouvez, en prenant votre force en mon Fils ressuscité.

Enfants très chers, je voudrais que vous compreniez la raison profonde pour laquelle Dieu le Père vous a concédé la grâce de m'envoyer jusqu'à vous. A travers votre pénitence et votre prière le Saint Esprit opérera des prodiges, mais c'est possible que beaucoup d'âmes encore retombent et retournent sur le mauvais chemin.

Pour (éviter) cela, chers enfants, je désire que vous vous donniez totalement à moi en vivant votre appel personnel et familial, en acceptant mes messages qui vous parlent de conversion et de réparation.

Aujourd'hui vous êtes entrés dans mon Oasis de Paix et vous éprouvez dans vos cœurs ma Présence maternelle. Le grand désert qui vous entoure vous guide naturellement sous l'ombre silencieuse de ces oliviers. Dans ce lieu, j'ai laissé couler mes larmes de sang pour vous rappeler de coopérer avec Dieu, dans cet immense projet de salut.

Mes enfants, vous savez combien Satan cherche à détruire mon œuvre. Comprenez donc que, pour moi, votre Mère, c'est une grande aide si, de cette Source de Grâce d'où je vous parle, s'élèvent des prières, des prières et encore des prières.

Je vous aime, chers enfants, continuez à témoigner de mon œuvre. Satan ne peut vous faire de mal si vous vous êtes totalement décidés pour Dieu.

Vous me réjouissez quand votre travail commence par la louange au Seigneur et se termine par le salut d'action de grâce.

Voilà, à partir de maintenant le Triomphe de nos cœurs commence.

Tenez-vous dans mon Gethsémani pour que le Père puisse nourrir votre vie intérieure. Je vous donne la paix de Jésus-Christ, laissez-la pénétrer en vous.

A bientôt, Je vous attends pour le mois des roses (mois de mai).

23 mai 2000

La T.S. Vierge, précédée de chants des anges, apparaît dans une très grande lumière. Elle est revêtue d'un habit couleur or.

Marie: Loué soit Jésus-Christ!

Debora: Qu'il soit toujours loué, Notre-Dame!

Marie: Mes chers enfants, ce soir je me réjouis avec vous, parce que vous avez accueilli mon invitation et que vous êtes venus de diverses nations[1] me demander d'intercéder auprès de mon divin Fils.

Je désire vous inviter à avoir confiance en vous abandonnant totalement en Jésus Eucharistie parce qu'il vous révélera toute sa tendresse.

Je veux tous vous bénir! Ici, la Madone élève les mains vers le Ciel en regardant la foule, puis poursuit:

Voilà quelque temps déjà je vous avais dit que Dieu, à cause de l'iniquité des hommes, allait détourner son regard de l'Italie et de la France, mais maintenant est arrivée l'heure où mon Fils vous appelle en ce lieu marqué par l'étreinte de l'Amour Trinitaire.

Aujourd'hui, dans la solennité de la fête[2], vous m'avez honorée comme Vierge de l'Eucharistie et beaucoup d'âmes ont déjà reçu les grâces qui sont descendues de mon Cœur de Mère.

---

1. A noter la présence d'une délégation importante du Japon.
2. 23 mai: fête de la Vierge de l'Eucharistie

Chers enfants, qu'en vous la conversion soit primordiale!

Tant de fausses lumières se sont allumées dans le monde; priez pour pouvoir croître authentiquement dans l'offrande et le service au Seigneur! Maintenant que vous avez reçu mon sourire, soyez dans la joie et changez courageusement tout mal en bien!

Mes enfants, chers enfants, je désire que vous deveniez toujours plus nombreux à suivre mon message de réparation. Ne permettez pas que nos deux Cœurs continuent de verser des larmes de sang!

La bénédiction de Dieu est arrivée jusqu'en Orient; j'ai accompli ma promesse[1] ... Qu'ils soient plus fervents.

Priez beaucoup!

Offrez d'une façon particulière pour ce diocèse qui me tient tant à cœur. A bientôt! Attendez-moi.

23 juin 2000

La Vierge Marie se présente à la fin de la prière du chapelet. Elle a les mains ouvertes, les paumes tournées vers nous. Sur son Sein apparaît comme un ostensoir de gloire. De l'Eucharistie émanent des flammes qui m'atteignent.

Marie: Loué soit Jésus-Christ!

Chers enfants, aujourd'hui encore, je descends du Ciel vers vous pour apporter l'invitation de Dieu à son peuple, mais une grande partie de ce peuple demeure froide et indifférente... Je voudrais vous rapprocher davantage du Cœur Eucharistique de mon divin Fils. Oh, comme il vous aime!

Chaque mois, je vous appelle d'une manière particulière, mais priez pour que Dieu vous fasse comprendre le sens authentique de la grâce que je sois parmi vous!

Chers enfants, je voudrais vous rappeler que sans amour, chacun de vos engagements demeure sans fruits. Sans amour vous ne réussirez pas à jouir des projets que le Seigneur vous fait découvrir. Sans amour, vous n'appréciez pas les dons que vous recevez de mon cœur.

Un grave dommage pour votre vie spirituelle provient de votre indécision à choisir la direction qui vous porte à la sainteté. Je

---

1. La première chapelle dédiée à la "Vierge de l'Eucharistie" a été officiellement bénite en Russie ce même jour.

désire vous rendre forts, mes enfants, mais vous ne m'obéissez pas et bien vite vous vous mettez à écouter de fausses voix. Non mes enfants!

Dans vos maisons, allumez le flambeau de mes «Foyers de prière»; ceci, je le demande surtout aux fils de cette nation.

Dieu veut que chacun de vous, vous soyez les témoins du message que je vous envoie comme Vierge de Jésus Amour Eucharistique.

Je renouvelle le désir que vous receviez Jésus directement dans la bouche, ainsi vous serez source de conversion et de réparation, annulant toute tentative de Satan pour abattre l'Eglise.

Debora: Pardonne-moi, Notre-Dame, il y a ici des gens qui se sont recommandés...(Elle m'interrompt)

Marie: Qu'ils soient bons et qu'ils retournent vite au Seigneur. En octobre beaucoup guériront! Je suis ici à chaque instant pour vous aider à renoncer à toutes ces choses qui vous détournent du Seigneur.

Mes enfants, ne trahissez pas votre Mère qui veut votre salut. Ce lieu est trop abandonné par beaucoup. Certains trouvent la force de leur mission en s'établissant près de ce lieu pour être dans une prière continue.

Je reviendrai bientôt! Faites pénitence et priez pour le Saint-Père.

Je vous bénis au nom du Père, du Fils et du Saint Esprit.

23 juillet 2000

Notre-Dame arrive, après la danse gracieuse et joyeuse que les trois lumières semblent faire pour l'annoncer. Sous ses pieds, la nuée est d'un gris jamais vu.

Loué soit Jésus-Christ!

Mes enfants, combien de fois je vous ai invités ces dernières années et spécialement dans les derniers temps à ouvrir vos cœurs à Dieu par la prière, le sacrifice et la réparation. Vous, mes enfants, vous parlez trop et l'Esprit de Dieu s'éloigne de vos familles. (La Madone me regarde à nouveau après avoir fixé le vide autour de moi.)

Ma fille, mes enfants cherchent des consolations humaines et, à cause de cela, leur dureté et leur cécité perdurent depuis si longtemps. Si les hommes n'observent pas les commandements, ils seront malheureux! (Ses yeux semblent à nouveau tourner et vaguer dans le vide.)

Cédez devant mon appel maternel et vous vous réconcilierez avec mon divin Fils qui m'a envoyée ce soir. (Notre-Dame devient triste et de ses yeux tombent des larmes silencieuses.)

Comme je voudrais vous voir obéissants à mes paroles, afin que se réalise en vous et à travers vous l'espérance[1] de ceux qui vous ont précédés!

La Mère Eglise a besoin de vous et je suis ici pour vous le rappeler. O brebis, revenez au saint Bercail! Sans mes Foyers de lumière dans vos maisons, vous ne réussirez pas à apprécier les dons que le Père a mis en vos mains.

O mes chers jeunes! Je désire que vous m'aidiez en priant surtout pour ces fils qui se sont davantage exposés à l'attaque de Satan.

Accompagne-moi, chère fille: c'est seulement par ta fidélité et ton offrande que tu pourras apporter ton soutien. (Elle incline la tête légèrement et me fait un sourire qui me réjouit et me donne force... puis...)

Redis à mes enfants que je les aime et qu'à travers le titre de «Source de l'Huile Sainte de l'Onction pérenne» je les garde. De ce petit jardin en fleurs je vous appelle à la paix, à la justice et à l'amour. A bientôt parce que Dieu est parmi vous. Demeurez dans la paix.

23 août 2000

Notre-Dame m'enveloppe dans sa merveilleuse lumière et comme chaque fois me remplit d'une charge d'amour inexprimable.

Marie: Mes chers enfants, je vous bénis de ma présence maternelle parce que vous avez voulu consacrer ce temps avec mon Fils Jésus. Ne soyez pas anxieux, parce que je suis ici pour vous protéger et vous aider à accepter ce que veut le Seigneur. Je désire

---

1. L'espérance des prophètes et des hommes de tous les temps, de l'ancienne et de la nouvelle Alliance

remercier tous ceux qui ont décidé de s'abandonner à Dieu, en faisant triompher la docilité!

Mes enfants, le Seigneur a accueilli l'hommage du sacrifice de vos cœurs pour multiplier la prière et il vous promet son aide![1] Courage, vous vous êtes mis en route sur le chemin de la sainteté et pour cela, croyez en Lui sans porter de jugements.

Plus vous m'écouterez et plus votre souffrance se changera en joie pour le monde. Ce lieu de réconciliation peut croître seulement grâce à votre conversion. Par le malentendu et la division, mon grand ennemi cherchera encore à vous détourner de ce que je vous apporte par mes messages. Vous serez plus forts si vous vous sacrifiez davantage.

J'apparais ici, pour que vous tous, mes fleurs, en vous épanouissant devant mon sourire, vous puissiez enseigner aux autres que l'amour triomphe toujours.

Je vous invite au renoncement, afin que les familles se sauvent. J'accomplirai l'Œuvre de la Réparation que j'ai commencée avec vous, mais persévérez dans l'offrande de vous-mêmes pour que Satan ne vous dérobe pas vos bons propos.

J'envoie une bénédiction spéciale à mon Eglise d'Orient: bientôt la désolation s'éloignera et les plaies seront guéries. Soyez dans l'espérance, parce que les nations les plus athées seront bientôt appelées saintes. Au cours du mois suivant, n'oubliez pas d'invoquer les anges.

Répondez au Seigneur et vous recevrez ce qu'il vous faut.

La paix soit avec vous, mes enfants bien-aimés. Je vous attends toujours, toujours.

---

1. Elle se réfère à la croisade de bénédictions qui commence à 20h 30 en Italie. (On récite la dernière partie du Rosaire.)

Témoignages

Nombreux sont les bienfaits spirituels et matériels obtenus par la puissante intercession de la T. S. Vierge de l'Eucharistie, Mère de l'Olivier béni, Source de l'Huile sainte de l'Onction pérenne.

«Crois-tu que les grâces s'obtiennent gratuitement?»

J'ai connu Debora à un moment particulier de ma vie. Ma femme Elena avait commencé à se sentir mal à cause d'un problème très grave aux glandes lymphatiques. J'étais anéanti: je n'avais plus aucun espoir de la revoir active et pleine de vie comme auparavant. La foi était devenue pour moi quelque chose d'inutile, de vain et de mensonger.

Un jour, un ami très cher m'a invité chez lui pour déjeuner et me témoigner sa sympathie.

A cette occasion, j'ai appris que, dans les Pouilles, une jeune fille avait déjà aidé beaucoup de personnes, et parfois dans des situations pires que celle de ma femme. J'ai donc décidé de partir de Vénétie pour un voyage plein d'espoir. Arrivé à Manduria le 23 mai à l'occasion de l'apparition de la bienheureuse Vierge, j'ai vu que les premiers pèlerins étaient déjà rassemblés en foule autour de la jeune fille et, en m'approchant pour entendre ses paroles, j'ai eu aussitôt l'impression que Dieu agissait vraiment en elle.

La journée fut hallucinante: les prières et les pénitences n'en finissaient plus!

Avant que tout se termine, un sentiment de méfiance tempéra mon enthousiasme au point que je décidai de m'en aller. Je n'avais pas pris le temps de repartir que la foule me bouscula presque providentiellement puisque c'est ainsi que je croisai Debora qui me dit: «Crois-tu que les grâces s'obtiennent gratuitement?»

Je demeurai stupéfait et étonné. De retour dans ma localité, je courus à l'hôpital pour raconter cette aventure à ma femme, mais en voiture, un coup de téléphone m'avertit qu'Elena (c'est le nom de ma femme) avait été renvoyée le soir même du 23 mai, parce que sa santé ne présentait plus aucun trouble.

Je témoigne que tout ce qui est écrit est la vérité, afin que le Seigneur soit remercié pour le grand don de cette petite âme.

Merci de nous avoir ramenés à Dieu!

Giampiero B.

«Voici que Moi-même j'irai à la recherche de mes brebis et que j'en aurai soin.» *(Ez 34,16)*

Je vous écris de la prison de Parme pour vous faire savoir que je suis très heureux de recevoir vos lettres, qui me remplissent d'une joie indescriptible et comblent la solitude de cette cellule, où je vis depuis des années à cause du grand nombre de fautes que j'ai commises.

Avant tout je vous remercie de m'avoir fait cadeau de *La Sagesse révélée du Dieu vivant*, qui m'a permis de trouver le chemin pour retourner à Dieu. Aujourd'hui, j'ai découvert que le Seigneur continue à frapper aux portes de nos cœurs, parce qu'Il nous aime et veut que nous soyons sauvés, même par le moyen d'une lettre.

Les paroles contenues dans les dialogues, et que j'ai pu méditer, ne peuvent être comparées à rien d'autre ni être attribuées à personne d'autre!

Je n'ai appris à lire et à écrire que depuis peu, c'est pourquoi je vous demande pardon si je ne réussis pas à mieux m'expliquer.

Cela vous fera certainement plaisir de savoir que les premiers livres qui m'ont permis de m'exercer à la lecture ont été l'Evangile et les Révélations de Jésus à Debora.

J'ai demandé à l'aumônier de la prison de m'aider à mieux connaître Jésus, en me préparant à la confirmation. Je reçois souvent Jésus Eucharistie qui me revigore et me donne courage!

J'espère que mes «confrères» pourront aller sur le lieu des apparitions remercier pour moi la Maman du ciel pour tout ce qu'elle a fait en moi.

Que Dieu vous assiste et bénisse votre Œuvre d'amour. De tout mon cœur.

B. Concetto

«L'image est une vraie présence...» *(Message du 22 juin 1998)*

Très chers frères et sœurs du Mouvement d'amour,

Je désire vous donner le témoignage de la grâce que mon frère a reçue.

Il y a quelque temps, vous, les membres du Mouvement, à la suite de notre demande, vous nous avez envoyé l'image de Jésus, Roi de la Révélation, qui a pleuré d'une manière répétée des larmes de sang.

L'impact de la photo a ouvert le cœur de mon frère qui a fondu en larmes, ce qui l'a libéré.

Avec foi nous nous sommes oints avec l'Huile bénie, et immédiatement un parfum de fleurs s'est répandu dans toute la maison.

Depuis ce jour mon frère Rossano a découvert la beauté de la prière du saint rosaire!

Ces derniers temps, il s'est même approché du sacrement de la confession et il a pu finalement recevoir l'Eucharistie, remède qui l'a guéri de sa dépression.

Merci à la Madone de l'Huile bénie!

Rosanna M.

Le chapelet des larmes de la Madone et la conversion

Chère Debora,

Je remercie notre T. S. Mère pour son intervention et l'aide si importante qu'elle nous donne pour amener ses enfants au Seigneur et je te remercie, toi qui es son instrument par qui les âmes reviennent à Dieu.

Le 23 mars mon fils a eu un accident du travail qui aurait pu lui être fatal. Il aurait pu perdre la main droite et ne plus pouvoir travailler. Mais l'accident s'est finalement limité à la perte d'un doigt. Avec une grande force intérieure, mon fils a réussi à surmonter ce moment tragique, à tel point que les personnes autour de lui en ont été surprises.

Je dois préciser que depuis une semaine je récitais le chapelet des larmes de la Madone pour la conversion de mon fils, afin qu'il revienne à la pratique religieuse.

J'ai obtenu tout ce que j'ai demandé, ainsi qu'un bon Père spirituel, car cela ne suffit pas de recevoir Jésus, il faut aussi préparer le cœur et ce n'est pas pour rien que tout cela est arrivé...
Louange et gloire à Dieu!

Luigina

Maman après de grandes souffrances!

Bien chère Debora,
Je suis Olga P., demeurant à Bénévent. Je t'écris pour remercier la Vierge de l'Eucharistie parce que, après tant d'années de souffrances, elle m'a accordé le grand don de devenir maman. Chaque 23 du mois, de février à juin, je suis venue en pèlerinage à Manduria et avec confiance j'ai offert des prières, sans exclure la pénitence à genoux sur la Voie Douloureuse mariale, lieu des manifestations de la Sainte Vierge.

En frappant sans me lasser au Cœur très doux de la Mère de Dieu, j'ai obtenu!

Pendant mes six années de mariage, je me suis tournée inutilement vers un grand nombre de médecins sans obtenir de résultat. Il a suffi de lever les yeux au ciel et d'invoquer le secours de la Madone de l'Huile sainte... qui m'a exaucée.

Chaque jour de ma vie je remercierai Dieu pour m'avoir donné la joie de porter dans mon sein un fils et de croître avec lui dans la volonté divine.

A toi, Debora, je dis: n'abandonne jamais! Tu es comme cette petite hostie qui chaque jour se consume aux pieds de l'Autel, en donnant au monde la paix et le salut.

Merci à Jésus et à Marie.

Olga P.

Il n'est jamais trop tard!

Je suis une femme de 70 ans qui a découvert depuis peu que pour Dieu il n'est jamais trop tard.

Debora, merci de tout cœur d'avoir accueilli ma demande, en présentant à la Madone des prières pour mes besoins physiques et spirituels.

Depuis le jour où j'ai reçu les messages confiés à Debora, j'ai commencé à réciter mon chapelet et je m'unis souvent à vous par la prière. Je recours chaque jour à l'Huile bénie pour soulager mes douleurs et mes peines intérieures qui si souvent m'affligent à cause de ma solitude. La vieillesse peut être pesante et dure, spécialement pour les gens qui, comme moi, n'ont personne.

Aujourd'hui, j'ai redécouvert la grandeur et l'importance de vivre pour réaliser le dessein de Dieu en nous.

Avec tout mon amour je vous remercie, parce que vous m'avez enseigné à être toujours en prière dans la vie, en redécouvrant la grâce dont Dieu nous a comblés.

J'aimerais servir le Seigneur et, à cette fin, je demande à être affiliée à votre Mouvement d'amour.

Rita P.

«Va, et qu'il soit fait selon ta foi.» *(Mt 8,13)*

Le 23 février de l'an dernier, je me suis rendue pour la première fois au lieu de l'apparition de la Vierge de l'Eucharistie. Ce jour-là j'ai prié avec une vraie et sincère dévotion pour un garçon alcoolique, rendu au dernier stade et, en me tournant vers la statue qui représente la Madone, j'ai dit: «Je crois vraiment que Tu habites ici, que c'est ta demeure.»

Rentrée chez moi, encore angoissée puisque les médecins s'étaient exprimés négativement à plusieurs reprises sur les jours qu'il restait à vivre au pauvre garçon, j'appris qu'ils s'étaient maintenant ravisés. Miraculeusement, le garçon avait été renvoyé de l'hôpital comme s'il n'avait jamais été malade.

Avec ma vive gratitude à la Vierge de l'Huile sainte de l'Onction pérenne.

Sr Silvana di A.

La force de la médaille de la Vierge des larmes!

Je m'appelle Jeanne, je suis mère de famille. Depuis quelque temps le Seigneur nous a appelés, moi-même et ma famille, à nous consacrer à des œuvres de dévotion envers la Vierge de l'Huile sainte qui vient visiter la jeune fille de Manduria.

Dans les derniers jours de septembre mon mari, camionneur, a été plusieurs fois attaqué par des voleurs. En outre, un accident, avec de graves conséquences pour son travail, a mis en sérieuses difficultés les finances de la famille.

Avec une grande reconnaissance envers la Vierge bénie, j'ai aussitôt conseillé à tous les miens de porter la médaille répandue par votre Mouvement d'amour. Mon espérance n'a pas été déçue. Tout s'est amélioré: plus d'attaques ni de difficultés sérieuses.

Merci également pour la prière de Debora, que nous sentons toujours proche. Nous avons retrouvé la paix, la sérénité et la fréquentation des sacrements, avec l'aide de la prière du rosaire.

Pour la grâce reçue, avec notre vive reconnaissance

Jeanne V., Suisse

«Je désire encore vous exhorter à venir ici...»
(Message du 23 août 1998)

Chère Debora, cher Mouvement d'amour,

Je suis un homme de 38 ans, marié et père de famille. Le 23 mai 1998, j'ai participé à la journée de prière au cours de laquelle on honorait la Vierge Marie sous les vocables par lesquels elle se manifeste à Manduria.

Ce fut pour moi une journée inoubliable! Dans la Céleste Verdure, j'ai prié et fait le Chemin de Croix à genoux. Quelle expérience!

Durant l'apparition, j'ai vécu et retrouvé le petit enfant qui était en moi: dans l'arc-en-ciel extraordinaire dont le ciel nous a miraculeusement gratifiés, je me suis réconcilié avec Jésus. Le message que le Seigneur nous donnait par son instrument, a réveillé en moi un vieil appel, peut-être même un peu trop ancien! J'ai commis en ces années tant de péchés, surtout contre nature. L'expérience de Manduria a été fondamentale pour la guérison de mes vices, en obtenant enfin la grâce du dégoût pour ce que je faisais.

J'ai beaucoup souffert car, bien que comprenant la gravité du péché, je n'arrivais pas à m'arrêter: c'était devenu une obsession, car j'avais donné au péché l'occasion de m'envahir.

Vous ne pouvez pas imaginer ce que j'ai éprouvé quand j'ai pris conscience que ce lieu était la demeure de Jésus.

Aujourd'hui, grâce à la Mère de l'Olivier béni, le Seigneur habite dans mon cœur et Il en est le Maître absolu.

Tel est le souvenir que je garde de la demeure toujours bénie des très saints Cœurs. Merci.

Vittorio P.

« L'Huile sainte que ma Mère continue à préparer pour donner à ceux qui souffrent… » (Message du 22 juin 1998)

Je m'appelle Claude J., j'ai 42 ans et habite Paris. Il y a quelques mois j'ai appris l'incroyable histoire que Debora est en train de vivre dans une souffrance intense. En feuilletant un périodique qui relatait tous ces événements, j'ai aussitôt demandé de recevoir de l'Huile bénie pour oindre mon fils, depuis longtemps gravement malade.

Dès que j'ai commencé à l'oindre, son état de santé s'est amélioré de jour en jour, grâce aussi à vos prières auxquelles je m'étais recommandée.

Si je vous écris aujourd'hui, c'est pour vous remercier de la guérison définitive de mon fils Paul. Je suis fière d'être une parmi ceux qui soutiennent l'œuvre de Notre-Dame de l'Eucharistie, œuvre qui est née comme une nouvelle espérance prophétique.

Je vous souhaite tout le bien possible.

Claude J., France

« Cette apparition, honnie de Satan et de ses milices, préparera le triomphe que je t'ai annoncé. »
(Message du 24 mai 1998)

Je désire apporter ma modeste contribution à votre moisson de témoignages.

J'étais loin de Dieu et de l'Amour à cause de mes péchés d'égoïsme, qui m'ont fait vivre une vie de vraie solitude. Entre la tentation de me donner la mort et celle de continuer à vivre, mes journées se passaient, creuses.

Il y a deux mois, j'ai appris la mission confiée par Dieu à une jeune Italienne pour sauver l'humanité. C'est seulement maintenant que je trouve le courage de vous écrire pour vous faire connaître les bienfaits que j'ai reçus en récitant les prières dictées à cette jeune fille par la voix vivante de la Sainte Vierge.

Ici, à Vienne, la foi n'occupe pas une grande importance dans la vie des gens.

Mon retour à la foi a été immédiat. Je ne saurais décrire quelle révolution cela fut!

A chaque instant croissent en moi des sentiments de transport envers la Vierge bénie.

Je veux organiser un groupe de prières pour répandre la puissance du message eucharistique que le Seigneur nous a confié par l'intermédiaire de Debora.

Merci pour toutes les grâces reçues.

Lena W., Autriche

On aurait dû m'opérer

Je suis une femme de 50 ans. Vers le mois d'avril 1998, j'ai eu un épanchement de liquide provenant d'un abcès au sein gauche.

On aurait dû m'opérer comme on me l'avait affirmé à l'Institut du Centre du cancer de Gènes. Mais ayant eu connaissance des apparitions de la Vierge de l'Eucharistie à Manduria, je l'ai invoquée avec la prière qu'elle-même nous a donnée: «Marie, Mère de l'Olivier béni...» pour demander une prompte guérison.

Au médecin qui m'avait congédiée durant l'été, j'ai témoigné que je croyais que l'Huile bénie me guérirait.

Et cela s'est vérifié: aujourd'hui, je n'ai plus rien comme le montre le certificat médical[1] rédigé par mon gynécologue.

Je remercie la Sainte Vierge, et j'espère aider cette dévotion à se diffuser pour tous les malades tant de corps que d'esprit.

Lidia M.

---

1. «Madame Lidia M. était atteinte d'un abcès mammaire et elle est actuellement guérie.» Signé: Prof. Dott. Pier Luigi Venturini, Hopital San Martino, Genova.

Une maladie très rare

La Vierge de Manduria nous a accordé une grande grâce. Les médecins nous avaient prévenus que seul un miracle pouvait sauver notre petit Emanuel. Et c'est ce qui se passa. *Ceux qui le racontent, émus et joyeux, sont de jeunes parents, Susanna et Eupreprio Stoppa, habitant Torre S. Susanna (Brindisi). Lui est employé, âgé de 33 ans; elle, ménagère de 29 ans. Ils sont fiers de présenter leur bébé, aujourd'hui âgé de six mois, en pleine santé.*

Emanuel n'avait que quelques jours lorsque nous nous sommes rendu compte qu'il avait un grave problème. En fait, c'était une maladie très rare où la science est impuissante, particulièrement lorsqu'elle se manifeste chez des bébés. Il s'agit d'une carence presque totale d'oxygène au niveau de l'organisme interne.

Nous étions déjà des amis de Debora, la jeune fille qui voit la Vierge depuis plusieurs années. Tandis que nous nous trouvions à l'hôpital, Debora vint en visite, caressa le bébé et pria sur lui. "La Madone m'a fait sentir qu'il guérira très bientôt, même qu'il est déjà guéri", déclara-t-elle immédiatement.

De fait, nous remarquons de suite que le bébé a un meilleur teint. En nous s'allume immédiatement une lueur d'espoir. Espoir qui devient certitude lorsque médecins et professeurs — à commencer par celui qui nous avait déclaré que seul un miracle pouvait sauver notre bébé — bouche bée de stupéfaction, confirment la guérison totale de notre enfant, sans qu'ils puissent fournir un brin d'explication à la lumière de la science et des lois de la nature. Comme nous avons eu raison de baptiser notre fils du nom d'Emanuel, ce qui signifie "Dieu est avec nous"!

Susanna et Euprepio S.

Coureur de jupons

J'étais coureur de jupons, incorrigible joueur de hasard, fumeur endurci, *déclare Costantino P., 43 ans, chauffeur, résidant à Manduria.* Tout ceci créait inévitablement de graves problèmes à ma famille, de même que pour ma santé: une maladie commençait à se faire sentir à l'estomac. Mon épouse a suivi dès le début les apparitions de la Vierge sur l'olivier. Moi, je ne voulais rien en savoir. Je menais une vie trop éloignée de la religion. Mon épouse insista tellement que, un soir de juin 1993, je consentis à l'accompagner. Je connaissais Debora et j'assistai à l'apparition. Subitement, je me sentis changé, je sentis que la Madone demandait ma conversion. Ainsi fut fait. A partir de ce moment commença pour moi une vie totalement nouvelle. J'ai découvert une joie et une sérénité, dont j'ignorais jusqu'alors qu'elles puissent même exister. Tous mes anciens vices ont disparu.

Costantino P.

Pratiques magiques et ésotériques

Je m'étais adonnée à une série de pratiques magiques et ésotériques, *raconte Mimma, une jeune femme d'une trentaine d'années.* C'était devenu pour moi une drogue qui pesait lourd. J'en étais arrivée à l'obsession, proche d'une maladie mentale. Par des amis, j'ai eu connaissance des apparitions de la Madone sur l'olivier. Il y a trois ans, je vins ici et recommandai mon cas aux prières de Debora. Après avoir prié avec ferveur et voulant m'assurer que Debora demande bien cette grâce pour moi à la Madone, j'assistai à l'apparition. Au moment de l'apparition, je me sentis subitement libérée. J'étais guérie! Depuis lors, je suis très sereine.

Mimma

«*L'Huile est baume et onction!*» *(Message du 24 mai 1995)*

Chers amis du Mouvement d'amour,

Je dois vous remercier parce que, étant en prison, la nuit du Vendredi-Saint j'avais décidé de me donner la mort, mais votre lettre, arrivée d'une manière inespérée et par des voies tout à fait extraordinaires, m'a redonné le courage et la force de continuer à lutter. La chose la plus extraordinaire reste l'acheminement de l'Huile bénie, qui est passée sous les yeux des gardiens, à l'évidence rendus aveugles par le Très-Haut, puisqu'ici il ne passe même pas une aiguille.

Vos paroles m'ont enlevé l'angoisse qui me dévorait et libéré du tourment de ne plus servir à rien. Je voudrais encore une fois vous remercier et, par votre intermédiaire, louer la Sainte Vierge qui, avec son Huile sainte, m'a redonné une identité et un cœur qui bat à nouveau.

Michel D.

Une substance huileuse

Je m'appelle Antonio R. et suis marié avec Lucia; nous avons deux fils, Luciano et Giusy. Je travaille à l'hôpital provincial de Syracuse en Sicile comme infirmier. Voilà deux ans, je me trouvais en salle commune parmi les malades avec la surveillante, Sœur Igina. Elle parlait avec un prêtre qui demandait de faire analyser des gouttes d'huile provenant de la cité de Manduria, exsudée d'une statue de la Vierge.

Vu l'originalité du cas, j'ai voulu en connaître le résultat par curiosité. La doctoresse qui a analysé ces gouttes d'huile déclara: «C'est une substance huileuse, mais je ne sais pas expliquer ni ne peux ni ne veux savoir la raison pour laquelle en mettant cette substance dans des milieux de culture, les bactéries ne se développent pas; pratiquement, elles restent stériles, et ne présentent aucun type de contamination.»

C'était incroyable! Ma curiosité devenait plus grande et j'en parlai aussitôt à ma femme. Quelque chose me poussait à contacter par téléphone quelqu'un qui soit proche du phénomène. J'appelai les responsables du Mouvement d'amour et progressivement mon cœur et la vie de toute ma famille changèrent radicalement.

Nous décidâmes de faire venir Debora en Sicile. Je priais la Vierge pour trouver les fonds nécessaires pour son voyage. Ce qui me stupéfia, ce fut la disponibilité d'un prêtre pour organiser les rencontres de prières avec elle.

La première fois que Debora vint en Sicile, c'était à Syracuse. Ce fut une très belle rencontre. J'ai eu la possibilité de connaître Debora que beaucoup accueillent pour ses dons surnaturels et que d'autres rejettent complètement.

Debora, je l'imaginais timide et introvertie, selon les clichés de la mentalité commune. Au contraire, c'est une fille de fort caractère. Comme un livre ouvert, elle rayonne sa foi de tout son être: elle prononce des paroles pleines de sens religieux et pédagogique, claires, limpides, sans détours. Une foi fraîche et pleine de vie, qui manque à beaucoup d'entre nous.

Une femme hospitalisée, qui avait renié sa foi catholique depuis longtemps parce que Témoin de Jéhovah, me demanda de lui faire une onction avec l'huile prodigieuse. Avant de mourir cette femme retrouva la foi et reçut les sacrements.

Ces circonstances me poussèrent à aller plus au fond des choses!

A la maison, je commençai à lire les messages de la Vierge de l'Eucharistie et à les méditer. Aujourd'hui je peux dire qu'avec ma famille, j'ai trouvé Jésus et Marie dont j'étais jusque-là si éloigné.

Ces jours derniers, Debora a visité une seconde fois la Sicile, et ce fut une grâce pour nous. Elle a apporté avec elle une onde d'amour et de paix et a réveillé le désir d'évangéliser et de pardonner à tous. Des familles se sont réconciliées après des années de rupture, mais la chose la plus belle est que nous avons constitué le premier Foyer dédié à la «Vierge de l'Eucharistie, Mère de l'Olivier béni», appelé «Oasis d'Amour» avec pour but d'aller dans les familles pour prier le rosaire et de faire connaître le contenu des messages eucharistico-marials que la Sainte Mère envoie au monde par le moyen des apparitions de Manduria.

Je termine en disant qu'en famille nous avons redécouvert les valeurs chrétiennes qui étaient éteintes, en retrouvant le désir de consacrer notre vie à Jésus-Eucharistie, source de toutes grâces et abîme de douceurs.

Merci à Jésus et Marie et merci à Debora et au Mouvement d'amour.

Antonio R.

Prières

A travers Jésus et Marie, l'Esprit de prophétie a révélé quelques prières.

Prières en parcourant le «Gethsémani saint» de la Vierge Marie

En entrant à Céleste Verdure

Acte pénitentiel

Main divine de Jésus, tire-moi de mon état de péché
que tu as en abomination.
Toi, divin Maître admirable de patience,
anime tout par ta Présence.
Saint compagnon qui porte à l'Amour,
sois le soutien de notre pèlerinage éternel.
Toi, vie de ceux qui sont malades mais obéissants,
morts à eux-mêmes, oui, retranche de la terre la queue du serpent
qui, avec l'aide de sots arrogants, empoisonne ta semence.
Toi, Yeshua d'infinie charité, inspire-nous une sainte vie
d'humilité.
Jésus-Christ, Pain vivant, je sais que tu es un avec le Père
et le Saint-Esprit, dans les siècles des siècles. Amen.

A la vasque

Acte de purification

O terre pure, ô terre digne, purifie mon cœur,
ô terre bénie, embellis mon âme.

Sous la Croix d'Amour et de Salut

Prière pour sauver nos frères malades

O lumière du monde, Christ glorieux, aujourd'hui réunis devant Toi, nous osons t'adresser de douces paroles d'amour pour sauver nos frères malades.

Aujourd'hui, Mère de tes enfants, nous t'implorons de sauver l'Eglise dangereusement menacée par Satan, ton ennemi.

Nous invoquons ta Bénédiction divine sur les athées et sur ceux qui ne connaissent pas ton Amour infini.

O Fils du Dieu vivant, devant ton divin Corps, aujourd'hui nous nous engageons à apporter ta Loi à tous nos frères, proches ou lointains et, sûrs de ton éternelle protection, nous allons dans le monde proclamer ton Nom, afin que tous connaissent ta Sainte Face et tes Saintes Plaies, généreusement offertes pour notre rédemption. Amen.

Sous la Croix et aux mystères glorieux du rosaire

Prière pour hâter la venue du nouveau règne

Christ, Fils du Dieu vivant,
Présence tangible du Père descendue sur la terre,
Que vienne ton Règne glorieux,
Que vienne ton Règne glorieux,
Que vienne ton Règne glorieux. Amen.»

A la chapelle

Devant la Vierge de l'Eucharistie

Consécration à la Vierge de l'Eucharistie, Source de l'Huile sainte de l'Onction pérenne

O Cœur immaculé, Mère de mon Seigneur,
Source d'Huile sainte de l'Onction pérenne (continue),
Je te supplie, moi, grand pécheur,
de me montrer ton secret et de me consacrer à Toi aujourd'hui.

Prière pour l'onction et durant le rosaire

Marie, Mère de l'Olivier béni,
Très Sainte Vierge de l'Huile,
Touche-nous, aime-nous et guéris notre cœur
A ta manière, par ton Amour.

Devant Jésus, Roi de la Révélation

Consécration au Sacré-Cœur de Jésus

O Saint Cœur du divin Roi,
à partir de maintenant, tout ce qui est mien t'appartient,
Source vive de Miséricorde et d'Amour.
Le monde qui sombre sera, par ton intercession,
dans la lumière resplendissante du nouveau temps
de la Réédification.
Très saint et doux Cœur, je me confie à Toi à chaque instant,
et j'attends encore de Toi une immense pitié pour l'humanité.
Amen.

Prière d'offrande à l'Amour trinitaire éternel

Père Eternel et saint, sublime Esprit de charité,
daigne accepter comme une offrande solennelle
l'amour, les plaies, le supplice,
la peur de la mort, l'abandon, la trahison,
l'âme et le corps de ton Fils unique
et bien-aimé Jésus,
pour sauver, justifier et pardonner
à ta progéniture humaine.
Je te glorifie, adorant le nom du Père,
du Fils et du Saint-Esprit. Amen.

Prière de demande par Marie

Père juste, vrai et parfait,
par l'offrande des douleurs de Marie,
Sainte entre les saintes,
au pied de la Croix de Jésus durant sa vie terrestre
et aujourd'hui au ciel,
daigne accepter mon humble demande.

Autres prières

Prière du chapelet
des larmes de sang et d'huile de Marie

Prière du début

Père juste, vrai et parfait, par l'offrande des douleurs de Marie, Sainte entre les saintes, au pied de la Croix de Jésus durant sa vie terrestre et aujourd'hui au ciel, daigne accepter mon humble demande.

Sur les gros grains

O Jésus, souviens-toi des larmes de sang et d'huile de celle qui t'a aimé plus que tout sur la terre et qui maintenant t'aime d'une manière encore plus ardente au Ciel.

Sur les petits grains

O Jésus, exauce nos supplications et nos demandes, par les larmes de sang et d'huile, et par les douleurs de ta Très Sainte Mère, offertes pour nous.

Sur les trois derniers grains

O Jésus, souviens-toi des larmes de sang et d'huile de celle qui t'a aimé plus que tout sur la terre!

Sur la médaille

O Mère de Dieu et notre Mère, que l'onction de tes larmes fasse de nous tes enfants, comme nous te le demandons dans cette consécration solennelle. Amen.

Prière dans les épreuves de la vie

Seigneur, je t'offre mes douleurs et mes angoisses.
Bénis mes persécuteurs
et fais de moi une victime pour ton Autel saint.
Doux Rédempteur,
fais que je répare en silence par mes humiliations
pour les oppresseurs de ta Parole.
Toi, constamment crucifié, pardonne les péchés
que commettent les fils de ta sainte Demeure!

O Sauveur et Rédempteur,
fais que je n'aie jamais à me décourager,
pour qu'une fois encore soit communiquée à tous
la Parole de Dieu qui est vraie Voie et vraie Lumière.
Gloire à Toi, Tout-Puissant,
parce que tu me donnes la grâce dans la souffrance.
O Humble de Cœur,
fais que je sois toujours obéissante et docile
à ton divin Vouloir et tu accompliras
des merveilles sans limites.

Prière lors de l'élévation de l'hostie

Divin Corps de Jésus,
nous renouvelons l'acte de fidélité et d'appartenance
à ton Esprit d'Amour.
Par l'Amour infini que tu as pour nous,
fils et filles qui ne méritons pas de te recevoir,
nous t'offrons notre «oui»
pour les douleurs que, par avance, tu as déterminées pour nous.
Nourris-nous et enflamme-nous selon ta Volonté
qui est celle du Père céleste.
Par Toi, avec Toi et en Toi,
nous nous immolons pour ta gloire
et pour le salut de nos frères. Amen.

Prière durant les mystères douloureux du rosaire

O Plaies saintes et lumineuses,
pitié pour les hommes et pour les nations du monde.
Miséricorde et pitié, ô Père saint,
par les Plaies du Juste, ton Fils. Amen.

Prière pour le salut des âmes et le rosaire

Cœur très aimant de Jésus,
par ta souffrance sur la Croix,
en cette heure d'obscurité
sois la lumière pour l'humanité.

Prière pour le triomphe de Jésus et de Marie dans le monde

Très saints Cœurs unis et triomphants
de Jésus et de Marie,
nous vous louons et nous vous bénissons.
Faites brûler la flamme de votre Amour dans nos cœurs!

Prière à l'Esprit Saint

Viens doux Esprit qui sanctifie
et purifie chaque cœur.
De ton Feu, envoie dans le monde Marie,
la Source de l'Huile Sainte.
Que tous les peuples soient protégés sous son manteau.

Prière à l'Amour

Vous mon Dieu, Vous le Fils du Père, Vous l'Esprit de Dieu, Vous l'Epouse de la Sainte et Bienheureuse Trinité, Vous avez assisté à la Passion du Fils qui fut Amour envers le Père, lequel Amour nous montre aujourd'hui l'Esprit comme modèle de vie.
Toi, Epouse bienheureuse, accueille avec amour les nombreuses requêtes de ceux des hommes qui ont encore le courage de t'adresser des prières pour le salut de l'humanité.
Toi, Trinité toute-puissante, donne-nous des ailes de sainteté, afin que, volant dans l'Amour, nous puissions survoler ces nuages plus noirs que les ténèbres. Sois glorifiée, Toi, Bienheureuse Trinité, fais-nous connaître la Parole afin que nous puissions te louer éternellement. Sois bénie, Lumière du monde qui, dans le Fils, fais voir et sentir ton Amour bienfaisant et infini, à nous, aveugles et sourds. Amen.

Prière à Marie immaculée

Marie, Mère immaculée,
Lys de pureté parfaite,
Epouse de la Sainte Trinité,
prie pour nous.
Et nous, en échange de l'amour maternel

que tu nous portes,
nous t'offrons le saint Rosaire,
comme tu le désires tellement
pour extirper le mal répandu dans le monde.

Prière à la Mère des douleurs

Epouse et Mère de la douleur,
Lumière de Dieu,
Sainte adolescente,
Marie, j'ai confiance et espère en Toi.
Ancre de salut,
Marie, montre-nous la douleur de ton Fils
pour nous aider à mieux comprendre.
Clef de la patrie bienheureuse,
Echelle du paradis,
Joie des élus,
Souveraine toute céleste.

Prière d'offrande à l'amour

Jésus, Je t'aime et je m'offre pour ton Règne.
Je te loue et te remercie pour ton amour.

Prière à mon Père

Père saint, Toi qui es mon Père,
je t'aime au plus profond de mon cœur
et, telle une plante qui a besoin d'eau pure,
je te désire.
Père, je te cherche
et en Toi je veux reposer!
Ne t'éloigne pas de moi!

Prière pour les prêtres

Agneau divin et Prêtre éternel,
dans un grand esprit de sacrifice et d'amour,
le saint curé d'Ars porta de lourds fardeaux.
Fais que chaque cœur de prêtre

ne devienne que désir de charité et d'amour.
Ton serviteur inutile que voici
fut plus d'une fois tenté.
En ta présence, il se repentit.
Fais que par lui arrive dans le monde
une grande lumière.
Toi, Père, sauve tous les prêtres du monde.
Amen.

Invocation pour le salut des âmes

Jésus, Marie, je vous aime.
Par l'Amour qui déborde de votre Cœur
sauvez-moi, sauvez toutes les âmes de vos enfants.

Louange en l'honneur de la Reine de l'Olivier béni

Vierge sainte, Toi qui apparais en ce lieu
et qui par un Vouloir divin
nous apportes l'Huile sainte,
tu souhaitas être appelée ici par un nouveau vocable:
Reine de l'Olivier béni.

Prière pour les âmes du purgatoire

Très doux Père du Ciel, je te bénis,
pour la fête solennelle de la nativité[1]
de ta bien-aimée Servante et bienheureuse Fille,
et je t'offre maintenant le fruit de son Sein:
Jésus, Amour eucharistique,
en expiation des péchés des âmes
que je te demande d'accueillir
dans ton Saint Règne.

Prière de l'Epoux mystique

A toi la Puissance, la Vertu et la Gloire,
ô Verbe incarné du Père.
Toi, Sceau d'Amour dans les cœurs,

---

1. Ou à toute autre fête mariale de l'année.

Toi, Joie de tes humbles serviteurs,
Toi, Amour éternel du Père qui n'abandonne personne
mais fais de toi un holocauste
pour sauver même celui qui te refuse.
O Sauveur, Fils de David,
tu es l'Elu de Dieu
qui rend gloire au nom du Père,
servant le Paraclet, saint Feu de justice,
pour faire un seul troupeau sous la conduite d'un seul Pasteur.
Toi, Esprit de Dieu,
tu es mon Guide même quand mon pied trébuche,
parce qu'il perd la voie tracée par le Maître.
Seigneur Jésus, Rabbouni, ouvre mes lèvres
et je proclamerai la louange du Père à tous les peuples.
Saint compagnon, Toi qui es la Sagesse,
donne la Sagesse et rassemble ton Epouse:
illumine les pasteurs,
fais qu'ils passent à travers tes saintes Plaies,
en sorte que, te voyant,
ils gémissent de douleur à l'unisson avec Toi:
Douleur de la Sainte Croix, rejetée des hommes.
Toi, mon Maître, mon Juge, mon Amour,
ne lâche pas la main du tout-petit
qui t'a été confié par l'Amour éternel.
Veille sur son chef, anime son esprit,
donne force et sagesse à sa pensée. Amen.

Litanies du Roi de la Révélation[1]

Seigneur, prends pitié	*Seigneur, prends pitié*
O Christ, prends pitié	*O Christ, prends pitié*
Seigneur, prends pitié	*Seigneur, prends pitié*
Christ, écoute-nous	*Christ, écoute-nous*
Christ, exauce-nous	*Christ, exauce-nous*

1. Extraites de ses messages.

Père céleste, qui êtes Dieu — *ayez pitié de nous*
Fils Rédempteur du monde, qui êtes Dieu — *ayez pitié de nous*
Esprit Saint, qui êtes Dieu — *ayez pitié de nous*
Trinité sainte, qui êtes Dieu — *ayez pitié de nous*

Agneau conduit à l'abattoir — *Je t'aime et je t'adore*
Agneau glorieux purificateur — *Je t'aime et je t'adore*
Alpha et Oméga — *Je t'aime et je t'adore*
Ami des amis — *Je t'aime et je t'adore*
Amour agonisant dans l'actuel Gethsémani — *Je t'aime et je t'adore*
Amour eucharistique abandonné dans les tabernacles — *Je t'aime et je t'adore*
Amour non aimé — *Je t'aime et je t'adore*
Amour révélé — *Je t'aime et je t'adore*
Merveilleux Architecte de la Vie — *Je t'aime et je t'adore*
Assoiffé d'âmes victimes — *Je t'aime et je t'adore*
Autorité éternelle — *Je t'aime et je t'adore*
Bonté infinie — *Je t'aime et je t'adore*
Bon Pasteur — *Je t'aime et je t'adore*
Siège de la Sagesse — *Je t'aime et je t'adore*
Clef d'éternité — *Je t'aime et je t'adore*
Toi qui pais parmi les lys — *Je t'aime et je t'adore*
Toi qui transformes les misères en perles précieuses — *Je t'aime et je t'adore*
Créateur qui désires partager avec les créatures — *Je t'aime et je t'adore*
Christ de Dieu — *Je t'aime et je t'adore*
Abîme de souffrances — *Je t'aime et je t'adore*
Cœur divin du Père — *Je t'aime et je t'adore*
Cœur eucharistique, remède du Père — *Je t'aime et je t'adore*
Cœur saint de Dieu — *Je t'aime et je t'adore*
Cher Amour, qui attends notre conversion — *Je t'aime et je t'adore*
Dieu incarné — *Je t'aime et je t'adore*
Dispensateur de paix — *Je t'aime et je t'adore*
Divin Maître — *Je t'aime et je t'adore*
Doux ami consolateur — *Je t'aime et je t'adore*
Fils du Dieu vivant — *Je t'aime et je t'adore*

Fils de la Mère immaculée — *Je t'aime et je t'adore*
Fleuve de grâce — *Je t'aime et je t'adore*
Fontaine d'Amour éternel — *Je t'aime et je t'adore*
Fontaine intarissable de Pitié et de Miséricorde — *Je t'aime et je t'adore*
Générateur de Sainteté — *Je t'aime et je t'adore*
Germe de Dieu — *Je t'aime et je t'adore*
Jésus, Arbre de la Vie — *Je t'aime et je t'adore*
Jésus, amant des célébrations éveillées — *Je t'aime et je t'adore*
Jésus, qui es le Vrai — *Je t'aime et je t'adore*
Jésus, qui verses des larmes de sang — *Je t'aime et je t'adore*
Jésus, Cœur ensanglanté par nos offenses — *Je t'aime et je t'adore*
Jésus, médecin des âmes — *Je t'aime et je t'adore*
Jésus, caché sous les apparences eucharistiques — *Je t'aime et je t'adore*
Jésus, Pain vivant — *Je t'aime et je t'adore*
Jésus, surabondance de l'Esprit du Père — *Je t'aime et je t'adore*
Jésus, vraie Justice et Miséricorde — *Je t'aime et je t'adore*
Yeshua d'infinie charité — *Je t'aime et je t'adore*
Lumière qui dissipe les ténèbres — *Je t'aime et je t'adore*
Lumière glorieuse du Calvaire — *Je t'aime et je t'adore*
Main divine qui relève — *Je t'aime et je t'adore*
Martyr des martyrs — *Je t'aime et je t'adore*
Fiancé mystique — *Je t'aime et je t'adore*
Epoux mystique — *Je t'aime et je t'adore*
Modèle de vie — *Je t'aime et je t'adore*
Mort des orgueilleux arrogants — *Je t'aime et je t'adore*
Notre résurrection — *Je t'aime et je t'adore*
Père de l'univers — *Je t'aime et je t'adore*
Père d'admirable Sagesse — *Je t'aime et je t'adore*
Pain de Vie — *Je t'aime et je t'adore*
Pasteur des âmes — *Je t'aime et je t'adore*
Parfaite Sagesse — *Je t'aime et je t'adore*
Plénitude de Paix — *Je t'aime et je t'adore*
Porte de la vraie vie — *Je t'aime et je t'adore*
Puissance incroyable d'Amour — *Je t'aime et je t'adore*
Présence tangible du Père — *Je t'aime et je t'adore*
Roi de la Révélation — *Je t'aime et je t'adore*

Roi des rois	*Je t'aime et je t'adore*
Roi de la Paix	*Je t'aime et je t'adore*
Sauveur du monde	*Je t'aime et je t'adore*
Très saint Cœur	*Je t'aime et je t'adore*
Très doux Cœur	*Je t'aime et je t'adore*
Sainteté qui créa la sainteté	*Je t'aime et je t'adore*
Saint compagnon qui porte à l'Amour	*Je t'aime et je t'adore*
Sagesse incréée	*Je t'aime et je t'adore*
Chemin de vie	*Je t'aime et je t'adore*
Seigneur de l'univers	*Je t'aime et je t'adore*
Seigneur de la Miséricorde	*Je t'aime et je t'adore*
Soleil qui engendre la Vie	*Je t'aime et je t'adore*
Source qui engendre la santé	*Je t'aime et je t'adore*
Source de Sang précieux	*Je t'aime et je t'adore*
Terreur de l'antique ennemi	*Je t'aime et je t'adore*
Homme des douleurs et d'indicibles tourments	*Je t'aime et je t'adore*
Verbe de Dieu	*Je t'aime et je t'adore*
Lien de l'unité	*Je t'aime et je t'adore*
Vie qui donne vie	*Je t'aime et je t'adore*
Vie des malades résignés	*Je t'aime et je t'adore*

Agneau de Dieu qui enlève le péché du monde
   pardonne-nous, Seigneur

Agneau de Dieu qui enlève le péché du monde
   écoute-nous, Seigneur

Agneau de Dieu qui enlève le péché du monde
   prends pitié de nous, Seigneur.

Prions:
Dieu éternel dont la Miséricorde est infinie
et dont le trésor de compassion est insondable,
montre-nous un regard de bonté
et répands en nous ta Miséricorde
afin que, dans les moments difficiles,
nous ne perdions pas courage
et que nous ne perdions pas l'espérance,

mais qu'avec la plus grande confiance
nous nous soumettons à ta sainte Volonté
qui est Amour et Miséricorde.
O Roi de l'éternelle Révélation du Père,
nous nous confions en Toi. Amen.

Litanies de la Vierge de l'Olivier béni[1]

Seigneur, ayez pitié de nous	*Seigneur, ayez pitié de nous*
Christ, ayez pitié de nous	*Christ, ayez pitié de nous*
Seigneur, ayez pitié de nous	*Seigneur, ayez pitié de nous*
Christ, écoutez-nous	*Christ, écoutez-nous*
Christ, exaucez-nous	*Christ, exaucez-nous*
Père céleste, qui êtes Dieu	*ayez pitié de nous*
Fils Rédempteur du monde, qui êtes Dieu	*ayez pitié de nous*
Esprit-Saint, qui êtes Dieu	*ayez pitié de nous*
Trinité sainte, qui êtes un seul Dieu	*ayez pitié de nous*
Vierge de l'Eucharistie	*priez pour nous*
Ancre de notre salut	*priez pour nous*
Annonciatrice du Royaume du Père	*priez pour nous*
Aurore de l'espérance qui resplendit dans les ténèbres	*priez pour nous*
Avocate de Dieu	*priez pour nous*
Siège de la Sagesse	*priez pour nous*
Clé de la patrie bienheureuse	*priez pour nous*
Celle qui est dans la Trinité	*priez pour nous*
Colombe pure de l'Amour du Père	*priez pour nous*
Guide de l'activité spirituelle et physique	*priez pour nous*
Consolatrice des affligés	*priez pour nous*
Corédemptrice pour notre rachat	*priez pour nous*
Gardienne de l'Eglise	*priez pour nous*
Dispensatrice de la paix universelle	*priez pour nous*
Souveraine du ciel	*priez pour nous*

---

1. Extraite de ses messages.

Souveraine qui combat dans le désert du péché	*priez pour nous*
Souveraine revêtue du Soleil	*priez pour nous*
Fleur des fleurs	*priez pour nous*
Fontaine de grâce inépuisable	*priez pour nous*
Force de la conversion radicale	*priez pour nous*
Lys de la pureté absolue	*priez pour nous*
Joie des bienheureux	*priez pour nous*
Immaculée de l'Esprit-Saint	*priez pour nous*
Inspiratrice de la prière du cœur	*priez pour nous*
Lumière de Dieu	*priez pour nous*
Mère qui fait cesser la confusion	*priez pour nous*
Mère des Foyers de prière	*priez pour nous*
Mère des prêtres et des consacrés	*priez pour nous*
Mère du Corps divin	*priez pour nous*
Mère du divin Amour	*priez pour nous*
Mère du divin pardon	*priez pour nous*
Mère du douloureux silence	*priez pour nous*
Mère du Sacrifice perpétuel	*priez pour nous*
Mère du souverain Bien	*priez pour nous*
Mère du Verbe et de la sainte Parole	*priez pour nous*
Mère de l'Amour crucifié	*priez pour nous*
Mère de l'éternel Elu	*priez pour nous*
Mère des larmes qui lavent et purifient éternellement	*priez pour nous*
Mère de l'Huile du salut éternel	*priez pour nous*
Mère de l'Olivier béni	*priez pour nous*
Mère de l'unique et vrai Dieu	*priez pour nous*
Mère des serviteurs adorateurs	*priez pour nous*
Mère de la céleste et pérenne Verdure	*priez pour nous*
Mère de l'Eglise universelle	*priez pour nous*
Mère de la Croix glorieuse	*priez pour nous*
Mère de la Lumière	*priez pour nous*
Mère de la Miséricorde	*priez pour nous*
Mère de la Pitié inépuisable	*priez pour nous*
Mère de la réconciliation	*priez pour nous*
Mère de la réflexion	*priez pour nous*

Mère de l'Espérance — *priez pour nous*
Mère de la terre — *priez pour nous*
Mère de la Voie maîtresse — *priez pour nous*
Mère du martyr blanc, le pape — *priez pour nous*
Mère de Jésus qui revient dans la gloire — *priez pour nous*
Mère de Jésus de Nazareth — *priez pour nous*
Mère de tous les peuples — *priez pour nous*
Mère éternelle auprès de l'Eternel — *priez pour nous*
Notre Mère par la Charité divine — *priez pour nous*
Mère priante — *priez pour nous*
Mère universelle — *priez pour nous*
Mère de la Vérité — *priez pour nous*
Maman accueillante — *priez pour nous*
Maman de l'humanité — *priez pour nous*
Mère de Jésus, l'Amour non aimé — *priez pour nous*
Maman de toutes les mamans — *priez pour nous*
Marie, messagère de Dieu — *priez pour nous*
Marie, pèlerine de la Parole évangélique — *priez pour nous*
Médiatrice du monde — *priez pour nous*
Médiatrice entre le Fils et l'homme — *priez pour nous*
Porte du ciel, la patrie bienheureuse — *priez pour nous*
Porte qui ouvre le Cœur de Jésus — *priez pour nous*
Reine des saints et des anges — *priez pour nous*
Reine de l'unité des chrétiens — *priez pour nous*
Reine de la grande tribulation — *priez pour nous*
Reine de la Paix et l'Amour inépuisable — *priez pour nous*
Reine des reines — *priez pour nous*
Reine des victoires — *priez pour nous*
Reine en qui Dieu se complaît — *priez pour nous*
Sainte adolescente — *priez pour nous*
Echelle du paradis — *priez pour nous*
Second Cœur ardent — *priez pour nous*
Maîtresse des nouveaux apôtres — *priez pour nous*
Maîtresse du ciel — *priez pour nous*
Dame des visites sur la terre — *priez pour nous*
Dame du Mouvement d'amour — *priez pour nous*
Dame du saint Rosaire — *priez pour nous*

Dame de la réparation universelle	*priez pour nous*
Source de l'Huile sainte de	
l'Onction pérenne	*priez pour nous*
Epouse de la Très Sainte Trinité	*priez pour nous*
Epouse de l'Esprit-Saint	*priez pour nous*
Epouse toute d'or et Servante du Fils	*priez pour nous*
Etoile de la nouvelle évangélisation	*priez pour nous*
Etoile du matin	*priez pour nous*
Trésor des trésors	*priez pour nous*
Vierge de Nazareth	*priez pour nous*

Agneau de Dieu, qui enlève les péchés du monde,
pardonne-nous, Seigneur
Agneau de Dieu, qui enlève les péchés du monde,
exauce-nous, Seigneur
Agneau de Dieu, qui enlève les péchés du monde,
aie pitié de nous.

Priez pour nous, sainte Mère de Dieu, *afin que nous devenions dignes des promesses de Notre Seigneur Jésus-Christ.*

Prions:
Seigneur notre Dieu, accorde à tes fidèles de jouir sans cesse de la santé de l'âme et du corps. Et, par la glorieuse intercession de la Vierge de l'Eucharistie, Mère de l'Olivier béni, Source de l'Huile sainte de l'Onction pérenne, sauve-nous des maux qui nous frappent aujourd'hui et guide-nous vers le retour de Jésus dans le monde. Par la douloureuse Passion de Jésus-Christ Notre Seigneur. Amen.

Prières en italien

Notre Père

Padre nostro, che sei nei Cieli,
sia sanctificato il Tuo Nome,
venga il Tuo Regno,
sia fatta la Tua Volunta come in Cielo cosi in terra.

Dacci oggi il nostro Pane quotidiano,
rimetti a noi i nostri debiti
come noi li rimettiamo ai nostri debitori,
non ci indurre in tentazione,
ma liberaci dal Maligno. Amen.

Je vous salue Marie

Ave Maria, piena di grazia,
il Signor è con te.
Tu sei benedetta fra le donne
e benedetto è il frutto del tuo seno, Gesù.
Santa Maria, Madre di Dio,
prega per noi peccatori,
adesso e nell'ora della nostra morte. Amen.

Gloire au Père

Gloria al Padre e al Figlio e allo Spirito Santo.
Come era nel principio, e ora e sempre
nei secoli dei secoli. Amen.

Comment méditer le saint Rosaire

– On commence par le signe de croix.
  O Dieu, viens à mon secours,
  Seigneur, viens vite à mon aide.
– On énonce le premier mystère du jour (lundi et jeudi: mystères joyeux. Mardi et vendredi: mystères douloureux. Mercredi, samedi et dimanche: mystères glorieux) avec une brève méditation.
– Un Notre Père, suivi de dix Ave Maria.
– Chaque mystère se termine par le Gloria Patri.
– On peut ajouter une oraison jaculatoire (de préférence une des prières dictées par la Madone).
– Une fois le mystère terminé, on annonce le suivant, et ainsi de suite.

– On termine par le *Salve Regina* et les litanies, un Notre Père, un Ave, un Gloria pour le Saint-Père et ses intentions, et pour les âmes du purgatoire.

Les mystères sont au nombre de 15 et permettent de contempler les étapes fondamentales de la vie de Notre Dame: l'Incarnation, la Passion, la Mort et la Résurrection de Jésus. Les 150 Ave Maria rappellent les 150 psaumes.

Mystères joyeux (lundi et jeudi)

1er L'Annonciation de l'ange Gabriel à la Vierge Marie
2e La Vierge Marie rend visite à sa cousine Elisabeth
3e Naissance de Jésus dans la pauvre et froide grotte de Bethléem
4e Jésus est présenté au Temple
5e Jésus est perdu et retrouvé au milieu des docteurs dans le Temple.

Mystères douloureux (mardi et vendredi)

1er Jésus agonise au jardin de Gethsémani
2e Jésus est flagellé à la colonne
3e Jésus est méprisé et bafoué par les soldats qui lui posent une couronne d'épines sur la tête.
4e Jésus porte sa lourde Croix au Golgotha
5e Jésus, après avoir pardonné, meurt sur la Croix.

Mystères glorieux (mercredi, samedi et dimanche)

1er Jésus ressuscite d'entre les morts
2e Jésus monte auprès du Père, d'où il viendra nous juger
3e L'effusion de l'Esprit-Saint sur les Apôtres au Cénacle
4e La Vierge monte au ciel en son corps et en son âme
5e La Sainte Trinité couronne la très sainte Vierge comme Reine du ciel et de la terre.

Acte de consécration à la Vierge de l'Eucharistie

Ô Cœur immaculé, Mère de mon Seigneur,
Source d'Huile sainte de l'Onction pérenne,
Le grand pécheur que je suis te demande

De me montrer ton secret,
Et aujourd'hui je me consacre à Toi.
(Message donné pendant la nuit du 30 avril au 1er mai 1995)

Priez avec nous

Nos rendez-vous de prière

★ Tous les jeudis et samedis, à 20 h 30: veillée de prières.
★ 1er vendredi du mois: Chemin de Croix à genoux sur la Voie Douloureuse mariale.
★ Le 22 de chaque mois: veillée d'adoration de l'Eucharistie.
★ Le 23 de chaque mois: préparation à l'apparition de Notre Dame. *Lorsqu'elle cessera, le 23 restera une journée de prière et de louange.*
★ Le 24 de chaque mois: veillée d'action de grâce.

Le Mouvement d'amour remercie tous ceux qui ont apporté leur contribution sous forme de témoignage personnel pour que la lumière du Message envoyé par la Vierge de l'Eucharistie pour le salut des âmes puisse trouver un accueil toujours plus large.

Les personnes qui désireraient envoyer des documents pour les bienfaits et grâces reçues doivent adresser leur correspondance à:

a cura del MOVIMENTO D'AMORE
Via Fratelli Bandiera, 3
I-740024 Manduria (TA) Italia

Tél/fax: 00 39 099 971 36 12. (Réponse en italien)
E-mail: movimentodamore@libero.it

Table des matières

PRÉFACE	5
JÉSUS ET MARIE APPARAISSENT À DEBORA	17
Manduria	18
Les débuts	21
Debora	28
Mission de Debora	44
Manduria et l'Eglise	52
Les signes	58
Le vocable de Jésus et ceux de la Vierge Marie	63
Les quatre dévotions principales	70
Les œuvres	81
Les temps forts de Céleste Verdure	102
Quelques dates	105
Un message vraiment catholique	106
SAGESSE RÉVÉLÉE DU DIEU VIVANT MESSAGES À DEBORA (MANDURIA)	109
TÉMOIGNAGES	253
PRIÈRES	267
Prières en parcourant le «Gethsémani saint» de la Vierge Marie	268
En entrant à Céleste Verdure	268
A la vasque	268
Sous la Croix d'Amour et de Salut	268
Sous la Croix et aux mystères glorieux du rosaire	269
A la chapelle	269
Devant la Vierge de l'Eucharistie	*269*
Devant Jésus, Roi de la Révélation	*270*
Autres prières	271
Prière du chapelet des larmes de sang et d'huile de Marie	271

Prière dans les épreuves de la vie 271
Prière lors de l'élévation de l'hostie 272
Prière durant les mystères douloureux du rosaire 272
Prière pour le salut des âmes et le rosaire 272
Prière pour le triomphe de Jésus et de Marie dans le monde 273
Prière à l'Esprit Saint 273
Prière à l'Amour 273
Prière à Marie immaculée 273
Prière à la Mère des douleurs 274
Prière d'offrande à l'amour 274
Prière à mon Père 274
Prière pour les prêtres 274
Invocation pour le salut des âmes 275
Louange en l'honneur de la Reine de l'Olivier béni 275
Prière pour les âmes du purgatoire 275
Prière de l'Epoux mystique 275

Litanies du Roi de la Révélation **276**

Litanies de la Vierge de l'Olivier béni **280**

Prières en italien **283**
Notre Père 283
Je vous salue Marie 284
Gloire au Père 284

Comment méditer le saint Rosaire **284**
Mystères joyeux (lundi et jeudi) 285
Mystères douloureux (mardi et vendredi) 285
Mystères glorieux (mercredi, samedi et dimanche) 285
Acte de consécration à la Vierge de l'Eucharistie 285

Priez avec nous **286**
Nos rendez-vous de prière 286

TABLE DES MATIÈRES **287**